REISEBUCH TRENTINO

Wir bedanken uns für die freundliche Unterstützung bei der Herausgabe dieses Buches beim Landesfremdenverkehrsamt Trentino in Trient.

Christoph Wendt

REISEBUCH TRENTINO

Gardasee – Dolomiten – Brenta

Meyer & Meyer Verlag

Die Deutsche Bibliothek – CIP-Einheitsaufnahme

Wendt, Christoph:
Reisebuch Trentino : Gardasee - Dolomiten - Brenta / Christoph Wendt.
– Aachen : Meyer und Meyer, 1995
ISBN 3-89124-279-4

Vertriebspartner in Belgien: Grenz-Echo Verlag, Eupen
Satz: Garamond
Einbandgestaltung: Walter J. Neumann, N & N Design, Aachen
Foto Titelseite: Castello Toblino im Toblinosee
Luftbild, Concessione S.M.A. No. 01-243 del 21.07.1994
Fotos Innenteil: S. 30, 78, 112, 133, 143 Luftbilder,
Concessione S:M:A: No. 01.243 del 21.07.1994;
S. 65, 80, 145, 150, 151, 157, 158 APT Trentino
Druck: Druckerei Queck, Jüchen
Printed in Germany
ISBN 3-89124-279-4

Inhaltsverzeichnis Trentino

Inhaltsverzeichnis Trentino

Buon giorno Trentino

„Wie jener Felsensturz, der in der Flanke
diesseits von Trient einst die Etsch getroffen
durch Erderschütterung oder schwache Stütze,
daß von des Berges Gipfel, wo er anfing,
zur Ebene so der Felsen steil geworden,
daß kaum ein Weg zum Abstieg noch verblieben,
so war der Weg, der dort zum Abgrund führte."

Im 12. Gesang des Infernos seiner weltberühmten „Göttlichen Komödie" legt Dante Alighieri den Eingang zur Unterwelt ins Trentino, in eine wilde Felsenlandschaft nahe Rovereto im Etschtal. Dante muß das Trentino gekannt und er muß es geliebt haben, denn es ist bezeugt, daß der große Dichter der italienischen Renaissancezeit auf verschiedenen Schlössern im Trentino mehrfach zu Gast war. Und in eine Landschaft, die man nicht mag, kehrt man nicht immer wieder zurück.

Unter den 103 Provinzen Italiens nimmt das Trentino, die Autonome Provinz Trient, in mancherlei Hinsicht eine Sonderrolle ein. Wer vom Brenner kommend nach Süden weiterfährt, nach Italien hinein, dabei der Autobahn durch das Etschtal folgt, erlebt das Land beiderseits des Flusses zwischen der Salurner Klause im Norden und der Berner oder Veroneser Klause im Süden, der gewaltigen Sperre, die die Natur zwischen den Alpen und der lombardischen Tiefebene geschaffen hat, als ein Land des Überganges. Es ist ein Land, geradezu vollgestopft von der Natur mit großartiger Landschaft, in der die nach Süden hin allmählich auslaufenden Alpen noch einmal unvergleichliche Höhepunkte gestalten. Unzählige Seen sind in diesem Lande verstreut, zahllose Burgen und Schlösser, im Laufe der Jahrhunderte von Menschen gebaut, dem Lande als Zierde, gleichsam als Orden der Geschichte verliehen.

In seinen Kirchen, Kapellen und Klöstern steckt das Land beiderseits der Etsch voller unschätzbarer Kunstwerke, von denen manche erst jetzt, in diesen Jahren, bei Restaurierungsarbeiten ans Tageslicht treten, wie die geradezu als sensationell eingeschätzten mittelalterlichen Fresken in der Kapelle von Castello Stenico.

Brücke, Übergang von Nord nach Süd ist dieses Trentino. Reicht doch der Bilderbogen seiner Landschaft vom eisstarrenden Cevedale im äußersten Nordwesten des Landes über die weltberühmten Mauern und Türme der Dolomiten bis zur heiter-mediterranen Landschaft des Gardasees, des Lago di Garda. Riva del Garda und Torbole waren Plätze mit südländischem Klima und entsprechender Landschaft, mit südländischer Vegetation und italienischer Lebensart, an denen nach dem Zweiten Weltkrieg die ersten deutschen Italienurlauber, die zaghaft begannen, das „Land, wo die Zitronen blühen" kennenzulernen, zusammentrafen. Hierher hatte es Jahrhunderte vorher schon berümte Deutsche gezogen: Goethe schrieb 1786 begeisterte Briefe aus Torbole, aus Trient, Trento und Rovereto. Dreihundert Jahre vorher hatte Dürer das Trentino bereist. Mozart ist hier gewesen und hat dem besten Wein des Landes, dem schweren, roten Marzemino in seinem Don Giovanni ein musikalisches Denkmal gesetzt. Heinrich Heine, Thomas Mann und viele andere kannten und liebten das Trentino.

Der rauhe, wenn auch schöne nordische Alpenraum klingt hier im Etschtal aus, Trient ist die erste wirklich italienische Stadt für den Reisenden, der von Norden kommt. Und dennoch ist sie anders als andere italienische Städte. Lag sie doch auf dem Weg durch das Etschtal für die deutschen Kaiser des Mittelalters, wenn sie nach Süden, nach Italien hinunterzogen. Und immer wieder griffen sie nach dem Land an der Etsch, das zuletzt von 1816 bis 1919 als Welsch-Tirol Teil der österreichisch-ungarischen Monarchie gewesen ist. Das hat Spuren hinterlassen, nicht nur die grausigen Spuren der Kämpfe des Ersten Weltkrieges.

Schon im 11. Jahrhundert kamen deutsche Siedler ins Trentino, besiedelten ganze Täler. Letzte Spuren davon sind geblieben in den kleinen, deutschsprachigen Bergbauernsiedlungen des Fersentales, des Valle dei Mòcheni, und im kleinen, immer noch deutschsprachigen Dörfchen Lusern oder Luserna auf dem Altopiano, der Hochebene von Lavarone.

Kaiser mit ihren Heeren ziehen nicht mehr durch das Trentino. Die Besucher, die heute kommen, sind Touristen, die nichts anderes wollen, als den Süden erleben. Mit allem, was dazu gehört: den Bergen der Dolomiten ebenso wie mit den Ufern und den Wassern des Gardasees, italienischen Städten und Märkten, Sonne, Kunst, Wein und italienischer Küche. Nur – allzuviele wissen, ja ahnen nicht einmal, was sich in den Tälern des Trentino links und rechts der Autobahn verbirgt und entdeckt werden will. Dieses Buch soll dabei helfen. Es soll ein Schlüssel sein, der die Schatzkammer Trentino aufschließen hilft.

Zwischen Gardasee und Dolomiten - das Reiseland Trentino

Was das Reiseland Trentino ist und wo es liegt, läßt sich mit einem einzigen Satz sagen: Das Trentino deckt sich mit der autonomen italienischen Provinz Trient.

Diese Provinz Trient hat eine Fläche von 6217,88 Quadratkilometern und liegt damit unter den italienischen Provinzen an neunter Stelle, was die Oberfläche angeht. Doch mit seinen rund 447.000 Einwohnern liegt das Trentino an 42. Stelle. Weiß man, daß diese Provinz 223 Gemeinden hat, kann man sich unschwer vorstellen, wie klein viele solcher Gemeinden sein müssen. Das liegt zum Teil am reinen Hochgebirgscharakter, den das Trentino auf weiten Strecken aufweist. Immerhin liegen 32 Gemeinden mit rund neun Prozent der Bevölkerung in einer Höhenlage von tausend Metern und höher.

Mit der benachbarten Provinz Bozen, also Südtirol, ist das Trentino aufgrund eines Gesetzes vom 26. Februar 1948 zur autonomen Region Trentino Alto Adige zusammengefaßt. Alto Adige, wörtlich übersetzt „Obere Etsch", ist die italienische Bezeichnung für Südtirol. Dieses Autonomiegesetz wurde 1971 geändert, wodurch den beiden Provinzen weitgehend legislative und finanzielle Selbständigkeiten gegenüber der italienischen Zentralregierung in Rom eingeräumt wurden.

Dank dieser Autonomie kann die Trentiner Landesregierung nicht zuletzt auf kulturellem Gebiet ganz anders schalten und walten als die Behörden anderer italienischer Provinzen. Der Besucher des Trentino erkennt immer wieder staunend, wie alte Kulturschätze, Kirchen und Kapellen, Burgen und Schlösser, alte Palazzi und ganze Altstadtensembles auf eine Art und Weise restauriert und unterhalten werden, von der man in anderen italienischen Provinzen nur träumen kann.

136 Kilometer lang ist im Norden die Grenze zur benachbarten Provinz Bozen, wo das Trentino im Osten den südlichen Teil der schönsten und bekanntesten Gruppen der Dolomiten umfaßt: vom Rosengarten, dem Cantinaccio angefangen über die Sellagruppe bis zur 3343 Meter hohen Marmolada, dem höchsten Berg der Dolomiten. Nach Westen hin zieht sich das Trentino in die Welt der vergletscherten Bergriesen im Stilfserjoch-Nationalpark hinein, wo die Provinz in der 3764 Meter hohen Zufallspitze, dem Monte Cevedale, ihren höchsten Punkt erreicht.

Nach Osten grenzt das Trentino auf einer Länge von 178 Kilometern an die Region Veneto mit den Provinzen Belluno, Vicenza und Verona ; im Westen und Südwesten zieht es sich auf einer Länge von 138 Kilometern an der Region Lombardei entlang. Hier grenzt es an die Provinzen Brescia und Sondrio. Mit den Nachbarprovinzen Brescia und Verona muß sich das Trentino den Gardasee teilen, eine der bekanntesten und beliebtesten Touristenattraktionen Oberitaliens. Mit Riva del Garda und Torbole besitzt unser Reiseland zwei besonders attraktive Orte am See.

Seit einigen Jahren verwendet das Landesverkehrsamt des Trentino, die Azienda per la Promozione Turistica del Trentino, einen nach Nordosten fliegenden Schmetterling als Symbol. Tatsächlich entspricht die von den Grenzen gebildete Form des Trentino auf der Landkarte dem Umriß eines Schmetterlings. Sein Rumpf ist das Tal der Etsch, die das Land in seiner ganzen Länge von der Salurner Klause im Norden bis zur Veroneser Klause im Süden durchfließt. Und das Land links und rechts des Flusses kann man selbst ohne große Phantasie als die Flügel eines Schmetterlings erkennen.

Eine Besonderheit in der politischen Gliederung des Trentino sind die durch ein Gesetz von 1967 gegründeten Comprensori. Man könnte sie mit den Verbandsgemeinden oder Samtgemeinden vergleichen, die es in verschiedenen Regionen Deutschlands gibt. Ihre Gründung geht auf die Überlegung zurück, daß das gesamte Trentino durch die von Osten und Westen der Etsch zustrebenden Täler besonders gegliedert ist, was wiederum auf den Zusammenhalt und das jeweilige Zusammengehörigkeitsgefühl der Gemeinden nicht ohne Einfluß war. So decken sich von den elf Comprensori, die es derzeit gibt, acht mit den wichtigsten Seitentälern des Etschtales, nämlich den Tälern von Sole, Non, Fiemme (Fleimstal), Fassa, Primiero-Vanoi, Giudicarie, Lagarina und Oberer Gardasee mit Ledro. Das große Valsugana ist auf zwei Comprensori aufgeteilt und das letzte umfaßt schließlich das Obere Etschtal selbst mit kleinen Seitentälern, die nicht zu einem der anderen Comprensori gehören.

Ein Blick in die Erdgeschichte des Trentino

Als Teil der Alpen, genauer gesagt der südlichen Ostalpen, hat unser Reiseland die gleiche erdgeschichtliche Entwicklung durchgemacht wie die übrigen Alpen ringsum. In der Urzeit und den ersten drei Perioden des Paläozoikums, also des Erdalterums, war das Trentino von einem tiefen Meer überflutet. In ihm lagerten sich jene Sedimente ab, die heute nach einer Entwicklung von vielen hundert Millionen Jahren die Alpen bilden.

Erst im Karbon tauchen nennenswerte Teile der heutigen Alpen aus dem Urmeer auf. Dieser Vorgang beruhte auf gewaltigen orogenetischen Bewegungen, die sich an den Rändern des sogenannten kaledonischen Europas abspielten und die Gebirgsmassive Mitteleuropas falteten und hoben.

In den folgenden geologischen Perioden fielen die aufgetauchten Landstriche der ständigen Abtragung durch Witterungseinflüsse zum Opfer und wurden nach und nach zerstört. Man darf ja nicht übersehen, daß sich diese Vorgänge über viele Millionen von Jahren hinzogen . Das Tethysmeer überflutete neben anderen auch die Region des Trentino bis ins Alttertiär hinein. Dabei lagerten sich auf dem Boden dieses Meeres vor allem Kalke, Sandstein und Ton ab.

Im Tertiär wurden neue Kräfte der Erdentwicklung tätig, die in der zweiten Tertiärepoche am stärksten wirkten. Die mächtigen Sedimentschichten, die sich auf dem Boden des Tethysmeeres abgelagert hatten, wurden nun emporgehoben und aufgefaltet. Dabei zerbrachen sie vielfach und wurden über andere geschoben. So entstand gleichsam ein Rohmodell der Alpen und damit auch des Trentino. Allerdings kam es in der letzten Tertiärepoche nochmals zu einer Überflutung durch ein Meer, bei dem nur noch die höchsten Alpengipfel herausragten. Man kann davon ausgehen, daß etwa der Cevedale oder die Marmolada damals ihr Haupt über das Wasser erhoben haben.

In der ersten Periode der Quartärzeit hoben sich die Alpen erneut, wobei es gerade im Bereich der südlichen Alpenabdachung, also auch des Trentino, zu besonders starken Verschiebungen kam. In die gleiche erdgeschichtliche Periode fällt auch die starke Vergletscherung der Alpen und damit ebenfalls des Trentino. Nur die höchsten Gipfel ragten aus dem Eis heraus, das sich über die Alpen hin- und herschob.

Die Eismassen hobelten mit ihrem ungeheuren Druck die heutigen Flußtäler als Gräben aus, ebenso die Mulden, in denen sich heute die Seen des Trentino dehnen. Als sich mit dem Ende der Würmeiszeit das Eis zum letzten Mal zurückzuziehen begann, konnte das Schmelzwasser seine Feinarbeit an der Landschaftsgestaltung, vor allem in den Tälern und bei den Seebecken, beginnen. Fertig geworden ist es bis heute noch nicht.

Zu den unübersehbaren Hinterlassenschaften der Eiszeit gehören einmal die Seen, die sich in den vom Eis ausgeschürften Mulden gebildet haben, zum anderen die Moränenhügel, die hier und da das Landschaftsbild des Trentino bilden, am schönsten und eindrucksvollsten vielleicht in jenem Hügel, der nahe Rovereto die gewaltige Schloßanlage von Beseno trägt.

Der markanteste Gebirgsteil des Trentino sind sicherlich die Dolomiten. Dieses Gebirge, das sich östlich der Etsch ausdehnt, besteht aus einem durch einen bestimmten Magnesiagehalt gekennzeichneten Kalkstein, auf den zuerst der Franzose Dolomieu im 18. Jahrhundert aufmerksam machte. So sind die Dolomiten mehr als die anderen Alpengebiete des Trentino aus den Kalkschichten aufgebaut, die sich im Zeitalter des Tethysmeeres auf dem Meeresboden abgelagert hatten.

Ein ständiger Streitpunkt zwischen den Wissenschaftlern ist die Frage, ob das Gebiet der Brenta, die sogenannten Brentadolomiten, geologisch auch noch zu den Dolomiten gehört. Geographisch ist dieses Gebirge von den übrigen Dolomiten durch das Etschtal getrennt, geologisch spricht nach Meinung der Wissenschaftler vieles dagegen, die Brenta als echtes Dolomitengebirge zu betrachten. Daß diese Berge dennoch immer wieder als Dolomiten bezeichnet werden, liegt wohl daran, daß sie – ähnlich wild – großartige, zerrissene Mauern und Zinnen, Zacken und Türme aufweisen wie die „echten" Dolomiten.

Ganz im Süden berührt das Trentino das Bergmassiv des Monte Baldo, der mit seiner länglichen Gestalt den Gardasee vom mittleren Etschtal trennt. Die Etschfurche trennt ihn ihrerseits wiederum von den Lessinischen Bergen, die im äußersten Süden noch das Trentino berühren.

So sieht das Trentino heute aus

Mögen die Geologen noch so interessante Erklärungen abgeben können über die Entstehung der Landschaft, mögen sie sozusagen durch für den Laien unsichtbare Fenster ins Innere des Landes zwischen Dolomiten und Gardasee schauen und dort Dinge sehen, die dem geologisch unvorbelasteten Trentinoreisenden verborgen bleiben, so ist es für ihn das Landschaftsbild als solches, das dieses Reiseland so anziehend, so schön macht.

Eintönigkeit im Landschaftsbild wäre das letzte, was man dem Trentino nachsagen könnte. Im Gegenteil, größere Gegensätze als die eisstarrenden Gipfel um Cevedale oder Adamello auf der einen Seite und der fast mediterranen Landschaft, Vegetation und dem südländisch-italienischen Ambiente am Gardasee sind kaum vorstellbar. Im Norden, in den Dolomiten oder den berühmten Wänden der Brenta, haben die Alpinisten ihre weltbekannten Hochburgen, am Gardasee tummeln sich Surfer und Segler auf dem Wasser.

Doch es sind nicht einmal diese krassen Gegensätze im Landschaftsbild, die das Trentino so interessant, so abwechslungsreich machen. Es ist die Vielzahl der Täler, die unser Reisegebiet zu einem der reizvollsten, ja man kann sagen aufregendsten Italiens machen. Denn jedes Tal bietet von seiner Landschaftsform ebenso wie von seinen Siedlungen, seinen Menschen und nicht zuletzt den oft ungeahnten kulturellen Schätzen eine Besonderheit.

Das Etschtal zwischen Mezzocorona und Borghetto ist einmal das Tal der großen Siedlungen, das die Landeshauptstadt Trient, die berühmte Stadt des Konzils, beherbergt; auch Rovereto, die zweitgrößte Stadt des Landes, ist nicht weit entfernt. Andererseits durchzieht die Etsch auf ihrem Weg von der Salurner zur Veroneser Klause ein fruchtbares Land, das von Weinfeldern und Obstgärten geprägt ist. Vom Noce durchflossen, zieht sich nach Westen das Apfel- und Schlösserparadies des Nonstales, des Valle di Non, in die Berge. Im weiteren Verlauf heißt dieses Tal Val di Sole, Sonnental. Zur österreichischen Zeit wurde auch der Names Sulzbergtal für diesen Talabschnitt gebraucht. Es leitet mit seinen Nebentälern Rabbi und Peìo in die höchsten, hochalpinen Regionen des Trentino.

Von Trient aus breitet sich das Valle dei Laghi nach Westen aus und verbindet das Etschtal mit den Tälern von Judicarien, den Valli Giudicarie und Rendena. Diese Täler wiederum verzweigen sich in die einzigartigen Gebirgsmassive von Brenta und Adamello hinein und leiten über das Sarcatal zum Gardasee über.

Nach Osten hin mündet bei Lavis der Avisio in die Etsch. Er durchfließt gleich drei großartige Trentiner Täler. Vor der einzigartigen Dolomitenlandschaft an Marmolada und Sella prägt er zunächst das ladinische Fassatal, im Sommer als Wanderparadies, im Winter als eine der Skihochburgen des Trentino, vor allem bei deutschen Besuchern geschätzt. Von Moena an heißt das Tal dann Val di Fiemme, Fleimstal. Hier stößt man noch auf die am besten erhalten gebliebenen Ordnungen mittelalterlicher Selbstverwaltung in Form der Magnifica Comunità, deren Mittelpunkt bis heute Cavalese ist. Der letzte Abschnitt der langgezogenen, vom Avisio durchflossenen Tallandschaft ist schließlich das Val di Cembra. Im Valle dei Mòcheni, dem Fersental, hat sich bis heute ein kleiner Stamm deutschsprachiger Bewohner erhalten. Dieses Tal ist das wohl schönste Seitental des großen Valsugana, durch das die uralte Verkehrsverbindung vom Trentino ins Veneto, von Trient nach Venedig führt. Ganz stark wird das Landschaftsbild des Trentino von den verschiedenen Gebirgsgruppen der südlichen Alpen geprägt. Im Nordwesten sind es vor allem die Berge um Cevedale und Ortler, die Kernstücke des Stilfserjoch-Nationalparks. Nach Süden schließen sich Adamello und die Brentaberge an, wegen ihrer Flora und Fauna sind sie im Naturpark Adamello-Brenta besonders geschützt. Immerhin besteht hier der letzte Lebensraum freilebender Braunbären in Mitteleuropa.

Im Osten des Trentino sind es natürlich die Dolomiten, die nach wie vor eine ungebrochene Anziehungskraft auf Besucher ausüben. Rosengarten, Sella und Marmolada sind als Höhepunkt zu nennen, und dann, für viele Kenner der Dolomiten als Nonplusultra die Pala-Dolomiten Pale di San Martino. Auch sie sind Mittelpunkt eines Naturparks, des Panevéggio-Pale di San Martino.

Entsprechend der Übergangslage des Trentino zwischen der Fels- und Eisregion der Alpen und dem fruchtbaren Tiefland klingt der Hochgebirgscharakter unseres Reiselandes südlich der genannten Gebirgsgruppen allmählich aus und geht über in die typischen Altopiani, die Hochebenen. Im Westen liegt vor allem der Altopiano von Brentonico, der das Etschtal mit dem Gardasee verbindet, im Osten der weit gezogene Altopiano von Folgaria und Lavarone, der sich auch über die Grenze in die Nachbarprovinz Vicenza fortsetzt.

Seinen unverwechselbaren Charakter bekommt das Trentino aber durch seine Seen. Vom großen, touristenbevölkerten Gardasee bis zum kleinen, sagenumwobenen Antermioasee, dem Lago di Antermoia in der Kareinsamkeit des Rosengartens, sind Seen jeglicher Größe und jeglichen Charakters im Trentino verteilt. Sie sind wie Augen, die der Schöpfer der Landschaft gegeben, wie Ausrufezeichen, die ein gigantischer Landschaftsgestalter in dieses Land gesetzt hat. Diese Seen sind etwas so Besonderes, etwas so Charakteristisches für das Trentino, daß ihnen ein eigenes Kapitel gewidmet werden soll.

Etschtal mit Paganella

Seen – die stillen Augen des Trentino

Cevedale, Brenta oder die Dolomiten machen das Trentino zu einem Hochgebirgsland par excellence. Doch so sehr sie auch aus dem Landschaftsbild hervorstechen, so sehr sie ins Auge fallen, sie sind zwar wichtige, markante, aber nicht die einzigen besonderen Elemente, die die Landschaft des Trentino prägen. Wie kein anderes Gebiet der Alpen wird das Trentino auch von Seen beherrscht, von großen sowie kleinen Seen. Es sind insgesamt 297 an der Zahl, die immerhin eine gesamte Wasseroberfläche von 35 Quadratkilometern haben.

Der Dichter Adalbert Stifter hat Bergseen einmal die Augen des Gebirges genannt, deren Brauen die sie überragenden Felsen und deren Wimpern die sie umstehenden Bäume seien. Auf viele Bergseen des Trentino trifft dieses Bild des Dichters zu, besonders bei denen, die abseits der Straßen oder vielbegangenen Touristenpfade einsam in den Bergen liegen. Manche Seen sind Mittelpunkte des betriebsamen Touristenlebens. Das gilt an erster Stelle natürlich für den König der Trentiner Seen, den Gardasee. Auch wenn er gemessen an seiner Größe nur mit einem winzigen Zipfel zur Provinz Trient gehört, ist er aus dem Landschaftsbild unseres Reiselandes nicht wegzudenken. Hat man einmal seine Ufer und seine Uferorte, Riva del Garda und Torbole erlebt, mit ihrem unverwechselbaren italienischen Flair an den Strandpromenaden oder den vielen Cafés, in Riva del Garda gleich am Wasser des inneren Hafenbeckens, braucht man eigentlich gar nicht zu wissen, wo man ist. Man sieht, man fühlt, man riecht es, man empfindet und erlebt es mit allen Sinnen: Hier ist Italien. Nirgends ist das Trentino italienischer als an seinem größten See, dem Lago di Garda.

Welcher See ist der schönste im Trentino? Die Antwort auf diese Frage fällt nicht leicht, hängt sie doch sehr davon ab, was man erwartet. Geht es um das vollkommenste Landschaftsbild eines Bergsees, gibt es für viele Kenner und Freunde des Trentino nur eine Antwort: der Tóvelsee am Fuß der wilden Brentaberge. Er liegt in einem kleinen Seitental, das man mit dem Auto vom Nonstal her erreicht. Doch dann sind schon Einwände zu hören: Was ist mit dem Toblinosee? Auch er gehört zu den schönsten im Lande, kommt er mit seinem Bilde, mit der kleinen, von einem Schloß bestandenen Insel nahe dem Ufer dem Bilde des idyllischen Sees doch besonders nahe. Und der Antermoiasee im Herzen der Dolomiten, in König Laurins Rosengarten? Auch er ist auf seine Weise sicherlich einer der schönsten Seen des Trentino. Anders als Tóvelsee und Toblinosee kann man ihn allerdings nicht mit dem Auto erreichen, man muß stundenlang zu Fuß aufsteigen, um ihn zu erleben. Und dann findet man seine Wasserfläche nicht in einer lieblich-heiteren Landschaft wie den Toblinosee, nicht in der großartigen Welt des Bergwaldes wie den Tóvelsee. Der Antermoiasee liegt als Karsee sozusagen nackt in den Felsen und Geröllmassen am östlichen Rande des Rosengartens. Doch sein dunkel schimmerndes Wasser übt eine geradezu magische Anziehungskraft auf Besucher aus. Und wer einmal von der kleinen Antermoiahütte auf die dunkle Wasserfläche geschaut hat, versteht, daß dieser See wie kein anderer bis auf den heutigen Tag in den Liedern und Sagen der Ladiner des Fassatales unten in der Tiefe eine besondere, immer noch wichtige Rolle spielt.

Viele Seen des Trentino, verkehrsmäßig gut zu erreichen, nahe einer Siedlung oder sogar mitten im Bereich von bekannten Fremdenverkehrsorten gelegen, erfüllen für den Besucher aus dem Norden schon den Traum von südlichen Badestränden, von sonnenüberfluteten Wasserflächen, die man mit dem Surfbrett oder dem Segelboot durchstreifen kann. Das ist nicht nur beim Gardasee so. Der große Caldonazzosee ebenso wie der benachbarte Levicosee sind Zentren des Wassertourismus im Trentino, genauso wie der Molvenosee, in dessen Wasser sich bei gutem Wetter die wilden Berggestalten der Brenta spiegeln.

Auch der Ledrosee, Mittelpunkt des Ledrotales, nicht weit vom Gardasee entfernt und doch viel weniger bekannt, gehört zu jenen Trentiner Seen, die Badefreuden und Wassersportmöglichkeiten bieten. Doch dieser See bietet noch mehr. In seinem Wasser fand man Überreste einer Pfahlbausiedlung, die die Wissenschaftler zu den bedeutendsten in Mitteleuropa zählen.

Nicht alle Seen des Trentino bieten sich allerdings dem Besucher so offenherzig und leicht zugänglich an wie die, die jetzt genannt wurden. Bei vielen von ihnen muß der Genuß, ihnen zu begegnen, sie in ihrer Gebirgsheimat besuchen zu dürfen, erkämpft werden, oft mit vielen Schweißtropfen auf langen, steilen Anstiegswegen. Bei anderen mag der Weg zwar bequemer sein, aber stundenlange Wanderungen zu Fuß - oder - wie das gerade im Trentino immer beliebter wird - mit dem Mountainbike oder auch ein Ritt durchs Gebirge mit dem Pferd sind notwendig. Es ist nicht nur der sagenumwobene Antermoiasee, der auf solche Weise erkämpft sein will. Viele Seen, die in der wilden und bei Touristen weniger bekannten Gebirgskette des Lagorai liegen, sind nur zu Fuß erreichbar, ähnlich verhält es sich mit den Seen, die bei Madonna di Campiglio liegen. Im Naturpark Adamello-Brenta locken Seen wie der Lago delle Malghette, der Lago Mandrone oder der Lago Rotondo. Ebenso gibt es Seen, die als Wanderziele im Naturpark Panevéggio-Pale di San Martino aufgesucht werden können: der Lago Pradidali, der Lago di Calaita, der Lago di San Pellegrino und der Lago di Forte Buso.
Seen schlummern ebenso im Stilfserjoch Nationalpark nördlich des Val di Sole. Durch die Seitentäler von Rabbi und Pèio kann man ein Stück weit anfahren, dann aber heißt es steigen, wandern, um die Seen von Corvo, Sternai oder Marmotte sehen zu können.

Eine besondere Rolle unter den Seen des Trentino spielen schließlich die Stauseen, die in den letzten Jahrzehnten angelegt worden sind. Ihr größter ist der Lago di Santa Giustina im Val di Non, dem Nonstal. In seinem Wasser spiegeln sich historische Schlösser ebenso wie die unzähligen Apfelbäume, die dieses Tal besonders prägen. Der Lago di Fedaia hält das Spiegelbild der eisschimmernden Marmolada, der Dolomitenkönigin, fest. In diesem See ging eine ganze unterirdische Stadt verloren, die die Österreicher während des ersten Weltkrieges hier an der alten österreichisch-italienischen Grenze in den Berg getrieben hatten.

Bei manchen Stauseen sieht man heute gar nicht mehr, daß sie künstlich entstanden sind. Dazu gehört der Lago di Santa Massenza im Valle dei Laghi oder der Lago di Cavedine in der Nähe ebenso wie der einsame Lago di Pian Palú. Der Lago di Noana in Primiero allerdings wird durch einen der größten Staudämme Italiens gebildet.

800 Jahre Fürstbistum Trient – die Geschichte des Trentino bis zum Wiener Kongress

Die Geschichte einer Landschaft oder eines Landes beginnt mit den ersten Menschen, die dort auftreten. Wann die ersten Menschen sich im Trentino niedergelassen haben oder auf ihren Streifzügen zum ersten Mal das Land an der Etsch erreichten, wissen wir nicht. Die Spuren menschlicher Existenz in unserem Reiseland gehen allerdings sehr weit zurück. Man kann durchaus davon ausgehen, daß von der frühbesiedelten Poebene im Süden her Jäger und Sammler immer weiter und höher in das Gebirgsland vordrangen, je mehr am Ende der letzten Eiszeit das Eis zurückwich. Zu den ältesten Spuren menschlicher Besuche oder Aufenthalte im Trentino gehören behauene und mit Einkerbungen versehene Steine, die man am Ufer des Lago di Terlago im Valle dei Laghi nahe Trient gefunden hat. Sie stammen aus der ausgehenden Altsteinzeit. Spuren, die an verschiedenen Seen wie dem Laghetti di Colbricon, dem Lago di Lagorai oder dem Lago di Buso hinterlassen wurden, deuten darauf hin, daß sich hier bereits während der mittleren Steinzeit, also vor etwa 6000 Jahren, Jäger aufgehalten haben.

Im Fassatal stieß man auf wichtige Siedlungsspuren aus der Eisenzeit. Geradezu sensationell muten die Funde an, die man 1929 im Ledrosee nahe dem Gardasee machte. Hier stieß man auf die Überreste einer großen, blühenden Pfahlbausiedlung, die von ihrem Umfange her von der Wissenschaft geradezu als Stadt bezeichnet wird. Vor rund 4000 Jahren, während der sogenannten Bronzezeit, haben bereits technisch hochentwickelte menschliche Gemeinschaften im Trentino gelebt und – wie man aus Funden weiß – bereits Handel mit Regionen weit außerhalb ihres Siedlungsgebietes betrieben.

Kontinuierlich verfolgen läßt sich die Geschichte des Trentino seit dem ersten Jahrhundert v. Chr., als die Römer von Süden her vordrangen und im Etschtal um 30 v. Chr. das militärisch-politisch administrative Zentrum ihres damaligen Reiches errichteten. In der Römerzeit entstanden zwei große Straßenverbindungen zwischen dem Trentino und dem übrigen Italien: Die Via Claudia Augusta, die vom Po heraufführte, und die Via Augusta Altinate, die von Altino an der Adria heraufkam. Die Straßen führten über Trient weiter auf der Linie Bozen - Meran und Reschenpaß nach Deutschland. Damals gehörte das Trentino zur römischen Provinz Cisalpina.

Als ein für die Geschichte des Trentino geradezu sensationelles Dokument gilt die in Clès im Nonstal gefundene Tavola Clesiana. Auf ihr ist der Text zu lesen, mit dem im Jahre 46 n. Chr. der römische Kaiser Claudius den Bewohnern des nach ihnen benannten Nonstales , den Anaunern, das römische Staatsbürgerrecht verlieh. In Clès ist heute noch eine Kopie dieser Tavola zu sehen.

Nach dem Untergang des weströmischen Reiches drängten erst die Ostgoten, dann die Langobarden und schließlich die Franken in das Trentino. Im vierten und fünften Jahrhundert kamen die ersten Missionare und brachten den Trentinern das Christentum. Unter ihnen war der heilige Vigil, der im Jahre 400 in der Nähe von Trient den Märtyrertod starb.

568 kam es nach einer turbulenten Zeit, die von durchziehenden germanischen Stämmen während der Völkerwanderung beherrscht wurde, unter dem langobardischen König Alboin zur Gründung des Herzogtums Trento. Es war eins von 36 Herzogtümern, die die Langobarden auf heute italienischem Gebiet gründeten. Hauptstadt des langobardischen Königreiches war Pavia. Zweihundert Jahre lang hielt diese Ordnung, dann bereitete Karl der Große 774 nach der Eroberung von Pavia dem langobardischen Königreich ein Ende und schuf für das Trentino die Tridentinische Mark. 843 ging das Trentino mit dem alten Königreich der Langobarden im Reich Lothars auf.

Seit den Zeiten Karls des Großen entwickelten sich die Täler vom Brenner herab entlang der Eisack und der Etsch durch Süttirol und das Trentino zu einer für die deutschen Kaiser immer wichtiger werdenden Straße nach Italien, die als Strada dí Alemagna bekannt wurde. So ist es zu verstehen, daß Kaiser und Könige den Bischöfen von Trient immer größere und wichtigere Ländereien schenkten, um sich ihre Gunst zu erhalten.

Am 9. April 1004 begann die eigentliche Geschichte des Trentino als eine politische Einheit, die sich im wesentlichen bis auf den heutigen Tag in den gleichen Grenzen erhalten hat. An diesem Tag stellte Heinrich II., der sich auf der Durchreise nach Pavia befand, in Trient eine Urkunde aus, in der er dem Trentiner Bischof Udalrich I. die weltliche Herrschaft über den Comitatus, die Grafschaft von Trient, übertrug.

Heinrichs Nachfolger Konrad II. bestätigte am 31. Mai 1027 auf der Rückreise von Rom in Trient diesen Akt Heinrichs und machte ausdrücklich den Trentiner Bischof zum Lehensträger des römisch-deutschen Kaisers, verlieh ihm fürstliche Macht und territoriale Unabhängigkeit.

Einen Tag später stellte der Kaiser auf dem Ritten bei Bozen eine weitere Urkunde aus, mit der er den Bischöfen von Trient auch die Grafschaften Vinschgau und Bozen, also Teile des heutigen Südtirol, zusprach. Damit begann eine Verflechtung von Trient und Bozen, von Trentino und Südtirol, die im Laufe der Jahrhunderte immer wieder eine wechselnde Rolle spielte und heute noch in Form der Region Trentino - Südtirol fortbesteht.

Die damals von Heinrich II. und Konrad II. den Bischöfen von Trient verliehene Macht und Herrschaft hat rund achthundert Jahre gehalten und endete erst unter Napoleon. Die Geschichte des Trentino ist für diesen Zeitraum die Geschichte der Fürstbischöfe von Trient, die ihr Bistum seit dem Ende des 12. Jahrhunderts als Fürstentum bezeichnen. 51 Fürstbischöfe haben in dieser Zeit von Trient aus das Land an der Etsch regiert und zum Teil in absolutistischer Weise beherrscht.

Seine glanzvollste Zeit erlebte das Fürstentum unter dem Fürstbischof Bernhard von Clès (Bernardo Clesio). Er war einer der erfahrensten Diplomaten und einer der größten Persönlichkeiten auf dem Trentiner Bischofsstuhl. Mit Umsicht und Nachdruck betrieb er die Vorbereitung für das Konzil von Trient. Hierfür ließ er vor allem das Stadtbild von Trient im Stil der Renaissance neu gestalten, gab ihm das Aussehen, das die Altstadt der Landeshauptstadt heute noch hat. Es war Bernhard von Clès allerdings nicht vergönnt, den Abschluß seines Lebenswerkes, die Eröffnung des Konzils im Dezember 1545 zu erleben. Sein Nachfolger, Christoph (Cristoforo) Madruzzo begrüßte am 13. Dezember dieses Jahres die Abgesandten vieler Länder und natürlich die Kirchenfürsten, vertrat während der Dauer des Konzils bis zu dessen Abschluß im Jahre 1563 den Papst.

Unter Kardinal Fürstbischof Bernhard von Clès wurde 1527 eine Verfassung erlassen, wurden Codices veröffentlicht, die das Privat- und Strafrecht für das Gebiet des Fürstentums bis zur napoleonischen Zeit regelten. Zwar hatten die Salischen Kaiser den Bischöfen von Trient theoretisch unumschränkte Macht, auch weltliche Macht, für ihr Territorium verliehen, und hatten die Bischöfe ihr Bistum dann als Fürstentum bezeichnet, doch tatsächlich waren sie auf die Dauer immer weniger die wirklichen Herren im Trentino. Von der richtigen Erkenntnis ausgehend, daß die Fürstbischöfe als geistliche Herren nicht in allen Bereichen auch weltliche Macht ausüben konnten (was Kollegen von ihnen anderswo durchaus anders gesehen haben), bestellten sie für die rein weltliche Machtausübung, vor allem für die militärische Verteidigung ihres Fürstbistums, Vögte. Diese Vögte machten sich die Macht gegenseitig streitig, bis nur noch einer von ihnen übrig blieb, der Graf von Tirol. Er schwang sich alsbald zum eigentlichen Herren über Tirol und das Trentino auf. Als 1363 dann Margarethe Maultasch das Land Tirol ihrem Vetter Rudolf IV. von Habsburg vermachte, wurden die Habsburger lange Zeit die Herren von Tirol und damit auch von weiten Teilen des Trentino, zwar nicht de jure, aber de facto. 1777 schließlich trat Fürstbischof Peter Vigil (Pietro Vigilio) Thun in einem Vertrag mit der Kaiserin Maria Theresia die Souveränität des Fürstentums an das Haus Habsburg ab.

Aber auch innerhalb des Fürstbistums gab es keine einheitliche Rechts- und Machtlage. Manche Städte, größere Gemeinden und auch ganze Talschaften verfügten über eigene Statuten, die sie zäh erkämpft hatten und verteidigten. So waren sie auf dem

Gebiet der Verwaltung und des Steuerwesens weitgehend selbständig, einige sogar im Bereich der Rechtsprechung, die theoretisch für das ganze Fürstbistum dem Fürstbischof zustand. Noch heute trägt die Magnifica Comunità della Val di Fiemme, die „Erhabene Gemeinschaft des Fleimstales", etwa im Bereich der Forstverwaltung jene autonomen Züge, die sie sich einst gegen die Fürstbischöfe erkämpfte. Die Selbständigkeit gegen Trient ging in diesem Tal so weit, daß es hier keine einzige Burg des Landesherren, des Fürstbischofs gab. Venedig nannte die Magnifica Comunità des Fleimstales „Serenissima Sorella", "Schwester Durchlaucht", ein Zeichen für die Macht, die diese Talschaft errungen hatte.

Es würde leider den Rahmen eines Reisebuches sprengen, auf weitere Einzelheiten der zum Teil höchst interessanten Geschichte des Trentino einzugehen. Festzuhalten bleibt nur, daß das nach außen hin als glanzvolles Fürstentum auftretende Fürstbistum Trient im Inneren ein von vielen Einzelinteressen zerrissenes Gebilde war, das zudem ständigen Einflüssen der Habsburger ausgesetzt war.

So wurde der Einmarsch der französischen Truppen Napoleons zunächst als Befreiung angesehen. Um so größer muß die Enttäuschung der Trentiner gewesen sein, als aufgrund des Friedens von Paris vom 26. Dezember 1802 das Trentino als Teil Tirols auch formell zu Österreich kam.

Die weltliche Macht des Bistums Trient wurde durch den Friedensvertrag ausdrücklich ein für alle Male aufgehoben. Die Kriege gingen allerdings weiter, Österreich wurde abermals besiegt und mußte im Frieden von Preßburg vom 26. Dezember 1805 Tirol an Bayern abgeben. Damit gelangte das Trentino unter bayrische Herrschaft. 1808 wurde Tirol in drei Kreise geteilt, in den Innkreis, den Etschkreis, mit dem Hauptort Trient, und den Eisackkreis, von dem das Fassatal zugunsten des Etschkreises abgetrennt wurde. Damit war in Tirol in etwa jene Aufteilung hergestellt, die heute noch als Aufteilung zwischen dem Trentino und Südtirol innerhalb der autonomen Region Trentino - Südtirol gilt.

Die Regelungen der damaligen Zeit waren jedoch recht kurzlebig. Mit dem Pariser Abkommen vom 28. Februar 1810 wurde die sogenannte napoleonische Grenzlinie festgesetzt. Als ungefähre Vorläuferin der späteren Brennergrenze ging sie vom Stilfserjoch bis Klausen und Toblach. Alle Gebiete südlich dieser Linie wurden Italien zugesprochen und bekamen den Namen „Dipartimento dell' Alto Adige". Zum Amtssitz wurde Trient bestimmt. Das Departement wurde in fünf Bezirke aufgeteilt: Trient, Rovereto, Riva, Clès und Bozen.

Von Österreich nach Italien – das Trentino vom Wiener Kongreß bis heute

Nur fünf Jahre dauerte die Zeit des „Dipartimento dell' Alto Adige", dann war Napoleons Zeit vorbei. Der Wiener Kongreß versuchte aus dem Chaos, das der Franzose hinterlassen hatte, ein neues Europa zurechtzuschneiden. Die für das Trentino einschneidendste Regelung, die der von 1814 bis 1815 tagende Wiener Kongreß traf, war die endgültige und direkte Zuordnung des Trentino als Welsch-Tirol zum Land Tirol und damit zu Österreich. Franz I. gab dem Land mit seinem kaiserlichen Erlaß vom 7. April 1815 über die gefürstete Grafschaft Tirol ein Statut, das den besonderen Verhältnissen in diesem Großtirol in keiner Weise gerecht wurde. Waren schon die Tiroler im Norden enttäuscht darüber, wie absolutistisch ihr Land von Wien behandelt wurde, die Einstellung Habsburgs dem Trentino gegenüber war völlig verständislos. Mit Ausnahme des ladinischen Fassatales und einiger damals noch bestehender deutschsprachiger Siedlungen in den Tälern im Osten des Trentino war Welsch-Tirol ein rein italienisches Land, von einer italienischsprachigen Bevölkerung bewohnt, die seit jeher voll von ihrer italienischen Kultur geprägt war.

So entstanden alsbald im Trentino Bestrebungen nach einer zumindest kulturellen Autonomie, die jedoch von Wien vollständig abgelehnt wurde. Mit der Landeshauptstadt Innsbruck, die völlig vom deutschen Tirol geprägt war, konnten sich die Trentiner nicht identifizieren.
Am 18. März 1848 brach in Trient und Rovereto die Revolution aus. Als Folge wurde in Wien flugs eine neue Verfassung für Tirol ausgearbeitet, die jedoch nie in Kraft trat. Und schon 1849 nahm Wien alle Freiheitsrechte, die es notgedrungen den Tirolern während der Revolution hatte gewähren müssen, zurück.

Nachdem Österreich im ersten italienischen Unabhängigkeitskrieg erfolgreich gewesen war, mußten die Trentiner alle Hoffnung aufgeben, die Autonomie militärisch erreichen zu können. Stattdessen wurde eine Delegation zur Frankfurter Nationalversammlung geschickt. Sie sollte sich dafür einsetzen, entweder die Trennung des Trentino von Tirol und seinen Anschluß an das ebenfalls unter österreichischer Herrschaft stehende Lombardisch-Venetien oder wenigstens eine Autonomie innerhalb Tirols zu erreichen. Die Anträge wurden abgewiesen. Als sie 1849 der verfassungsgebenden Versammlung in Wien vorgelegt wurden, löste Kaiser Franz Josef die Versammlung kurzerhand auf.

Erst nach dem zweiten italienischen Unabhängigkeitskrieg kam es 1859 zu Reformen in der Tiroler Verfassung, als deren Folge 1860 die Trentiner 28 von 68 Landtagssitzen in Innsbruck besetzen durften. An der Universität Innsbruck wurde ein italienischsprachiger Zweig der juristischen Fakultät für die Trentiner Landeskinder eingerichtet, der jedoch angesichts heftiger nationalistischer Ausbrüche der Österreicher bald wieder geschlossen werden mußte.

Während des dritten italienischen Unabhängigkeitskrieges 1866 wurde das Trentino unmittelbar in kriegerische Auseinandersetzungen verwickelt. Garibaldi, der bis Bezzecca gekommen war und auf Trient zu marschieren wollte, erklärte sein berühmt gewordenes „ich gehorche" und zog mit seinen Truppen zurück.

Alle Bitten und Anträge, die zum Teil auch von maßgeblichen Persönlichkeiten in Innsbruck und Wien unterstützt wurden, dem Trentino eine Autonomie zu gewähren, wurden von der kaiserlichen Verwaltung zurückgewiesen. Das führte zu einer außerordentlichen Aufheizung der antiösterreichischen Stimmung im Trentino und zum Aufkommen eines ausgesprochenen Irredentismus. So kam es, daß sich die Trentiner beim Ausbruch des Ersten Weltkrieges mit Begeisterung auf die italienische Seite schlugen. Unvergessen ist bis heute das Schicksal des Trentiner Sozialistenführers und Abgeordneten im Wiener Reichstag, Cesare Battisti, der als Offizier auf italienischer Seite gegen Österreich kämpfte und als Kriegsgefangener von den Österreichern am 12. Juli 1916 in Trient gehängt wurde.

Noch wenige Jahre vor Ausbruch des Krieges hatte Österreich an der Südgrenze des Trentino, der damaligen österreichisch-italienischen Grenze, eine Reihe von Festungswerken errichten lassen, die dann in den Kriegsjahren erbittert umkämpft wurden. Am 3. November 1918 unterzeichnete Österreich bei Padua den Waffenstillstand gegenüber Italien. Noch am selben Tage zogen italienische Truppen in Trient, am 7. November in Bozen ein. Für das Trentino bedeutete dieser Tag die lange herbeigesehnte Unabhängigkeit von Österreich und endlich die Zugehörigkeit zu Italien, dem man sich aufgrund der gemeinsamen Kultur und Sprache längst zugehörig fühlte.

Nach Kriegsende wurde in Trient eine Verwaltung aufgebaut, die für das gesamte Gebiet der heutigen Region Trentino - Südtirol zuständig war. 1923 schuf man die einheitliche Provinz Venezia Tridentina, die aus den Provinzen Trient und Bozen bestand. Schon bald, nachdem die Trentiner sich als italienische Staatsbürger im Königreich Italien wiederfanden, mußten sie feststellen, daß die für sie bislang selbstverständlich gewesenen Verwaltungsstrukturen Österreichs viel günstiger waren als jene im straff zentralistisch geordneten italienischen Staat. Hatte man sich bislang um Autonomie innerhalb Österreichs bemüht, verlangte man jetzt Autonomie vom neuen Vaterland, um die bisherige, im Rahmen der Tiroler Landesverfassung genossenen Vergünstigungen nicht aufgeben zu müssen. Die ersten italienischen Regierungen standen diesem Autonomiebestreben durchaus wohlwollend gegenüber und versuchten, auf die Wünsche der Trentiner einzugehen. Mit dem Aufkommen des Nationalismus und Faschismus war das dann allerdings vorbei.

Als sich Italien während des Zweiten Weltkrieges auf die Seite der Alliierten schlug, wurden Südtirol, das Trentino und die Provinz Belluno als „Operationszone Alpenvorland" praktisch, wenn auch nicht rechtlich, zu einem Teil des Deutschen Reiches.

Erst als nach dem Ende des Zweiten Weltkrieges der Faschismus in Italien besiegt war, konnten die Trentiner wieder auf ihre Autonomiewünsche zurückkommen. Es traf sich, daß Südtirol und die für sie als Schutzmacht auftretenden Österreicher beharrlich auf Autonomierechten für die Provinz Bozen bestanden. Aufgrund dieses Verlangens verfolgte auch das Trentino die alten, eigenen Autonomiewünsche weiter. Es war ein Glücksfall, daß der Verhandlungsführer Italiens bei den österreichisch-italienischen Verhandlungen, der italienische Ministerpräsident Alcide Degasperi, ein Trentiner und daher für die Wünsche seiner Landsleute besonders aufgeschlossen war. Er verstand es dann, im sogenannten Pariser Vertrag, den er mit dem österreichischen Außenminister Gruber schloß, nicht nur als italienischer Außenminister Zugeständnisse an Österreich für Südtirol zu machen, sondern seiner eigenen Regierung gegenüber auch Zugeständnisse für seine Trentiner Landsleute herauszuholen. Als Ergebnis entschied die italienische verfassungsgebende Nationalversammlung am 27. Juli 1947, eine Region Trentino-Tiroler Etschland zu schaffen. Das 1948 daraufhin verabschiedete Autonomiestatut entsprach allerdings weder den Südtiroler noch den Trentiner Vorstellungen. Die tatsächlich gewährte Autonomie war minimal. So kam es in den folgenden Jahren zu den bekannten Ereignissen in Südtirol, die 1957 in der öffentlich erhobenen Forderung „Los von Trient" gipfelten und dann zu jahrelangen Gewalttaten führten. Doch erst als Österreich 1960 die UNO mit dem Südtirolproblem beauftragte, lenkte Italien ein. Es dauerte aber noch bis zum 20. Januar 1972, bis das zweite Autonomiestatut in Kraft trat, das den beiden Provinzen Bozen und Trient innerhalb der Region weitgehende Autonomie in Verwaltung und Gesetzgebung einräumte.

Während im Ausland die Auseinandersetzungen um das Autonomiestatut immer nur als eine Frage Südtirols gesehen wurden, ging es in Wahrheit ebenso um die Autonomiewünsche der Trentiner. Sie sind heute im gleichen Maße wie die Südtiroler Nutznießer dieses zweiten Autonomiestatuts.
Anders als sonstige Provinzen in Italien sind die beiden in der Region Trentino - Südtirol zusammengeschlossenen Provinzen jede für sich unter anderem für folgende Bereiche selbständig zuständig und verantwortlich:

Ortsnamengebung; Schutz und Pflege der geschichtlichen, künstlerischen und volklichen Werte; örtliche Sitten und Bräuche sowie kulturelle Einrichtungen; Raumordnung und Bauleitpläne; Landschaftsschutz; Gemeinnutzungsrechte; Handwerk; geförderter Wohnungsbau; Maßnahmen zur Katastrophenvorbeugung und -soforthilfe; Bergbau einschließlich der Mineral- und Thermalwässer; Steinbrüche und Gruben; Jagd und Fischerei; Almwirtschaft sowie Pflanzen- und Tierschutzparks; Straßenwesen, Wasserleitungen und öffentliche Arbeiten im Interessenbereich der Provinz; Transportwesen im Interessenbereich der Provinz einschließlich der technischen Vorschriften für Seilbahnanlagen und ihren Betrieb; Fremdenverkehr und Gastgewerbe einschließlich der Führer, der Bergträger, der Skilehrer und der Skischulen; Landwirtschaft, Forstwirtschaft und Forstpersonal; Vieh- und Fischbestand; Pflanzenschutzanstalten, landwirtschaftliche Konsortien und landwirtschaftliche Versuchsanstalten, Hagelabwehr, Bodenverbesserung; öffentliche Fürsorge und Wohlfahrt; Kindergärten und Schulbau.

Demgegenüber ist die Region zuständig unter anderem für: Abgrenzung von Gemeindegebieten, Enteignungen, Grundbuchwesen, Feuerwehrdienste, Handelskammern, Krankenhauskörperschaften, Genossenschaftswesen, Wohlfahrtswesen und Kreditwesen.

Die Liebenden von Sabbionara – etwas zur Kunstgeschichte des Trentino

Neben seinen landschaftlichen Schätzen, den Gebirgen, Tälern und Seen hat das Trentino noch einen Schatz ganz anderer Art, mit dem es seine Besucher überrascht: die Zeugnisse der Kunst.

In seinen Kunstwerken, den Kirchen und Kapellen, Schlössern und Burgen ebenso wie in der Malerei und den Werken der Bildhauer spiegelt sich die Geschichte des Trentino ebenso wider wie seine Lage zwischen dem nordisch-deutschen und dem südländisch-italienischen Raum. Im Gefolge der deutschen Kaiser und Könige, die jahrhundertelang auf ihrem Weg nach Italien durch das Trentino gezogen sind, kamen Baumeister, Maler und Bildhauer aus dem Norden in das Land an der Etsch. Die Fürstbischöfe, die lange Zeit deutscher Herkunft waren, beriefen Landsleute an ihren Hof. Auch das Trentiner Landeswappen, der Adler, ist auf diese Weise ins Land gekommen. Es handelt sich dabei nämlich ursprünglich um den Adler des Heiligen Wenzeslaus, das Wappentier des Fürstbischofs Nikolaus von Brünn. Der aus Mähren stammende Fürstbischof hat ihn aus seiner Heimat nach Trient mitgebracht. So erhielt das Trentino seinen schwarzen Adler. Auf der anderen Seite drängten von Süden her venezianische und lombardische Baumeister und Maler ins Trentino.

Abgesehen von der Stadt Trient, in der Kunsteinflüsse aus allen genannten Gebieten zusammentreffen und so das Bild der Landeshauptstadt zu einem besonders reizvollen kunsthistorischen Ort machen, kann man im Trentino feststellen, daß im Etschtal unterhalb Trients ein sehr starker venezianischer Einfluß vor allem in der Architektur zu finden ist. Demgegenüber sind die Iudicarientäler nicht nur venezianisch, sondern auch lombardisch geprägt. Das obere Etschtal zwischen Trient und der Salurner Klause, das Fassatal, das Nonstal, das Fleimstal und das Primiero weist starken deutschen Einfluß auf.

Bedeutendstes Bauwerk des Mittelalters ist neben dem Schloß Buonconsiglio sicherlich der stark von lombardischen Einflüssen geprägte Dom zu Trient, nicht zuletzt im Hinblick auf seine Steinplastiken, die Löwen etwa oder die verflochtenen Säulen.

Ende des 12. Jahrhunderts kamen vorrangig Baumeister aus dem lombardischen Como und bauten zahlreiche Kirchen im romanischen Stil. Schönste Beispiele dafür sind die St. Lorenzkirche in Trient, die St. Hilariuskirche nahe Rovereto und die Pfarrkirche von Pinzolo. Byzantinische Einflüsse nimmt man noch bei der Kirche Sant' Appolinare in Trient wahr, lombardische und karolingische Elemente finden sich in jener von Pieve di Vigo.

Zu den wohl bedeutendsten Förderern der Architektur wie auch der Malerei zählten die Fürstbischöfe Bernhard von Clès und Christoph Madruzzo, denen die Stadt Trient ihr noch heute in der Altstadt bewahrtes Bild einer Stadt der Renaissance verdankt, bei der besonders die vielen Fresken an den Hauswänden auffallen. Der kunsthistorisch interessierte Besucher stößt im Trentino ohnehin bemerkenswert oft auf wertvolle und kunsthistorisch bedeutsame Fresken. Mit Abstand die wichtigsten sind wohl jene in der Torre dell'Aquila des Schlosses Buonconsiglio. Dieser Zyklus stellt die zwölf Monate dar und wurde Anfang des 14. Jahrhunderts vom Meister Wenzeslaus aus Böhmen geschaffen. Leider sind heute nur noch elf Bilder erhalten geblieben. Kaum minder bedeutend ist der Freskenzyklus im Dom von Trient, der die Legende des Heiligen Julian darstellt. Die Bilder sind ganz im Stil des Malers Giotto gehalten. Von großer kunsthistorischer wie auch kulturgeschichtlicher Bedeutung sind die Fresken, die erst kürzlich im Schloss Sabbionara bei Avio und in Stenico restauriert wurden.

Im Schloß Sabbionara sieht man in der sogenannten Wachstube vorzügliche Darstellungen von Landsknechten. Im Turm sind die Wände mit Liebesszenen bemalt. Beide Malereien sind in ihrer Art einmalig im Trentino, stellen sie doch die ersten Wandmalereien des Mittelalters in dieser Region dar, die nicht religiösen Motiven gewidmet sind. Als außerordentlich bedeutsam werden von den Kunsthistorikern jene Fresken bewertet, die durch Zufall bei Restaurierungsarbeiten in der Schloßkirche von Castello Stenico unter einer Mauer zum Vorschein kamen.

Eine besondere Art von Freskenmalerei entstand an der Wende des 15. zum 16. Jahrhundert durch die aus Bergamo stammende Malerfamilie Baschenis. Ihr bedeutendstes und bekanntestes Werk ist der berühmte Totentanz an der Außenwand der Kirche von Pinzolo nahe Madonna di Campiglio. Wie hier haben die Baschenis ihre künstlerischen Spuren an verschiedenen Stellen in den Judicarien, dem Rendenatal, der Kirche von Pelizzano im Val di Sole und der Kapelle von Schloß Valer am Nonsberg hinterlassen.

In der Barockzeit entstanden vorrangig zahlreiche Werke der Holzbildhauerei, die von den Schnitzern aus Castione bei Brentonico geschaffen wurden. In der Malerei dieser Zeit fällt der Künstlerkreis um Giuseppe Alberti aus Cavalese durch seine Werke auf. Unverkennbar ist der Einfluß der venezianischen Malerei, besonders jener der Schule Tiepolos.

Als einer der berühmtesten Malerwerkstätten des Trentino in dieser Zeit entwickelte sich die der Familie Unterberger aus dem Fleimstal. Aus dem Val di Sole kamen die damals weithin in Europa bekannt gewordenen Malerbrüder Francesco und Gianantonio Guardi. Sie gelangten vor allem in Venedig zu hohem Ansehen. Der ebenfalls aus dem Trentino stammende Portraitist Giovanbattista Lampi wirkte dagegen in Warschau, St. Petersburg und Wien.

Andererseits wurden in der Barockzeit wiederum bedeutende Künstler von außen ins Trentino geholt und wirkten hier, so etwa Cignaroli aus Verona, Fontebasso aus Venedig und Martin Koller aus Tirol.

Der wohl bedeutendste Maler, der Ende des vorigen Jahrhunderts aus dem Trentino kam, war der 1858 in Arco am Gardasee geborene Giovanni Segantini, der sich als Maler des schweizerischen Engadin einen Namen gemacht hat.

Ein kurzer Blick auf die Entwicklung der Kunst im Trentino wäre unvollständig, würde man die berühmten Holzschnitzer der Dolomiten vergessen. Sowohl im Fassatal wie im Fleimstal war und ist bis heute die Kunst des Holzschnitzens verbreitet. Noch heute wirken hier Holzbildhauer, deren Ruf weit über die Trentiner Dolomitentäler hinaus bekannt ist.

Etwas ganz Besonderes in der Kunst unserer Zeit vollzieht sich Jahr für Jahr in dem kleinen Bergdorf Guárdia in der Nähe der Stadt Rovereto auf der Hochebene von Folgaria. Hier ist die Heimt des Künstlers Cirillo Grott, der mit seinen modernen Holz- und Metallskulpturen, aber auch mit seinen ausdruckvollen Bildern Anerkennung erlangte.

Die Nachkommen und die Dorfbewohner haben eine Idee des Künstlers weiter geführt: 1988 nahmen junge Trentiner Maler die Anregung Grotts auf und begannen im Sommer die Wände der Häuser in Guárdia mit Szenen aus dem dörflichen Leben der Region zu bemalen. Die Art der Gemälde ist völlig unterschiedlich, das Thema ist vorgegeben. Im Laufe der Jahre entstand so eine faszinierende Freiluftgalerie, die auch nach dem Tode von Cirillo Grott weitergeführt wird.

Siehst du ein Schloß im Sommer im Trentino

In einem Grenz- und Durchgangsland, wie es das Trentino jahrhundertelang gewesen ist, wundert es nicht, daß es heute immer noch mehr als hundert Schlösser gibt. Zum Teil sind sie mehr oder weniger verfallen; besonders wenn sie im Besitz der Autonomen Provinz sind, wurden sie ganz oder teilweise restauriert. Und wieder andere haben die Zeit einfach überstanden, befinden sich noch immer in einem guten Zustand und werden sogar noch bewohnt.

Nachstehend sollen jene Schlösser kurz vorgestellt werden, die öffentlich zugänglich sind, wenn auch manche nur nach vorheriger Anmeldung und Terminabsprache. In solchen Fällen sind die zuständigen Fremdenverkehrsämter, APT- oder Pro Loco-Büros bei der Vereinbarung behilflich. Ihre Anschrift ergibt sich aus den Ortsbeschreibungen, bei denen nochmals auf die Schlösser Bezug genommen wird. Soweit die Schlösser innerhalb bestimmter Zeiten zugänglich sind, ist zu beachten, daß montags in der Regel Museumsfeiertag ist, der auch die Schlösser betrifft.

Schloß Buonconsiglio. Schloß Buonconsiglio in Trient ist sicherlich das bedeutendste Profanbauwerk des Mittelalters im Trentino, auch wenn es vom Umfang her nicht das größte Schloß des Landes ist. Buonconsiglio bietet heute noch sein Erscheinungsbild so dar, wie Fürstbischof Bernhard von Clès es ihm im 16. Jahrhundert gegeben hat. In seinem Inneren befinden sich mehrere bedeutende Museen. Besonders sehenswert ist der Monatszyklus im Adlerturm. Ganzjährig täglich geöffnet von 10-18.00 Uhr. Telefon: 0461/233 770.

Schloß Arco. Eine malerische Ruine auf einem hohen Felsen, der sich fast senkrecht über dem Gardasee erhebt. Wegen Renovierungsarbeiten am Schloß, die sich noch über Jahre hinziehen werden, kann nur der Park besichtigt werden.

Schloß Belfort. Eine romantische Ruine von 1300 auf einem einsamen Hügel zwischen Cavedago und Spormaggiore.

Schloß Beseno. Beseno ist die größte Befestigungsanlage des Trentino, beinahe eine kleine, befestigte Stadt auf einem eiszeitlichen Schuttkegel vor der Mündung des

Valsugana ins Etschtal zwischen Trient und Rovereto. Geöffnet von April bis Oktober täglich von 10.00 Uhr - 18.00 Uhr, Telefon: 0461/233 770.

Schloß Caldes. Das Schloß soll in seinen Anfängen aus der Jahrtausendwende stammen. Es ist im Sommer im Rahmen von Ausstellungen zugänglich.

Schloß Campo. Es ist das besterhaltene mittelalterliche Schloß Judicariens. Im Sommer nach Voranmeldung geführte Besichtigung möglich. Telefon: 04 65/71465.

Magnifica Corte di Caldonazzo. Das auch Schloß Trapp genannte Anwesen kann lediglich im Oktober nach vorheriger Anmeldung besichtigt werden. Ansonsten ist es nur im Rahmen von kulturellen Veranstaltungen wie Ausstellungen und Konzerten zugänglich. Telefon: 0461/723594.

Schloß Clès. Das Stammschloß des berühmten Trentiner Fürstbischofs Bernhard von Clès kann nur nach Absprache mit dem Eigentümer, Baron Leonardo Clès besichtigt werden. Telefon: 0461/601 081.

Schloß Drena. Ständige Ausstellungen. Geöffnet September bis Mai von 9.00 Uhr bis 12.30 Uhr und von 14.00 Uhr bis 18.00 Uhr. Juni bis August von 9.30 Uhr bis 12.30 Uhr und von 15.00 Uhr bis 19.00 Uhr. Telefon: 0464/5411170.

Schloß Ivano. Als Privatbesitz nur nach Voranmeldung zu besichtigen.
Telefon: 0461/ 763 432.

Schloß Noarna oder Castellnuovo Lagarino. Besichtigung nur nach Absprache.
Telefon: 0464/435 454.

Schloß Pergine. Das am Eingang zum Valsugana gelegene prächtige Schloß beherbergt ein Hotel - Restaurant. Im Park sind wechselnde Ausstellungen moderner Kunst zu sehen. Mai bis Oktober zugänglich. Telefon 0461/531 158.

Schloß Pietra in Calliano. Als Privatbesitz nur nach vorheriger Anmeldung zu besichtigen. Telefon: 0464/430 363.

Schloß Rocca di Riva. Das Schloß im Wasser des Hafenbeckens von Riva del Garda birgt das Stadtmuseum. Geöffnet Juni, September, Oktober, November von 9.00 Uhr bis 12.00 Uhr, von 14.30 Uhr bis 18.30 Uhr, Juli und August von 9.00 Uhr bis 12.00 Uhr und von 17.00 Uhr bis 22.00 Uhr, Telefon : 0464/554 490.

Schloß Romano. Eine große, eindrucksvolle Ruine.

Schloß Rovereto. Das italienische heeresgeschichtliche Museum ist hier untergebracht. Geöffnet April bis Juni von 8.30 Uhr bis 12.30 Uhr und von 14.00 Uhr bis 18.00 Uhr, Juli bis September von 8.30 Uhr bis 18.00 Uhr und Oktober und November von 8.30 Uhr bis 12.30 Uhr und von 14.0 0 Uhr bis 18.00 Uhr. Telefon: 0464/438 100.

Schloß Sabbionara. Die bei Avio gelegene prachtvolle Ruine ist teilweise restauriert. Geöffnet Februar bis September von 10.00 Uhr bis 13.00 Uhr und von 14.00 Uhr bis 18.00 Uhr, Oktober bis Dezember von 10.00 Uhr bis 13.00 Uhr und von 14.00 Uhr bis 17.00 Uhr. Telefon: 0464/ 684 453.

Schloß Segonzano. Die Ruinen hat schon Dürer gemalt.

Schloß Stenico. Eine Abteilung des Landeskunstmuseums ist hier untergebracht. Sehenswerte Fresken in verschiedenen Sälen und in der Kapelle. Geöffnet Oktober

bis März von 9.00 Uhr bis 12.00 Uhr und von 14.00 Uhr bis 17.00 Uhr, April bis September von 9.00 Uhr bis 12.00 Uhr und von 14.00 Uhr bis 17.30 Uhr.
Telefon: 0465/710 04.

Schloß Toblino. Eine der malerischsten und idyllischsten Schloßanlagen des Trentino, auf einer kleinen Halbinsel im Toblinosee gelegen. Heute Restaurant, geöffnet März bis November. Telefon: 0461/864 036.

Schloß Thun. Eines der eindrucksvollsten Schlösser im Nonstal. Das Schloß wurde kürzlich von der Autonomen Provinz Trient erworben und soll im Laufe des Jahres 1995 als Museum öffentlich zugänglich gemacht werden. Telefon: 0461/233 770.

Die meisten der vorgenannten Schlösser sind alljährlich einbezogen in die historische Veranstaltungsreihe „Siehst Du ein Schloß im Trentino zur Sommerszeit“. Zwischen Juni und September werden hier historische Schauspiele, Konzerte auf historischen Instrumenten, aber auch mittelalterliche Gastmahle veranstaltet. Es gibt Weinverkostungen bei Märchen, die im Schloßhof erzählt werden, Fahrten durch Landschaft und Geschichte, Gastmahle bei europäischer Musik aus dem Repertoire der Studentenschaft von einst, aus der Volkslyrik des italienischen Humanismus und aus der Stegreifkomödie. Unter dem Motto „Ein Abendmahl im Schloß“ werden festliche Gastmahle aus der Zeit des Fürstbischofs Christoph Madruzzo in verschiedenen Schlössern und in einer mittelalterlichen Ortschaft veranstaltet. „Bei Bacchus zu Hofe“ heißt eine Veranstaltungsreihe, bei der es Weinverkostungen alter Trentiner Weinsorten zu mittelalterlicher Musik gibt. Schließlich führen „Pfade der Erinnerungen“ zwischen den Schlössern des Trentino dahin.

Wo der Bär noch brummt – ein Nationalpark, Naturparks und Naturschutzgebiete im Trentino

Aufgrund eines italienischen Staatsgesetzes wurde 1935 auf einer Fläche von 96.000 ha auf dem Gebiet der Provinzen Bozen, Sondrio und Trient der Stilfserjoch-Nationalpark (Parco Nazionale delle Stelvio) gegründet. Nach seiner Erweiterung 1977 und der Ausdehnung auf einen Teil der Provinz Brescia umfaßt der Nationalpark heute eine Gesamtfläche von 136.640 ha, von denen 19.300 ha auf die Provinz Trient, auf das Trentino entfallen. Damit hat das Trentino im Vergleich zu Bozen oder Sondrio nur einen kleinen Anteil am Nationalpark, dennoch muß hier kurz der Nationalpark als Ganzes vorgestellt werden, da ja auch der Besucher im Nationalpark nicht an den ohnehin unsichtbaren Grenzen des Trentino bei seinen Wanderungen Halt macht.

Im Mittelpunkt dieses Nationalparks stehen die mächtigen Berggestalten des Ortler, der mit 3.905 Metern höchster Gipfel der Ostalpen ist, der Königsspitze, Gran Zebru mit 3.859 Metern und der Zufallsspitze, dem Cevedale mit 3.764 Metern. Der Cevedale ist der höchste Gipfel des Trentino.

Im Naturpark Presanella (Gruppo della Presanella)

Die Verwaltung dieser gewaltigen Nationalparkfläche obliegt der Staatsforstverwaltung, die auch mit Aufgaben der Fremdenverkehrsförderung betraut ist. In Bormio, im oberen Valtellina in der Provinz Sondrio befindet sich die Hauptverwaltung des Parks, in Malè im Trentiner Val di Sole besteht eine Zweigstelle. In insgesamt zehn Orten, darunter in den zum Trentino gehörenden Orten Pèio und Rabbi, wurden Überwachungsstellen eingerichtet.

Zahlreiche landschaftlich großartige Täler ziehen von den zentralen Berggestalten des Nationalparks nach allen Seiten in die Tiefe. Im Valtellineser Teil des Parks (also in der Provinz Sondrio) sind es das Fornital, das Zebrùtal, das Rezzalotal, das Fraele- und das Cancanotal. Im Brescianer Teil des Nationalparks findet man das Messital, das Visotal, Canètal und das Grandetal. Im Bozener, dem Südtiroler Teil des Parks, ziehen sich das Trafoiertal, das Suldental, das Martelltal und das Ultental hin.

Im Trentiner Anteil am Nationalpark gibt es nur zwei Täler, die Zugang in diese unberührte Hochgebirgswelt gewähren: Pèio- und Rabbital, die beide zum Val di Sole ziehen. Bei Malè befindet sich die Mündung des Rabbitales, das in seinem langen Verlauf viele kleine Zuflüsse hat und vor allem oberhalb der Heustadeln von Stablasolo einige eindrucksvolle Wasserfälle bildet. Bei Cogolo kommen die beiden Täler „de la Mare“ und „del Monte“ zusammen, die das Pèiotal bilden. Wandert man durch diese Täler aufwärts, findet man hoch in den Bergen zahlreiche eindrucksvolle Gletscherseen.

Zwei der fünf Besucherzentren wurden im Laufe der Zeit von der Parkverwaltung im Trentiner Teil eingerichtet: in Cogolo und in Bagni di Rabbi. Hier können Parkbesucher alle notwendigen Informationen für einen Besuch des Parks bekommen. In Ausstellungsräumen werden auf großen Schautafeln die wichtigsten naturkundlichen, geschichtlichen und kulturellen Merkmale dargestellt, denen man im Park begegnen kann. In der Sommersaison laufen in diesen Besucherzentren Informationsfilme über den Nationalpark. Interessant ist auch das Faunagehege in Pèio Fonti, wo kranke oder verletzte Tiere Pflege finden, die im Park vom Forstpersonal gefunden wurden.

Der Kontroll- und Überwachungsdienst des gesamten Parkgebietes wird von einem 104 Mann starken Corps der staatlichen Forstverwaltung wahrgenommen. Diese Forstwachen, die auf insgesamt 10 Bezirke aufgeteilt sind, üben folgende Tätigkeiten aus: Verhütung und Bekämpfung der Wilderei, Kontrolle der Forstarbeiten; Kontrolle und Abschaffung des Mißbrauchs im Bauwesen; Überwachung und Schutz der Tierwelt; Winterfütterung für Hirsche und Rehe; Kontrolle des Fremdenverkehrs, des Besucherstromes; Hilfeleistung für Touristen; alpiner Rettungsdienst; Zivilschutz bei Naturkatastrophen; Feuerschutzarbeiten bei Waldbränden, Lawinen- Katasterpeilung.

Die Parkverwaltung führt zahlreiche Instandhaltungsarbeiten zur Erhaltung des verzweigten Netzes der Wanderwege durch. Es werden Schutzhäuser und Beobachtungsposten errichtet und unterhalten. Weiter werden Wegmarkierungen mit Orientierungs- und Beschreibungstafeln angebracht. Außerdem befaßt sich die Parkverwaltung mit der Instandhaltung der Infrastrukturen, die für die Besucher eingerichtet wurden. Dazu gehören Picknickplätze mit Grillmöglichkeiten, Parkplätze, Campingplätze und vieles andere mehr. Für die Durchführung dieser Arbeiten stehen der Parkverwaltung im Sommer mehr als 150 Saisonarbeiter zur Verfügung.

Zwar gibt es im Nationalpark heute wieder stattliche Steinbockbestände, doch sind sie im Wesentlichen auf das Zebrùtal konzentriert.

Im Trentiner Teil des Nationalparks kommen Steinböcke höchstens gelegentlich als „Ausflügler" vor. Gemsen, Hirsche und Rehe dagegen sind bei Wanderungen anzutreffen. Rehe sind sogar in erster Linie in den Trentiner Tälern zu finden. Auch für den Reichtum an Murmeltieren sind gerade die Täler von Pèio und Rabbi bekannt. Füchse, selten noch Dachse kann man antreffen, verschiedene Marderarten, Hasen und in höheren Regionen auch Schneehasen. Im Wasser des Corvosees am Rabbipaß findet man den seltenen Bergmolch. Gelegentlich stößt man auf Apisvipern und ganz selten auf die Berusviper.

Unter den vielen Vogelarten, die man im Nationalpark unterscheidet, muß vor allem der glücklicherweise noch recht häufig vertretene Königsadler erwähnt werden, der Auerhahn, der Birkhahn und das Schneehuhn, natürlich auch der echte Rabe.

Bei den Pflanzen muß man gerade für den Anteil des Trentino am Nationalpark auf die schönen Bestände an Lärchen und in höheren Lagen an Latschen aufmerksam machen.

Ganz anders als der auf einem staatlichen Gesetz basierende Nationalpark Stilfserjoch, der zudem nur zu einem Teil im Gebiet des Trentino liegt, sind die beiden großen Naturparks, mit denen das Trentino seit langem einige seiner schönsten Naturlandschaften schützt. Zum einen ist die Rechtsgrundlage für ihre Schaffung eine dank der Autonomie eigenständige Naturschutzgesetzgebung der Provinz Trient, zum anderen liegen die beiden Parks vollständig innerhalb der Provinz. Es handelt sich dabei um den Naturpark Adamello-Brenta im Westen und den Naturpark Panevéggio-Pale di San Martino im Osten des Trentino.

Mit einer Fläche von 61.864 ha ist der Naturpark Adamello-Brenta das größte Schutzgebiet innerhalb des Trentino. Er umfaßt das Kernstück der sogenannten Brentadolomiten und das aus Tonalit und Granit bestehende Gebiet der Adamellogruppe, soweit diese zur Provinz Trient gehört. Die für den Besucher sicherlich eindrucksvollsten Täler dieses Naturparks sind die Täler von Tóvel und Genova. Das Tóveltal, das vom Nonstal tief in die Brentaberge hineinführt, endet beim Tóvelsee, dem landschaftlich vielleicht schönsten Bergsee des Trentino. Immer wieder macht er von sich reden, wenn die sporadisch auftretenden Algen „Glenodinium sanguineum" sein Wasser rot färben.

Das Genovatal dagegen erschließt von Pinzolo, dem Rendenatal, aus das Adamellogebiet. Vom Eis der Gletscher einst tief ins Gebirge eingegraben, mit urwaldähnlichem Wald bedeckt und von markanten Wasserfällen geprägt, ist es eines der schönsten Gebirgstäler der Alpen überhaupt.

Berühmt wurde der Naturpark Adamello - Brenta dadurch, daß er der letzte Lebensraum des Braunbären in den Alpen ist. Nicht als wandernder Besucher wie in den Karawanken, sondern als ständig hier lebendes Wild haben sich noch etwa anderthalb Dutzend der großen Raubtiere im Adamellogebiet bis heute erhalten. Doch ihr Bestand erscheint gefährdet. Angesichts der Größe des Gebietes und der selbst für Bären bemerkenswerten Unwegsamkeit kann es durchaus vorkommen, daß männliche und weibliche Bären nicht mehr zusammenfinden, und daß daher mangels Nachwuchs die Trentinobären über kurz oder lang vom Aussterben bedroht sind.

Wer in den Adamellobergen wandert, braucht indessen keine Angst zu haben. Es kann Jahre dauern, bis einmal ein Mensch hier Meister Petz zu Gesicht bekommt. Er ist nicht nur selten, sondern auch sehr scheu. Im übrigen entspricht die Zusammensetzung der Tierwelt der des nördlich benachbarten Stilfserjoch - Nationalparks. Lediglich der Rothirsch gilt im Adamello - Brentagebiet als gelegentlicher Besucher aus dem Norden.

In der Pflanzenwelt fallen die vielen verschiedenen Enzianarten auf. Daneben gibt es die sonst recht seltene Silberwurz, die hier manchmal weite Blütenteppiche bildet, und den Pyrenäenmohn als Besonderheit.

Zwischen Cavalese und Primiero dehnt sich der zweite große Naturpark des Trentino aus, der 19.097 ha große Naturpark Panevéggio-Pale die San Martino. Sein Mittelpunkt ist der weltbekannte Wintersportplatz San Martino di Castrozza mit der einzigartigen Dolomitenlandschaft der Pala-Dolomiten. Auch umfaßt er einen kleinen Teil der einsamen, touristisch noch weniger bekannten Bergketten des Lagorai. Ein wichtiger Bestandteil dieses Parks ist der Panevéggio-Forst, der durch den Artenreichtum seiner Wälder bemerkenswert scheint. Er gilt als einer der schönsten Waldbestände des gesamten Alpenraumes. Hier findet man Fichten - (Rottannen-) Bestände, deren Bäume eine Größe und einen Stammumfang haben, wie man sie sonst selten zu sehen bekommt. Diese Bäume kommen zu einer ganz besonderen Verwendung: Das Holz der hier wachsenden Fichten gilt als sogenanntes Klangholz, als besonders gut geeigneter Resonanzboden für verschiedene Musikinstrumente.

Reich ist das Gebiet des Naturparks Panevéggio-Pale di San Martino an Alpenrosen, auch an Zwergalpenrosen. Verschiedene Enzianarten, Primeln und Mohnarten, Edelweiß, Orchideen, darunter der schöne Frauenschuh, Trollblumen und Astern schmücken dank des kalkhaltigen Dolomituntergrundes die Bergwiesen in besonders reichem Maße.

Als Besonderheit in der Tierwelt dieses Naturparks gilt die Tatsache, daß hier nicht nur das allerorts so selten gewordene Steinhuhn lebt, sondern auch alle anderen alpinen Rauhfuß-Hühnervogelarten: Auerhahn, Birkhahn, Haselhuhn und Schneehuhn. Gemsen und Rehe gibt es zahlreiche, Murmeltiere auch. Rothirsche wurden erst in den 60er Jahren dieses Jahrhunderts wieder eingebürgert. Außer diesen drei großen Schutzgebieten gibt es im Trentino noch folgende weitere Naturschutzgebiete:

Monte Baldo. Das Gebiet wurde von der Società Botanica Italiana unter die Biotope eingereiht, die wegen ihrer Vegetation von besonderem Interesse sind. Auf dem Monte Baldo bestehen derzeit drei geschützte Zonen, das Naturreservat von Corna Piana, die Naturreservate von Lastoni-Selva Pezzi und die Schutzgebiete östlich des Gardasees in der Gemeinde Malcesine.

Das Naturschutzgebiet ***Laghestel*** hat als Mittelpunkt ein Biotop in der Gemeinde Baselga auf der Hochebene von Pinè. Hier liegt ein kleiner See, der sich zu bestimmten Zeiten rot färbt.

Das Naturschutzgebiet ***Tre Cime del Monte Bondone*** umfaßt drei Bergspitzen und ist von großem naturkundlichen Interesse. Hier oben liegt der botanische Alpengarten „Violé". Er wurde vom naturwissenschaftlichen Museum in Trient angelegt. Man kann hier die typischen Blütenpflanzen der Alpen und die der Hochgebirge aus allen fünf Kontinenten studieren und vergleichen. Was im Sommer in den Alpen oder im Kaukasus, in den Rocky Mountains, in den Kordilleren oder im Himalaya blüht, hier auf der Viote hoch über Trient und dem Etschtal kann man es erleben.

Die ***Pyramiden von Segonzano*** im Valle di Cembra sind Agglomerate von Nadeln und Graten, die sich großartig gegen den Hintergrund abzeichnen. Sie sind durch Wassereinwirkung (Regen und Schmelzwasser) entstanden. Von der Landesstraße Nummer 71 im Cembratal kann man sie sehen. Zugänglich sind sie über Saumpfade und Wanderwege.

Äpfel, Wein und Bergbauern – etwas zur Wirtschaft des Trentino

Um das Trentino zu besuchen, mag es viele schönste Jahreszeiten geben. Doch für das Nonstal gibt es nur eine: die Zeit der Apfelblüte. Es gibt wenige Regionen in Europa, die so voller Apfelbäume stehen wie dieses Tal im Norden des Trentino. Und wenn diese Tausenden (oder sind es Millionen?) von Apfelbäumen blühen, sieht es aus, als habe es geschneit, rosafarbenen Schnee von unzähligen Apfelblüten.

Damit ist ein wichtiges Erzeugnis der Trentiner Landwirtschaft angesprochen, die Äpfel. Rund dreihunderttausend Tonnen Äpfel werden Jahr für Jahr vor allem im Nonstal und im anschließenden Val di Sole, weniger im Etschtal, erzeugt. Dort gehen die Apfelplantagen nahtlos in die des Südtiroler Unterlandes über. Damit erzeugt das Trentino allein rund 4,5 Prozent der gesamten Apfelproduktion innerhalb der Europäischen Union. Die Äpfel gehen zu einem großen Teil auf den deutschen Markt, sind aber auch innerhalb Italiens besonders begehrt.

Wichtiger noch als die Apfelproduktion ist jedoch die Weinerzeugung im Trentino. Rund 765.000 hl Wein, überwiegend Qualitätswein aus kontrollierten Anbaugebieten, kommen Jahr für Jahr im Trentino in die Keller. Wichtigstes Anbaugebiet ist das Etschtal, aber auch im Valle di Cembra gedeiht ein vorzüglicher Wein. Näheres hierzu siehe im Kapitel „Mozart mochte Marzemino". Zum Wein kommt der Schaumwein, der Spumante. Rund 4 Millionen Liter vorzüglichen Schaumweines werden jährlich im Trentino erzeugt.

Nicht unerwähnt bleiben sollen schließlich die köstlichen Branntweine, die vor allem auf Tresterbasis als Grappe weithin bekannt sind.

Das dritte wichtige Standbein der Trentiner Landwirtschaft ist die Milchviehhaltung. Man schätzt den Rindviehbestand im Trentino auf rund 53.000 Tiere, die jährlich 113 Millionen Liter Milch produzieren. Ein großer Teil der Milch wird zu Käse verarbeitet. Überall im Trentino, vor allem in den Seitentälern des Etschtales, sieht man am Straßenrand die Hinweisschilder „Formaggi Trentini", die auf Verkaufsstellen des Trentiner Käses hinweisen. Eine besondere Köstlichkeit ist dabei der Grana Trentino, ein Käse nach Parmesanart.

Doch so eindrucksvoll diese Zahlen auch sein mögen, in der Landwirtschaft unseres Reiselandes werden nur etwa acht Prozent der Erwerbstätigen beschäftigt. Rund 24 Prozent sind in der Industrie tätig. Die wichtigsten Industriebetriebe liegen bei Trient und bei Rovereto. Es sind größtenteils Maschinenbaubetriebe, die Maschinen für die Holz- und Metallverarbeitung herstellen, Verpackungsmaschinen, Textilmaschinen, elektromedizinisches Gerät, Maschinen für die Nahrungsmittelindustrie und Heimwerkergeräte.

Unverzichtbar für die Wirtschaft des Trentino ist indessen der Fremdenverkehr, der sommerliche ebenso wie der winterliche. Weltberühmte Wintersportplätze wie Madonna di Campiglio, San Martino di Castrozza, Fleimstal und Fassatal locken alljährlich Wintersportler aus vieler Herren Länder an und bringen für Tausende von Trentinern Arbeit und Verdienstmöglichkeiten.

Während sich die Einnahmen aus dem Fremdenverkehr im Winter auf einige Brennpunkte konzentrieren, sieht es im Sommer damit ganz anders aus. Dank der

Tatsache, daß das Trentino ein Gebiet ist, das von Norden bis Süden, von Osten nach Westen überall nur sehenswerte Landschaften, attraktive Ortsbilder und geradezu unzählige Kunstwerke hat, zieht das Land vom Frühjahr bis in den Spätherbst die Besucher an. Rund 6000 Kilometer Wanderwege durchziehen das Land kreuz und quer und machen es zu einem einzigartigen Wanderparadies.

Von Ladinern, Zimbern und den Mòcheni – etwas über die Minderheiten im Trentino

Das bunte Bild des Trentino hat drei besondere Farbtupfer, die es ergänzen und abrunden und ohne die ihm sicherlich einiges fehlen würde. Das sind die nationalen Minderheiten. Streng genommen sind es zwei, die Ladiner und die Deutschen, doch die Deutschen im Trentino sind auf den winzigen Inseln, auf denen sie heute noch leben, Lusern auf der Hochfläche von Folgaria und Lavarone und dem inneren Fersentale, so unterschiedliche Wege gegangen, vor allem in ihrer sprachlichen Entwicklung, daß man sie heute durchaus als zwei verschiedene Gruppen ansehen kann: hier die Zimbern von Lusern, dort die Mòcheni des Fersentales.

Größte Minderheit des Landes sind die Ladiner. Ihr geschlossenstes Siedlungsgebiet ist das Fassatal, wo heute sogar die Ortstafeln zweisprachig sind, italienisch und ladinisch. Und der Vergleich der Namen, die da in Vigo oder in Canazei auftauchen, zeigt sehr deutlich, daß auch die Ladiner eine romanische Sprache sprechen, die heute allerdings mehr und mehr vom Italienischen beeinflußt wird.

Anders als die Deutschen von Lusern und aus dem Fersental geben die Ladiner den Gelehrten bis heute ungelöste Rätsel über ihre Herkunft oder zumindest die Herkunft ihrer Sprache und Kultur auf. Wahrscheinlich lebten hier um die Zeit, da die Römer ins nördliche Trentino vordrangen, keltische Völker. Ob die Ladiner romanisierte Kelten sind, ob sie Räter sind, wie oft gesagt wird, weiß man bis heute nicht. Sicherlich sind die Ladiner die Nachkommen der in den Dolomitentälern ursprünglich ansässigen Volksstämme, deren Sprache wir nicht kennen, die aber wohl vor der Romanisierung schon keltisiert waren.

1975 wurde ein ladinisches Kulturinstitut in Vigo di Fassa ins Leben gerufen. Es soll helfen, die ladinische Kultur, Tradition, Sprache und Geschichte zu erhalten. Wie anders Ladinisch klingt im Vergleich zu Italienisch, mögen die nachstehenden Zeilen aus einem Gedicht von Simone Somariva zeigen:

Von Ladinern, Zimbern und den Mocheni

„El Latemar Guriòz
el mana via ma crepa
a vardar ju Moena".

„Neugierig schiebt sich der Latemar mit einem Felsen vor, um auf Moena hinabzuschauen".

„Bolkent im Land von Zimbarn", willkommen im Lande der Zimbern, steht auf einer großen Holztafel am Ortsrand von Lusern. Lusern, oder wie die Italiener sagen, Luserna, ist ein kleines Dorf von etwa 300 Einwohnern. Es ist der einzige Ort der Welt, in dem heute die Menschen untereinander noch jenen mittelhochdeutschen Dialekt des 12. Jahrhunderts sprechen, den ihre aus Bayern ins Trentino ausgewanderten Vorfahren damals mitgebracht haben. Es ist die Sprache des Minnesängers Walther von der Vogelweide, und das ist eine wenig bekannte, kulturgeschichtliche Sensation.

Der Name Zimbern für die Bewohner des nahe Lavarone gelegenen Dörfchens kam im 14. Jahrhundert in Verona auf, als man glaubte, die deutschsprachigen Bewohner der Bergtäler nördlich der Stadt seien Nachkommen der im Jahre 104 vor Christus von Marius geschlagenen germanischen Zimbern. Zimbern nannten sich auch die einst deutschsprachigen Bewohner des Valle di Cembra. Sie sind verschwunden, assimiliert, italienisiert. Nur der Name Zimberntal erinnert noch an sie.

Deutsch in einer altbayerischen Form wird dagegen noch in den Siedlungen des inneren Fersentales gesprochen. Von den italienischen Bewohnern der umliegenden Gebiete werden die Fersentaler als Mòcheni bezeichnet, als „Macher". Kamautz, Florutz, Gereut sind die in der Umgangsprache der Fersentaler heute noch gebräuchlichen deutschen Namen für die Orte Canezza, Fierozzo oder Frassilongo.

Wie die Höfe im ladinischen Fassatal, wo noch ein starker Südtiroler Einfluß zu sehen ist, könnten auch die meist in ganz steilen Berghängen des Fersentales gelegenen Gehöfte der Fersentaler Bergbauern irgendwo in Tirol stehen.

1987 wurde durch ein Gesetz der Autonomen Provinz Trient ein Kulturinstitut der Zimbern und Fersentaler gegründet, das in Palù, im inneren Fersentale, angesiedelt ist. Es hat eine Außenstelle auch in Lusern. Das Institut ist ein wichtiges Instrument für den Schutz der deutschsprachigen Minderheiten der Zimbern und Fersentaler. Es hat die Aufgabe, sich wissenschaftlich mit Sprache, Kultur und Brauchtum der Zimbern und Fersentaler zu befassen; Dokumente, Zeugnisse und Veröffentlichungen über diese Minderheiten zu sammeln und ein Wörterbuch der Minderheitensprachen zu erstellen und ständig zu aktualisieren.

Karneval im Fassatal und andere Volksfeste im Trentino

Traditionelle Volksfest, alte Sitten und Gebräuche, sind sozusagen der Blick eines Volkes zurück in seine kulturelle Vergangenheit. So gesehen schaut man in manchen Gebirgstälern des Trentino oft und intensiv zurück, denn in einigen Tälern finden heute noch - oder seit einigen Jahren wieder - bunte und oft aufwendige Volksfeste statt. Viele solcher Feste hängen mit Karneval zusammen, der vor allem im Fassatal eine Hochburg hat. Die traditionellen Karnevalsumzüge im Fassatal sind eine Augenweide. Farbenprächtig sind die Kostüme, phantasievoll die Masken mit Pailletten und Federn sowie die Schellengürtel. Auch im Cembratal wird zu Karneval ein altes Volksfest gefeiert, das „Canta dei Mesi“, das in seinen Ursprüngen auf das Mittelalter zurückgeht. Jahreszeiten und Monate werden durch bestimmte Masken dargestellt. Ihnen folgen Diener und Wächter, Harlekine und Musikanten. In Cembra, Montesover, Valda, Grauno und Valfloriana gibt es solche Maskenzüge.

Das wohl aufwendigste Fest dieser Art feiert man am Ende der Karnevalszeit in Tesino, im östlichen Valsugana. Es ist die „Festa del Biagio“, ein aufwendiges Volksschauspiel, das seine Wurzeln im frühen Mittelalter hat und heute alle vier Jahre zu Beginn der Fastenzeit aufgeführt wird. Dargestellt wird der Aufstand des Volkes gegen einen Tyrannen namens Biago, der durch eine Strohpuppe dargestellt wird und nach seiner Festnahme und einem Prozeß auf der Piazza von Castello Tesino schließlich gehängt wird. Mit seiner Vielzahl von Pferden und prächtig kostümierten Reitern ist dieses Fest jedesmal eine großartige Inszenierung mittelalterlicher Verhältnisse.

Erwähnenswert im Nonstal sind die Maskenumzüge von Coredo, Romeno und Tres. Auch im Fersental wird Karneval immer noch mit altertümlichen Masken gefeiert und mit Bräuchen, die weit in die Vergangenheit der deutschen Fersentaler zurückgehen.

Hier im Fersental hat sich auch der einzige, heute noch originale und nicht etwa dem Touristen zuliebe praktizierte Brauch des Sternsingens erhalten, so wie er in den gesamten Alpen ansonsten wohl nur noch in Heiligenblut im österreichischen Kärnten gefeiert wird.

Anders als in Kärnten jedoch geht der Stern von Palai (Palù) im Fersental am Silvester- und Neujahrstag durch die Siedlungen von Hof zu Hof, wobei die Burschen, die den leuchtenden Stern tragen, uralte, zum Teil bis ins Mittelalter zurückreichende Lieder vortragen.

Großer Beliebtheit erfreuen sich die nun schon seit Jahren von Juni bis September auf verschiedenen Schlössern des Trentino veranstalteten Darbietungen unter dem

Motto „Siehst Du ein Schloß im Trentino zur Sommerszeit", wobei mittelalterliche Musik und Gesänge, Schauspiele, Kostüme und Instrumente sowie Gastmahle aus der Zeit der Renaissance vorgetragen, gezeigt und veranstaltet werden.

Nachfolgend eine Übersicht über die wichtigsten Veranstaltungen im Trentino, die einen Zusammenhang mit alten Traditionen haben oder von ihrer Art her einmalig, typisch für das Trentino sind.

In Cavalese findet in der ersten Januarwoche der Hexenprozeß statt in Erinnerung an solche Verfahren im 13. und 14. Jahrhundert. Der Februar steht, von wintersportlichen Veranstaltungen abgesehen, ganz im Zeichen des Karnevals. Die wichtigsten Orte im Trentino, an denen sehenswerte Karnevalsumzüge stattfinden, sind: Grauno im Valle di Cembra, Madonna di Campiglio mit seinem „Habsburger-Karneval", Condino, Canazei, Palai im Fersental, Tione mit seinem großen Karneval der Judicarien, Campitello mit dem großen ladinischen Karneval, Trient und Arco.

In Pre di Ledro feiert man im Februar ein großes Fest zu Ehren der Sonne, die man hier nach drei Monaten erstmals wiedersieht.

Im Mai und Juni veranstalten verschiedene Gemeinden am rechten Ufer der Etsch unterhalb von Rovereto „I giochi del Comun Comunale", wobei man versucht, historische Begebenheiten in entsprechenden Kostümen wieder aufleben zu lassen. Im Juni und September zelebriert Riva del Garda Märchennächte - Feste des Feuers, Wassers und Lichtes. Eine besondere Veranstaltung ist der „Lagoraid equestre", die Möglichkeit, an einer achttägigen Durchquerung des Fleimstales zu Pferde teilzunehmen. Ein großes Fest ist die Ende Juni in Trient zu Ehren des Dompatrons, des heiligen Vigilius, veranstaltete „Feste Vigiliane".

Raglio-Paglio in Cembra im Juli ist ein historisches Volksfest in Kostümen. Im Juli und August ist die Zeit, in der in Dro die Drodesera gefeiert wird, eine Veranstaltung mit Theater und Tanz in den Höfen und auf den Plätzen des Ortes. Sternenspiegel heißt der europäische Feuerwerkswettbewerb, der im August elf Trentiner Seen in der einzigartigen Pracht künstlicher Sterne erstrahlen läßt. Im übrigen ist der August der Monat der Folklorefeste. Solche gibt es in Cavalese unter dem Motto „Bärenjagd", in Folgaria, wo man einen Umzug mit Wagen veranstaltet, die Gebräuche und Berufe aus Folgaria zeigen. In Canazei gibt es das große ladinische Volksfest und in Canale di Tenno lebt „bäuerliches Mittelalter" wieder auf.

Sehenswert ist im Dezember in Trient der Jahrmarkt Santa Lucia und zum Jahreswechsel schließlich das Auftreten der Sternsinger im Fersental.

Während in den Sommermonaten in Riva und Torbole zahlreiche Wassersportveranstaltungen stattfinden, ist der Winter geprägt von entsprechenden, zum Teil international bedeutenden wintersportlichen Ereignissen. Eines der berühmtesten ist dabei wohl das 3Tre, das Rennen um den Ski-Worldcup in Madonna di Campiglio.

Die genauen Termine zu den vorstehend skizzierten Veranstaltungen und zu noch vielen anderen mehr, die es im Jahreslauf im Trentino gibt, bekommt man bei den örtlichen Fremdenverkehrsämtern oder bei der APT in Trient.

Selbst Bären haben ein Museum

Vor allem in den abgelegenen Gebirgstälern des Trentino hat sich vieles erhalten, was draußen in der offenen Landschaft leider längst untergegangen ist, ob das nun kostbare Schnitzaltäre in kleinen Kirchen sind, althergebrachte bäuerliche Lebensformen oder uralte Bräuche. Doch auch hier wird der unaufhaltsame Fortschritt manches verdrängen, vernichten, was heute noch selbstverständlich ist. Da bleiben dann nur Museen, in denen Kunst- und Kulturwerke, Trachten und Gerätschaften, aber auch historisch bedeutsame Bauten der Nachwelt erhalten bleiben. Schon heute gibt es im Trentino eine bemerkenswerte Zahl interessanter Museen. Ihr Besuch kann das Wissen und Verstehen des heutigen Lebens der Menschen im Trentino näherbringen. Denn nur das, was man kennt, kann man verstehen.

Nachstehend soll eine kurze Übersicht über die Museen des Trentino gegeben werden, wobei solche Museen außer acht gelassen werden, die bei der Recherche für dieses Buch (Sommer 1994) geschlossen waren und bei denen der Zeitpunkt für die Wiedereröffnung ungewiß ist.

Die Museen im Trentino sind normalerweise ganzjährig geöffnet, allerdings gelten in der Wintersaison kürzere Öffnungszeiten. Montags ist Ruhetag für die Museen. Am ersten und dritten Sonntag eines jeden Monats ist der Eintritt frei.

Trient

Landeskunstmuseum (Museo Provinciale d'Arte), Schloß Buonconsiglio, Telefon: 04461/233770.
Trentiner Risorgimento-Museum (Museo Tridentino del Risorgimento), Schloß Buonconsiglio, Telefon: 0461/230 482.
Museum für moderne und zeitgenössische Kunst (Museo d'Arte Moderna e Contemporanea di Trento e Rovereto), Palazzo Alberè, Telefon: 0 461/986 588.
Trentiner Museum für Naturwissenschaften (Museo Tridentino di Scienze Naturali), Palazzo Sardagna, Telefon: 0461/305 040.

Eine Außenstelle dieses Museums ist der botanische Alpengarten „Viote" auf dem Monte Bondone. Telefon: 0461/948 050.
Trentiner Diözesanmuseum (Museo Diocesana Tridentino), Palazzo Pretorio, Telefon: 0461/234 419.
Alpini-Museum (Museo degli Alpini), Doss Trento, Telefon: 0461/827 248.
Luftfahrtmuseum (Museo dell' Aeronautica), Flughafen „Caproni",
Telefon: 0461/944 888.
Alpenvereinsmuseum (Museo Storico della SAT), Via Manci 57,
Telefon: 0461/986 462.

Brentonico

Fossilienmuseum im Gebäude der Gemeindebibliothek, Telefon: 0464/395 059.

Cavalese

Historisches Museum und Pinakothek im Palazzo della Magnifica Comunità di Fiemme, Telefon: 0462/340 365.

Fiavè

Dokumentationzentrum für die Pfahlbauten von Fiavè und das Ausgrabungsgebiet, Telefon: 0465/701 465.

Lavarone

Kriegsmuseum des Ersten Weltkrieges (Museo della Guerra 1914-1918), Forte Belvedere, Telefon: 0464/783 063.

Ledrotal

Pfahlbaumuseum (Museo delle palafitte). Molina di Ledro, via Lungolago, Telefon: 0464/508 182.

Malè

Museum der Geschichte der Gemeinschaft des Val di Sole (Museo della Civiltà Solandra), Telefon: 0463/901 280.

Predazzo

Museum für Geologie und Völkerkunde (Museo di Geologia e Etnografia),
Telefon: 0462/502 392.

Riva del Garda

Stadtmuseum (Museo Civico) Rocca, Telefon: 0464/554 490.

Rovereto

Stadtmuseum für Geschichte, Archäologie und Naturwissenschaften (Museo Civico di Archeologia, Storia e Scienze Naturali), via Calcinari 18, Telefon: 0464/452 177.
Museum für zeitgenössische und moderne Kunst von Trient und Rovereto (Museo d'Arte Moderna e Contemporanea di Trento e Rovereto), via della Terra 53, Telefon: 0464/434 393 und Corso Rosmini 58, Telefon: 0464/438 887.
Kriegsgeschichtliches Museum (Museo Storico Italiano della Guerra), Telefon: 0464/ 438 100.

San Michele all' Adige

Trentiner Volkskundemuseum (Museo degli Usi e Costumi della Gente Trentina), Telefon: 0461/650 314.

Spormaggiore

Bärenmuseum (Museo dell'Orso) Telefon: 0461/653 526.

Stenico

Landeskunstmuseum (Museo Provinciale d' Arte), Telefon: 0465/701 004.

Vigo di Fassa

Ladiner Volkskundemuseum (Museo della Cultura Ladina), Telefon: 0462/64 267.

Finferli und Priesterwürger – die Küche des Trentino

Das Trentino wäre kein Stück Italiens, würde es nicht auch an der berühmten italienischen Küche teilhaben. Doch ebenso wenig wie es „die“ italienische Küche überhaupt gibt - schließlich gibt es nur die verschiedensten Küchen der vielen unterschiedlichen italienischen Regionen - so wenig gibt es in der Provinz Trient die italienische Küche schlechthin. Es gibt die trentinische Küche, und die ist bei aller Eigenständigkeit, die sich aus dem Lebensmittel- und Rohstoffangebot des Gebirgslandes ergibt, eben italienisch geprägt .

Die ganz große Luxusküche wird man im Trentino vergeblich suchen. In einem Gebirgsland wie dem Trentino konnten die Menschen es sich nie leisten, Luxusgerichte zu entwickeln. Was nichts damit zu tun hat, daß man als Reisender in diesem Land auf eine Gastronomie, auf eine Kochkunst stößt, für die mitunter die Anzahl von Hauben, Sternchen und sonstiger Auszeichnungen, die es gibt, nicht auszureichen scheint.

Wenn man bedenkt, daß das Trentino ein Gebirgsland mit Almen und einer intensiven Viehzucht, der Wälder, der Seen und des Weinbaues ist, weiß man schon einiges, was in der Küche dieses Landes überwiegt. Es ist das Fleisch von Tieren, die auf freien Weiden laufen, es sind Milchprodukte von den Almen, Wild und Pilze aus den Wäldern, Forellen und andere Süßwasserfische aus den Seen, Gemüse aus dem Etschtal, Wein und Obst. Italienisch in der Trentiner Küche sind sicherlich die vielen köstlichen Nudelgerichte, die Vorliebe für Pilzgerichte oder die Dolce, die Süßspeisen, vor allem in Form von Eis.

Aus den angrenzenden Regionen haben die Trentiner natürlich eine Fülle von kulinarischen Spezialitäten übernommen: so aus dem bajuvarisch-Südtiroler Raum die Knödel, die „Canederli“, aus dem lombardischen die „Polenta“ in verschiedensten Zubereitungsformen. Viel verwendet in der Trentiner Küche wird Käse. Der beste Käse des Landes kommt sicherlich aus dem Nonstal und dem Val di Sole, wo in großen Käsereien Tag für Tag die frische Milch von den Bergbauern angeliefert und zum berühmten Granakäse verarbeitet wird. Je älter er ist, dieser Grana, um so köstlicher ist er. Hat er drei Jahre und mehr auf dem „Buckel“, ist er eine köstliche Knabberei für die abendliche Weinstunde. Überall in diesen Tälern wie in allen Regionen des Trentino, in denen Milchvieh gehalten und damit auch Käse hergestellt wird, sieht man am Straßenrand in den Dörfern Hinweisschilder auf „Formaggi Trentini“.

Eine Delikatesse als Vorspeise sind Schinken aus dem Bereich des Gardasees und des Ledrotales, Wurstwaren, die besonders köstlich im Fersental hergestellt werden. Gerste, ein Produkt rauherer Gebirgslagen, hat einen regelrechten Siegeszug in der Küche des Trentino angetreten. Als Gerstensuppe, Orzetto - oder wie Risotto als Orzotto zubereitet, findet man Orzo, also Gerste, auf allen Speisekarten. Eine typische Spezialität sind die „Strangolapreti", die Priesterwürger, kleine, feste, mit zerlassener brauner Butter servierte längliche Spinatknödel.

In der guten Küche verwendet der Koch natürlich vor allem das, was die Jahreszeit gerade bietet. Und da fiebert man im Trentino natürlich der Zeit entgegen, da in den Wäldern Pilze gesammelt werden können. Finferli, also Pfifferlinge, oder Porcini, Steinpilze, beherrschen dann die Speisekarten. Besonders wenn dann auch noch Jagdzeit ist, und die Häuser in den Dolomiten, im Val di Sole und im Adamello-Brenta Gebiet Hirsch-, Reh- und Wildschweinspezialitäten anbieten, Hasen, Fasane oder Rebhuhn. Hier und da hat man vielleicht auch das Glück, einmal Gams oder sogar stambecco, Steinbock, angeboten zu bekommen. Herbst ist die Zeit, in der in vielen guten Restaurants des Trentino Gerichte, vor allem Desserts, aus Wildfrüchen bereitet werden. Zum Essen werden die Weine des Trentino serviert. Es gibt Spitzenlokale, die mehr als hundert verschiedene Trentiner Weine in ihren Kellern und auf den Weinkarten haben. Und natürlich darf nach dem Essen als Digestivo ein Trentiner Grappa nicht fehlen, ein Tresterschnaps.

Bekanntlich ist probieren besser als studieren. Noch so weitschweifige Ausführungen über die Trentiner Küche können das Kosten vor Ort nicht ersetzen. Nachstehend sollen einige Restaurants aufgeführt werden, die zu den besten des Landes gehören. Für ein Menü aus drei Gängen muß man dort ohne Getränke zwischen 30.000,00 und 85.000,00 Lire (30,00 DM bis 85,00 DM) bezahlen. Wer sich eingehend mit der Gastronomie des Trentino befassen und Ratschläge für seinen Restaurantbesuch zwischen Dolomiten und Gardasee haben will, sollte sich den Trentiner Restaurantführer „Gambero Rosso" im Buchhandel besorgen, den es auch in deutscher Übersetzung gibt.

Trient

Ristorante „Chiesa" Parco San Marco, Telefon: 0461/238 766.
Spezialitäten: Apfel-Party - Tonco de Pontesel (Trentiner Bergbauerngulasch aus Schweine- und Kalbfleisch, Salami und Lucanica)(Dauerwurst aus dem Fersental)- Rezepte aus dem 16. Jahrhundert - Piatto del Buonricordo.
Ristorante „Osteria ale Due Spade", Via don a Rizzi 11, Telefon: 0461/234 343.
Spezialitäten: Menü nach den Angeboten der Jahreszeit - Rezepte aus der Zeit des Konzils von Trient.

Ristorante „La Cantinota", Via San Marco 22, Telefon: 0461/238 527.
Spezialitäten: Risotto al Tartufo (Trüffelreis) - Tagliate di Manzo al Teroldego (Chateaubriand mit Teroldego-Wein) - Waldfrüchte mit Eis.
Ristorante „Orso Grigio", Via Orti 19, Telefon: 0461/984 400.
Spezialitäten: Überraschungsmenü (4 Gänge) - Gänseleberpastete - Gratiniertes von Meer und Gebirge (gemischte Fische und Alpen-Gemüse) - Gekochte Sahne mit Kokosnuß.

Andalo

Ristorante „Orso Grigio", Telefon: 0461/585 760.
Spezialitäten: Wildvorspeisen - Pappardelle mit Steinpilzen - Tagliata nach Trentiner Art - Weintrauben-Strudel.

Arco

Ristorante alla Lega, Telefon: 0464/516 205.
Spezialitäten: Pökelfleisch mit Bohnen - Gerstensuppe - Reh mit Polenta - Karottentorte.

Carzano - (Valsugana)

Ristorante „Le Rose", Telefon: 0461/766 177.
Spezialitäten: Fischgerichte in allen Arten - Risotto mit Rosenblättern - Hausgemachter marinierter oder geräucherter Lachs, Eisbecher mit Rosenblättern.

Cavalese

Ristorante „Mas del Sago", Telefon: 0462/340 788.
Spezialitäten: Mousse mit Radicchio und gekochtem Schinken, der im Haus geräuchert wurde - Quiche Lorraine mit getrüffelten Kartoffeln und Trentiner Vezzena-Käse - Torta Frolla mit Birnenkompott, Nüssen und Blumenblättern von wilden Rosen.
Ristorante „al Cantuccio", Telefon: 0462/340 140.
Spezialitäten: Parmesanauflauf mit schwarzen Trüffeln und Tomaten- Fleischbrühe mit Trentiner Knödeln - Schweinerücken in Milch mit Kräutern.
Civezzano „Maso Cantanghel", Telefon: 0461/858 714.
Spezialitäten: Pilze - Perlhuhn mit Gemüse - hausgemachtes Eis.

Comasine di Pèio

Ristorante „Il Mulino", Telefon: 0463/754 244.
Spezialitäten: Gnocchi alle Ortiche (Brennessel-Klößchen) - Tagliata di Cervo (Hirsch-Chateaubriand mit Trentiner Äpfeln und Schnaps) - Apfeltorte mit Vanille-Sauce.

Lon di Vezzano

Ristorante „Fior di Roccia", Telefon: 0461/864 029.
Spezialitäten: Kostproben von ersten Gängen auf Trentiner Art (dreifarbige Klößchen mit Mohnsamen und zerlassener Butter) - Orzotto (Gerste wie Risotto zubereitet) mit Spargel oder Artischocken - Halbmondkartoffeln, gefüllt mit Wirsingkohl - Großmutter-Kisschen (Soufflè im Ofen gebacken) - Schweinefilet mit Gewürzkräuterkruste - Nachtischpalette.

Madonna di Campiglio

Ristorante „Palù della Fava", Campo Carlo Magno, Telefon: 0465/40 400.
Spezialitäten: hausgemachte Tagliolini (schmale Spaghetti) mit Tomaten, Gorgonzola-Käse und Paprika - Spezialplatte des Hauses (Polenta aus Buchweizen, Gorgonzola-Käse und Zwiebel) - Linzertorte.

Magràs di Rabbi

Ristorante „Conte Ramponi", Telefon: 0463/901 989.
Spezialitäten: Tris Conte Ramponi (Crèpes mit Pilzen) Klößchen mit Steinpilzen - Hirschmedaillon in Heidelbeersauce - Hirschschmorbraten.

Malè

Ristorante „La Segosta", Telefon: 0463/901 390.
Spezialitäten: Kaninchen nach Hausmannsart - Hirschkeule - Apfelkuchen - Pèiotorte.

Miola di Pinè

Ristorante „Al Mas", Telefon: 0461/557 540.
Spezialitäten: Bandnudeln mit frischen Pilzen - geschnittenes Rindfleisch mit frischen, verschiedenen Pilzen im Ofen gebacken, hausgemachte Nußtorte.

Moena

Ristorante „Malga Panna", Telefon: 0462/573 489.
Spezialitäten: leicht temperierter Rehsalat - Schokoladen-Mousse.
Ristorante „Ja Navalge", Telefon: 0462/573 930.
Spezialitäten: Crèpes mit Quark-Käse und Steinpilzen.

Molveno

Ristorante „El Filó", Telefon: 0461/586 151.
Spezialitäten: Gulaschsuppe auf Trentiner Art - Riesenravioli mit Rehfüllung.

Mortaso di Spiazzo Rendena

Ristorante „Mezzo Soldo", Telefon: 0465/801 067.
Spezialitäten: Gericht auf der Grundlage von Beeren, Waldfrüchten und Kräutern je nach Jahreszeit.

Passo san Pellegrino

Rifugio Fuchiade, Telefon: 0462/547 281.
Spezialitäten: Verschiedene Wildvorspeisen - Hirsch mit Kräutersauce - hausgemachte Käse-Sahne-Torte.

Pergine Valsugana

Ristorante „Al Ponte", Telefon: 0461/531 317.
Spezialitäten: Rufioi (Teigcrèpes mit Wirsingkohl gefüllt) - Polenta Finferli e Formaggi (Polenta mit Pfifferlingen und Trentiner Käse) - Karotten- und Erdbeertorte.

Baselga di Piné

Ristorante „Due Camini", Telefon: 0461/557 200.
Spezialitäten: Pilze der Saison - hausgemachte frische Pasta mit typischen Saucen serviert.

Riva del Garda

Ristorante „Restel de Fer", Località Restel de Fer 10, Telefon: 0464/553 481.
Spezialitäten: Vorspeise mit geräucherter Trentiner Forelle - gegrillte Forellen aus dem Gardasee mit Mandeln.
Ristorante „San Marco", Viale Roma 20, Telefon: 0464/554 477.
Spezialitäten: Flußbarschfilet mit Salbei - hausgemachtes Dessert.
Ristorante „Vecchia Riva", Via Bastione 3, Telefon: 0464/555 061.
Spezialitäten: Jakobsmuscheln mit Schnittlauch - Maräne mit Oliven.

Ronzone

Ristorante „Orso Grigio", Telefon: 0463/832 198.
Spezialitäten: Strangolapreti (Spinatklößchen mit zerlassener Butter und Trentiner Granakäse) - Hirschkotelett mit Preiselbeeren - Ricottatorte mit Mandeln (Käsesahnetorte).

Rovereto

Ristorante „Al Borgo", via Garibaldi 13, Telefon: 0464/436 300.

Spezialitäten: Pappardelle (Breite Bandnudeln mit Zucchini und Krebsen) - Rippenstück vom Lamm auf provenzalische Art - hausgemachte Nachspeisen (Blätterteiggebäck mit verschiedenen Saucen).
Hotel Rovereto, Ristorante „Novecento“, Corso Rosmini 82/D, Telefon: 0464/435 222.
Spezialitäten: Spinatwickel mit gebräunter Butter - geschmorte Ente mit Linsengemüse - gemischte Salatplatte je nach Jahreszeit - Orangensoufflè - Schokoladenparfait.

San Antonio di Mavignola

Ristorante „Maso Dos“, Telefon: 0465/246 552.
Spezialitäten: Bergbauernplatte (Eintopf mit Polenta), Peverada (Pfeffersauce) - frische Pilze - Gulasch und Sauerkraut nach Trentiner Art - Trentiner Wurstwaren.

San Martino di Castrozza

Ristorante „Malga Ces“, Telefon: 0439/681 45.
Spezialitäten: Frische Pilze - Wildbret vom Rost - hausgemachte Torten und Pudding.

San Michele all'Adige

Ristorante „Da Silvio“, Telefon: 0461/650 324.
Spezialitäten: Fleisch, Gemüse und Käse auf heißer Granitplatte am Tisch gegrillt.

Sarnonico

Ristorante „Golf delle Dolomiti“, Telefon: 0463/832 640.
Spezialitäten: Pilzsuppe von 8 frischen, verschiedenen Pilzsorten - Tortel de Patate a la Nonesa (Kartoffelpuffer nach Nonstaler Art) - Nonstalerkäse und Laganeghe (typische Wurstwaren des Nonstales).

Etwas ganz anderes ist die Küche der Bergbauern in den Trentiner Tälern. Die typische Bauernküche wird man allerdings kaum in einem Gasthaus serviert bekommen, man ist darauf angewiesen, in einer Familie privat das zu genießen, was die Hausfrau zubereitet.

Mozart mochte Marzemino – etwas über die Weine des Trentino

Ob die Römer den Weinbau ins Etschtal gebracht haben, wie manchmal behauptet wird, oder ob die Römer nicht vielmehr an der Etsch bereits auf einen blühenden Weinbau stießen, als sie vor mehr als 2000 Jahren ins Trentino vordrangen, mag dahinstehen. Es gibt jedenfalls Anzeichen dafür, daß die „Barbaren", wie die Römer die Menschen nannten, die damals zwischen Dolomiten und Gardasee siedelten, schon einen hochentwickelten Weinbau betrieben; und daß die zivilisationsmäßig sonst so weit entwickelten Römer von diesen „Barbaren" noch etwas sehr Wichtiges gelernt haben. Die Römer bewahrten ihren Wein nur in Schläuchen auf, die sie vornehmlich aus Ziegenfellen zusammennähten. Im Etschtal aber besaßen die „Barbaren" bereits Holzfässer, die zu bauen und zu nutzen die Römer sehr schnell gelernt haben.

Ein sehr schönes Zeugnis für den Weinbau im Trentino ist das Oktoberbild im Zyklus der Monatsfresken im Adlerturm von Schloß Buonconsiglio zu Trient. Und wie es früher im Weinbau im Trentino zuging, wo damals und wo heute noch Weinbau in diesem Land betrieben wird, welche Trauben welchen Wein liefern, bekommt man bei einem Besuch in der Weinbauabteilung des Volkskundemuseums in San Michele all' Adige sehr eindrucksvoll vor Augen geführt.

Heute werden in den verschiedenen Weinbaugebieten des Trentino insgesamt noch achtzehn verschiedene Rebsorten angebaut. Eine davon ist die Trentiner Rebe schlechthin, und der aus ihr gekelterte Wein der Trentiner Wein überhaupt. Mozart, der sich mehrfach im Trentino, in Rovereto und Ala aufgehalten hat, liebte diesen Wein so, daß er ihm in seiner Oper „Don Giovanni" ein musikalisches Denkmal setzte. Marzemino heißt der Wein, der hier gemeint ist, und den Don Giovanni selbst als „exzellenten Marzemino" preist. Diese Rebe ist die älteste Trentiner Rebe, angebaut seit den Zeiten der Römer. Der leuchtend rubinrote, sanft und aromatisch duftende, ein wenig an Veilchen erinnernde Wein gedeiht nur im Bereich von Rovereto, Isera, Volano und Nomi im unteren Etschtal. Dabei halten Kenner den Marzemino von Isera für den kostbarsten. Außerhalb des Trentino gedeiht die Marzeminorebe nirgends.

Wie der Marzemino ist auch die Nosiolarebe eine Spezialität des Trentino. Die Traube liefert einen Weißwein, der sich durch seinen feinen Duft und sein edles Bukett auszeichnet. Die Winzer im Trentino, die Nosiolaweine keltern, pflegten diesen Wein als besondere Kostbarkeit früher nur zu ganz besonderen Anlässen zu trinken.

Und noch einen Wein gibt es, der in seinem Vorkommen ausschließlich auf das Trentino beschränkt ist, der Teroldego. Nur im Gebiet der Piana Rotaliana am Zusammenfluß von Etsch und Noce bei Mezzolombardo und San Michele wird er angebaut.

Der samtigrote Teroldego gilt als ein ganz besonders edler Wein, der nur in sehr beschränkter Menge produziert wird.

Etwas Besonderes ist aber auch der Müller-Thurgau. Dieser sonst vor allem in Deutschland angebaute Wein hat im Trentiner Cembratal sein höchstgelegenes Anbaugebiet in Europa, und liefert nach Meinung der Fachleute hier seine besten Qualitäten. Alljährlich findet im Juli im Cembratal das Müller-Thurgaufest statt, bei dem Müller-Thurgauweine aus allen europäischen Anbaugebieten verkostet werden können. Hier kann sich jeder Weinfreund selbst davon überzeugen, welche absoluten Spitzenweine diese Traube in den Höhenlagen des Cembratales von mehr als 700 Metern über dem Meeresspiegel hervorbringt. Außer im Cembratal wird dieser Wein im Trentino nur noch im Valle dei Laghi produziert.

Die übrigen im Trentino angebauten Rebsorten und daraus gewonnenen Weine sind zunächst einmal der Chardonay. Diese Traube stammt ursprünglich aus Frankreich und wird mit großem Erfolg im Etschtal angebaut. Der Pinot Bianco kommt ebenfalls ursprünglich aus Frankreich und ist seit langem in allen Weinbaugebieten des Trentino heimisch mit Ausnahme des Cembratales. Sein Name steht hier für den feinen Weißwein schlechthin. Der Pinot Grigio ist deutsch-französischer Herkunft und kommt überall im Trentino vor.

Riesling gibt es in einer italienischen und einer rheinischen Form. Die italienische Spielart gedeiht mehr in der Ebene, während der Rhein-Riesling seine besten Ergebnisse an den Hügeln bei San Michele und Rovereto erbringt. Der Gewürztraminer kommt aus dem benachbarten Südtirol, gilt eher als Außenseiter unter den Trentiner Weinen und wird nur selten angebaut.

Sorni Bianco ist eine Kreuzung von Nosiola, Chardonay und Müller-Thurgau. Er gedeiht nur nördlich von Trient auf dem linken Etschufer. Die Schiavatraube, die einen sehr fruchtigen Wein ergibt, wird im ganzen Trentino angebaut, vor allem im Val di Cembra und im Etschtal.

Die Rebo-Traube ist eine Züchtung des Weinbauinstituts San Michele und ging aus der Kreuzung von Marzemino und Merlotrebe hervor. Sie ergibt einen merlotähnlichen Rotwein von besonders elegantem Geschmack und einem durchdringenden Aroma.

Der Lagrain kommt aus Südtirol und zeigt, als dunkler Rotwein angebaut, hervorragende Qualitäten in der Umgebung von Roveré della Luna, Mezzocorona und Mezzolombardo. Der Pino Nero, der aus der Bordeauxregion stammt, wird vor allem bei Roveré della Luna, San Michele, Lavis, im Valsugana und südlich von Trient angebaut. Auch der Merlot kommt aus der Region Bordeaux, ist im ganzen Trentino heimisch, wird aber nur von wenigen Winzern gepflegt. Ebenfalls aus dem Bordeauxgebiet kommt der Cabernet, der vor allem südlich von Trient seine besten Weine liefert, insbesondere wenn er in französischen Eichenfässern gelagert wird. Im Hügelgebiet südlich von Trient gedeiht der Trentino Rosso, ein hervorragender Wein, der mindestens zwei Jahre Lagerung im Holzfaß benötigt.

Die Muskattraube ergibt einen süßen, schweren Dessertwein. Sie gedeiht vorrangig im unteren Etschtal, besonders bei Besenello.

Eine Spezialität schließlich kommt aus dem Valle dei Laghi, der Vino Santo. Er wird aus Trauben gewonnen, die zuvor sechs Monate schrumpfen und eintrocknen müssen.

Nicht unerwähnt bleiben sollen aber auch die Schaumweine des Trentino. In elf Schaumweinkellereien des Landes, deren bedeutendste die der Firma Ferrari in Trient ist, werden an erster Stelle aus Chardonay und Pinot Nero-Wein hervorragende Schaumweine produziert.

Das Dach über dem Kopf

Ein Dach über dem Kopf muß sein auf Reisen, und wenn es nur das Leinwanddach eines Zeltes auf dem Campingplatz ist. Um damit gleich anzufangen, Campingtouristen, ob nun mit Zelt oder mit Caravan oder Wohnmobil unterwegs, finden im Trentino eine ausgezeichnete Infrastruktur vor. Insgesamt gibt es im Trentino 66 offizielle Campingplätze, davon dreißig, die auch im Winter geöffnet sind. Nähere Informationen gibt F.A.I.T.A. Trentino, via Solteri 78, 38 100 Trento.
Telefon: 0461/880 111 - 880 439, FAX: 88 05 40.

Überall in den Gebirgsregionen gibt es Schutzhütten, die meisten gehören entweder dem S. A. T. (Trentiner Alpenverein), oder dem C. A. I. (Italienischer Alpenverein). Andere werden privat betrieben. Die meisten dieser insgesamt 163 Häuser, die alle während des Sommers mindestens von Juni bis September zugänglich sind und Übernachtungsmöglichkeiten bieten, liegen in den Dolomiten, im Stilffserjoch - Nationalpark und im Adamello - Brenta - Gebiet. Vier solcher Hütten liegen höher als 3.000 Meter, 76 höher als 2.000 Meter.

Vor allem die Hütten entlang der vielbegangenen Dolomitenwanderwege und in der Brenta sind im Sommer zur Zeit der italienischen Ferien oft sehr überfüllt. Sehr zeitige Ankunft bei einer Wanderung ist ratsam, will man einen Übernachtungsplatz bekommen. Schutzhüttenverzeichnisse gibt es über die Geschäftsstelle von SAT-CAI, via Manci 57, 38 100 Trento, Telefon: 0461/981 871, FAX: 986 462.

Das Jugendherbergswesen ist nur schwach entwickelt in unserem Reiseland. Es gibt lediglich zwei Jugendherbergen, und zwar in Riva del Garda, Piazza Cavour 10, Telefon: 0464/554 911, und in Rovereto, via Scuola 16, Telefon: 0464/433 707. Die Aufnahmebedingungen sind die international üblichen, das heißt, man benötigt einen nationalen oder internationalen Jugendherbergsausweis.

Urlaub auf dem Bauernhof wird im Trentino auch vermittelt. Sowohl auf einem Bergbauernhof als auch bei einem Winzer oder Apfelbauern kann solch ein Urlaub etwas ganz Besonderes sein. Zwei Organisationen helfen dabei, die richtige Adresse zu finden: Agritur, Associazione Agriturismo Trentino, via Jacopo Acconcio 13, 38 100 Trento, Telefon: 0461/235 323, FAX: 235 333 und Turismo Verde, via Giusti 40, 38 100 Trento, Telefon: 0461/915 974.

Ferienhäuser und -wohnungen sowie Unterkünfte in Privatzimmern vermitteln die örtlichen Fremdenverkehrsämter. Vorzüglich entwickelt ist schließlich das Hotelwesen im Trentino. Dies ist kein Wunder in einem Land, das seit langem weltberühmte Fremdenverkehrsorte hat. Ganz allgemein kann man feststellen, daß der Trend dahingeht, im Trentino den Standard in den Hotels zu heben. Es gibt mehr und mehr Drei- und Viersternehotels, dafür immer weniger Hotels der unteren Kategorien. Das Trentino hat sich den national und international üblichen Normen angepaßt, was die Auszeichnung der Häuser mit Sternen betrifft. Das Landesfremdenverkehrsamt APT in Trient gibt alljährlich eine neue Hotelliste heraus, in der alle Häuser des Landes verzeichnet sind.

Der Berg ruft

Wo wäre es schöner als im Gebirge, von Alm zu Alm oder von Gipfel zu Gipfel, durch Täler und über langgezogene Höhenrücken zu wandern, wo bei jedem Schritt die Augen neue Sehenswürdigkeiten entdecken.

Das Trentino stellt seinen Besuchern mehr als sechstausend Kilometer Wanderwege zur Verfügung. Darin sind natürlich viele hundert Kilometer Hochgebirgspfade und -steige, nicht zuletzt als phantastische Klettersteige enthalten. Einer der berühmtesten, wenn nicht sogar der berühmteste überhaupt, ist wohl der Bocchetteweg in der Brenta. Er war der erste richtige Klettersteig in den Trentiner Bergen. In mehrjähriger Arbeit schuf die SAT, der Trentiner Alpenverein, nach dem zweiten Weltkrieg diesen Klettersteig, durch den auch Nichtkletterern die bis dahin eigentlich unzugängliche wilde Dolomitenwelt der Brenta erschlossen wurde. Bis heute, wo es nun Dutzende und Aberdutzende solcher versicherter Klettersteige gibt, gilt der Bocchetteweg in der Brenta immer noch als der schönste, sowohl wegen seiner Wegführung als auch wegen der alpinen Schönheit der Landschaft, durch die er führt.

Sowohl in den Fassaner Dolomiten als auch in den Palabergen bei San Martino di Castrozza entstanden nach und nach zahlreiche versicherte Klettersteige. Die mit großer Mühe und Kunstfertigkeit in schwierigen, teilweisen senkrechten oder sogar überhängenden Felsen angebrachten Steighilfen (Drahtseile, Klammern, Stifte, Leitern) ermöglichen es heute jedem geübten Bergwanderer, atemberaubend schöne Hochgebirgslandschaften zu erleben.

Allerdings sollte man daran denken, daß einige unabdingbare Voraussetzungen für solche Wanderungen gegeben sein müssen: absolute Schwindelfreiheit und Trittsicherheit, Bergerfahrung und die richtige Kleidung und Ausrüstung. Zur Bergerfahrung gehört eine gewisse Kenntnis der Wetterverhältnisse. Wehe dem Bergwanderer, der bei einem der plötzlich aufziehenden Gewitter auf einer Via ferrata, einem Klettersteig unterwegs ist. Die Anlagen wie Drahtseile oder Eisenleitern sind hervorragende Blitzableiter und können zur tödlichen Falle werden!

Für jeden Bergwanderer, gleichgültig ob er auf einem Klettersteig in den Dolomiten oder auf einem hochalpinen Pfad in anderen Gebirgsregionen unterwegs ist, ist eine solide Grundausrüstung unerläßlich. Dazu gehört warme Kleidung, Regenschutz, Fäustlinge, Bergschuhe mit Gummi-Profilsohle (und zwar knöchelhoch!), Karte und Kompaß und die Fähigkeit, damit umzugehen. Grundsätzlich sollte man Gebirgstouren, ganz gleich welcher Art, nie alleine machen!

Jedes Fremdenverkehrsamt im Tal vermittelt erfahrene Bergführer, deren Kosten allemal geringer sind als die bei einem Bergunfall anfallenden Unkosten; von den Folgen für Leib und Leben ganz zu schweigen. Wer sich bereits vor Antritt einer Reise informieren will, wo er Bergführer für eine geplante Tour finden kann, mag sich an folgende Anschrift wenden: Associazione Guide Alpine del Trentino, via Manci 57, 38 100 Trento, Telefon: 0461/981 207.

Wer sich aber an Ort und Stelle im Trentino zunächst einmal gewisse Grundkenntnisse und -erfahrungen für den Umgang mit dem Hochgebirge aneignen will, sei auf die folgenden Alpinschulen im Trentino hingewiesen:

Campitello di Fassa, Scuola di Alpinismo Tita Piaz Guide e Ciamorces de Fasha, Telefon: 0462/ 61 459.
Madonna di Campiglio, Scuola di Alpinismo e di Sci-Alpinismo, Telefon: 0465/42634.

Rovereto, Scuola di Alpinismo Montrekking, via della Terra 42, Telefon: 0464/438 430.
San Martino di Castrozza, Scuola Italiana di Alpinismo di San Martino di Castrozza e Primiero, via Passo Rolle, Telefon: 0439/768 67 6-68 18 2

Die vorgenannten Schulen stehen auch im Winter für Skitouren zur Verfügung.

Von großer Bedeutung sind in den letzten Jahren die Weitwanderwege geworden, von denen einige weit über die Grenzen des Landes hinaus bekannt gewordene auch das Trentino berühren. Der wichtigste dieser Art ist sicherlich der Europaweg E 5, der vom Bodensee ausgehend durch Deutschland, Österreich und Italien führt. Leichte Spazierwege wechseln dabei mit anspruchsvollen und anstrengenden Gebirgsstrecken. Dafür ist das Landschaftserlebnis ebenso eindrucksvoll und aufregend wie die Begegnung mit Tieren und Blumen, mit den Spuren der Erdgeschichte wie mit denen der Kultur.

Der wohl spektakulärste Weitwanderweg innerhalb des Trentino ist der inzwischen sehr bekannt gewordene ***Friedenspfad***. Dieser rund 450 Kilometer lange Wanderweg wurde von der Agenzia delle Lavoro der Provinz Trient zusammen mit dem Landesfremdenverkehrsamt angelegt. Er verläuft entlang der Frontlinie des Ersten Weltkrieges über Hochgebirgspfade und Forststraßen, durch Schützengräben und Laufgräben.

Ausgehend vom Stilfserjoch führt dieser Friedenspfad zunächst zur Presanella, ins Iudicarienta1, zum Ledrosee und dem nördlichen Gardasee nach Rovereto, wo heute die gewaltige Friedensglocke als eindrucksvolles Mahnmal gegen den Krieg steht. Weiter geht es auf die Hochfläche von Folgaria und Lavarone, wo die einstigen Festungen des Kaisers, die Anfang des Jahrhunderts an der damaligen Grenze gebauten österreichischen Festungen, in den Friedenspfad einbezogen sind. Über Levico und durch das einsame Lagoraigebiet führt der Weg nach Primiero und über den Rollepaß schließlich zur Marmolada, in deren Gletschereis und Felsenwelt die Österreicher sich damals eine regelrechte Festungsstadt gebaut hatten.

28 - 30 Tage muß man rechnen, wenn man den ganzen Friedenspfad entlang der Alpenfrontlinie mit ihren heute zum Teil noch erschreckend deutlichen Spuren der infernalischen Wochen und Monate von damals abwandern will. Zwar steht auf dem Gipfel der Marmolada ein Hinweisschild mit der Inschrift: „Hier endet der Friedenspfad", doch wer die schrecklichen Kämpfe, die damals zwischen Österreichern und Italienern in der Hochgebirgswelt ausgetragen wurden, als Mahnung versteht, daß so etwas nie mehr geschehen darf, der weiß, daß dieser Friedenspfad noch viel weiter geführt werden müßte, entlang den Stellungen und Kampfplätzen hinein ins Veneto und nach Friaul. Vielleicht lassen andere italienische Provinzen und Regionen sich

einmal durch das Beispiel des Trentino anregen, die alten Frontlinien zu Friedenspfaden umzugestalten.

Mesotrekking wird ein Wanderweg genannt, der in drei Tagesetappen vom Etschtal ins Lagoraigebiet führt. Der Wanderer geht dabei einen Pfad, auf dem vermutlich bereits die Jäger des Mesolithikums durch die Berge gezogen sind. Rund 60 Kilometer lang ist dieser Pfad, der an manchen prähistorischen Stätten ebenso vorbeiführt wie durch Ortschaften, die in der neueren Geschichte eine Rolle gespielt haben.

Spaziergänge im Grünen heißt ein Routenpaket, das zwanzig verschiedene kürzere Wandermöglichkeiten anbietet. Jede steht unter einem anderen Motto und erschließt damit das Trentino unter ständig wechselnden Gesichtspunkten: so etwa der ***„Pfad der Schlösser"*** im Valsugana oder der ***„Pfad der Masi"*** in Andalo.

Auf dem ***„Weg des alten Handwerk"*** kann man das Cembratal durchwandern, von Grumes nach Grauno. Der Wanderer auf diesem Weg begegnet den alten Werkstätten und Geräten dieses Tales. Die Route gehört zu 51 speziellen Wegführungen, die für das Valle di Cembra entwickelt wurden und die sämtlich das Ziel haben, die besonderen kulturellen und naturkundlichen Aspekte dieses Tales hervorzuheben.

Ein landschaftlich schöner und kulturgeschichtlich bedeutsamer Wanderweg ist der ***„Pfad des heiligen Vigil"***. Er führt vom Etschtal, von Trient, nach Madonna di Campiglio und soll vom heiligen Vigil während der Zeit benutzt worden sein, da er im Val Rendena versuchte, die Bewohner zu christianisieren.

Eine kleine Alternative zum Friedenspfad ist der ***„Festungsweg"***. Dieser Wanderweg ist 70 Kilometer lang und verbindet die zahlreichen österreichischen Festungen auf der Hochebene von Folgaria, Lavarone und Luserna.

Es würde hier zu weit führen, alle Wanderwege, die es im Trentino gibt, vorzustellen oder auch nur zu erwähnen. Der interessierte Wanderer sei auf die recht umfangreiche Wanderliteratur hingewiesen, die im Buchhandel erhältlich ist. Zum Teil handelt es sich dabei um Wanderführer, die von deutschen Verlagen herausgegeben sind, wie etwa der in zwei Bänden vorliegende „Kompaß-Wanderführer Trentino" und um Wanderführer, die aus italienischen Editionen stammen, aber in deutscher Sprache vorliegen.

Dies und das für Sport und Spaß

Es gibt Menschen, deren höchstes Glück auf dem Rücken der Pferde liegt. Für sie hält das Trentino ein großartiges Angebot bereit: den ***Trentiner Pferdeweg***. Dieser eigens für Reittouristen geschaffene Weg von rund 500 Kilometern Länge führt durch die gesamte Provinz Trient, zu den schönsten und interessantesten Orten, Tälern und Landschaften. Er ist zu einem Ring zusammengeschlossen, den man in 24 Etappen abreiten kann, von Cavedago am Fuße der Brenta bis Cavalese im Fleimstal. Der Reitverband Federazione dei Centri di Equitazione Alpina betreibt die Stützpunkte und Raststätten, doch können auch Almhütten oder andere Unterkünfte benutzt werden. Nähere Informationen über diesen Pferdeweg gibt der Servizio Ripristino e Valorizzazione Ambientale, Provincia Autonoma di Trento, via Brennero 368, 38 100 Trento, Telefon: 0461/896 123 - 896 118.

Darüber hinaus gibt es im Trentino eine Vielzahl von Möglichkeiten für Pferdetrekking. Die Trentiner Reitzentren bieten solche Veranstaltungen für einen wie für mehrere Tage an, geruhsam oder extrem. Übernachtet werden kann dabei in Alm- oder Schutzhütten. Auskünfte darüber gibt die Associazione Nazionale Turismo Equestre, c/o Centro Ippico Val Rendena, Pinzolo, Telefon: 0465/502 372.

In den letzten Jahren hat sich das Mountainbike bei Urlaubern im Trentino zu einem verblüffend beliebten Vehikel entwickelt. Die lokalen Fremdenverkehrsorganisationen tragen dem Rechnung, indem heute in allen Orten nicht nur Ausleihmöglichkeiten für diese Räder bestehen, sondern auch eine Vielzahl von speziellen Wegen für Mountainbiker geschaffen wurde. In einem Gebirgsland wie dem Trentino ist es dabei klar, daß die Schwierigkeitsgrade der Strecken sehr unterschiedlich sind. Inzwischen sind auch verschiedene spezielle Führer für Mountainbikefahrer durch das Trentino auf dem Markt, darunter in deutscher Sprache der Führer „Mit dem Mountainbike im Trentino“, von Piercarlo und Renato Margoni aus dem Verlag Arca in Trient. Das Buch enthält 45 detailliert beschriebene Routen zwischen den Dolomiten und dem Gardasee.

In verschiedenen Ortschaften sind zu jeder Jahreszeit Drachenfliegen und Hängegleiten möglich. Beliebte Plätze für diese Sportarten sind der Monte Bondone, Cornetto in Folgaria, die Hochebenen von Brentonico und Bordala, die Panarotta, der Grostè, Doss Sabion, Cermis, Col Rodella, Belvedere und der Pordoi-Paß. Natürlich gibt es auch spezielle staatlich anerkannte Schulen für diese Sportarten. Sie befinden sich in:

Trient *„Parapente Lilienthal Club“*, Piazza Lodron 13, 38 100 Trento, Telefon: 0461/987 228, FAX: 0461/230 180.
„Folgaria Altipiani Vacanze“, via Roma 60, Telefon 0464/721 733.
„Arco Volo Libero Alto Garda“, via Segantini, Telefon: 0464/532 566.

Villa Rendena/Lavrè *„Associazione Sportiva Par Aria"*, Telcfon: 0465/323 135, FAX: 0465/322 648.

Und wenn wir schon gerade dabei sind, die Möglichkeiten der Luftsportarten zu begutachten, so seien auch die für Segelfliegen und Fallschirmspringen erwähnt. Diese Sportarten können über den Aero Club von Trient, via Lidorno 3, Mattarello, 38 100 Trento, Telefon: 0461/945 265, ausgeübt werden.

Natürlich kommen auch Golfspieler auf ihre Kosten. Golfplätze, Übungsgelände und Clubs befinden sich in:

Folgaria, *Trentino Golf Folgaria*, Costa di Folgaria, Telefon: 0464/720 480, Adresse im Winter: Trento, Passaggio Zippel 2, Telefon: 0461/981 682.
Madonna di Campiglio, *Golf Club Campo Carlo Magno*, Madonna di Campiglio, Telefon: 0465/410 03 - 402 67.
Pergine, *Bergine Valsugana*, Telefon: 0461/531 317.
Pieve Tesino, *Club La Farfalla*, Pieve Tesino, Telefon: 0461/594 955.
Sarnonico, *Dolomiti Golf Club*, Sarnonico, Ortsteil Seio, Telefon: 0463/832 698.
Trient, *Associazione Sportiva Golf*, Ravina di Trento, Telefon: 0461/935 780.

Die zahlreichen Seen des Trentino machen das Land natürlich auch zu einem Paradies für Wassersportler. Gardasee, die Seen von Levico, Caldonazzo, Molveno, Toblino, Lavarone, Terlago, Cavedine, Ledro, Tenno und Serraia sind hierfür am besten geeignet. Torbole und Riva del Garda sind heute zu beliebten Tummelplätzen der Surfer geworden dank der berühmten Winde, die täglich, regelmäßig und beständig über dem Gardasee wehen. Hier entstanden verschiedene Wassersportzentren, bei denen man Wassersportgerät und -kleidung ausleihen, wo man auch in Kursen Segeln und Surfen lernen kann.

Informationen geben die Fremdenverkehrsämter von Riva del Garda, Levico Terme, Valle di Ledro und Altopiano di Piné.

Doch auch das fließende Wasser lockt Sportfans im Urlaub. Allen voran ist es der wilde Noce, der im Val di Sole und im Nonstal Kanuten und Freunde des Raftings fasziniert. Immerhin wurden auf diesem Wildwasser schon Weltmeisterschaften ausgetragen. Daneben können aber auch die Etsch und der Avisio von Wassersportlern genutzt werden. Informationen über solche Möglichkeiten von Urlaubsaktivitäten gibt die Federazione Italiana Canoa e Kayak, piazza Fiera 13, 38 100 Trento, Telefon: 0461/237 793.

Wer schließlich während eines Urlaubs im Trentino die Angel auswerfen und fischen will, sollte sich bei folgender Stelle nach den Formalitäten und Möglichkeiten erkundigen:
Federazione Italiana Pesca Sportiva, Passaggio San Benedetto 8, 38 100 Trento, Telefon: 0461/232 293.

Im Winter, wenn es schneit

Fassatal, Madonna di Campiglio, San Martino di Castrozza sind Namen, die dem Wintersportfan auf der Zunge zergehen, stehen sie doch für weltberühmte Skistationen, die keinen Wunsch eines Skifanatikers offenlassen. Und das Schönste an diesen drei Weltstars der Wintersportarenen ist - zumindest aus der Sicht der Trentiner - die Tatsache, daß sie alle drei im Trentino liegen.

Doch der Winter in unserem Reiseland hat mehr zu bieten als diese drei weltberühmten Skigebiete. Insgesamt zählt man im Trentino zwölf größere und ca. 30 kleinere Skiorte mit einem gesamten Pistenangebot von rund 600 Kilometern, davon können 250 Kilometer im Notfall mit künstlich erzeugtem Schnee bedeckt werden. Für Langlauffreunde stehen 480 Kilometer Loipen zur Verfügung. Insgesamt können auf dem Trentiner Pistengebiet 336 Schlepplifte, Sessellifte und Seilbahnen stündlich mehr als 300.000 Personen befördern.

In einer Zeit elektronischer Vernetzung sind natürlich gebietsübergreifende Skipaßsysteme längst selbstverständlich, in den Dolomiten werden diese schon seit zwanzig Jahren verwendet. Der Skipaß Dolomiti Superski gilt für alle Aufstiegsanlagen im gesamten Dolomitenraum, ob nun auf Bozener (Südtiroler), Trentiner oder Belluneser Seite. Das bedeutet, daß man mit einem einzigen Skipaß nicht nur die unendlichen Pistenreviere rund um die Sella (Stichwort Sella Ronda!) abfahren kann, sondern zwischen dem Kronplatz im Südtiroler Pustertal bis hin zu den weltberühmten Pisten in den Paladolomiten jeden Lift, jede Seilbahn problemlos benützen kann.

Wer die eleganten Bewegungen auf den schmalen Brettern erst noch lernen muß, dürfte im Trentino gut aufgehoben sein. 37 Skischulen mit 1.237 geprüften Skilehrern für Alpinskilauf und 186 Langlauflehrern stehen zur Verfügung. Dabei sind 90 Lehrer (und Lehrerinnen) auf Kinderskiunterricht spezialisiert. 38 haben eine besondere Ausbildung, um Behinderte im weißen Sport zu unterrichten, und 32 sind Skisurflehrer. Das ist etwas für Italien ganz Besonderes.

Neben den schon genannten Wintersportzentren Fassatal und Madonna di Campiglio, die auch bei deutschen Wintersportlern bekannt und beliebt sind, und dem bei Deutschen weniger bekannten Gebiet von San Martino di Castrozza, gehören in die Reihe der hochalpinen Wintersportgebiete des Trentino noch das Fleimstal, das Val di Sole mit Marilleva und dem Tonalepaß.

Mehr für den „Hausgebrauch" der Trentiner oder Italiener überhaupt ist das Skigebiet auf dem Monte Bondone, ein wunderschönes Skigebiet übrigens, das zu den ältesten Italiens gehört. Auch das Wintersportgebiet der Paganella mit den Orten Andalo, Fai und Molveno ist mehr ein Skigebiet für den internen Gebrauch im Trentino, ebenso wie das Gebiet von Panarotta 2002, das man von Levico aus erreicht. Als ausgesprochene Langlaufparadiese gelten die Hochflächen von Lavarone - Folgaria und Luserna sowie die von Brentonico.

Vor allem im äußersten Nordwesten, im Bereich des inneren Pèio- und Rabbitales, bieten sich im Spätwinter bis weit ins Frühjahr hinein zahlreiche Möglichkeiten für Skihochtouren, von denen manche bei Liebhabern als ausgesprochene Traumtouren gelten. Es würde den Rahmen dieses Buches sprengen, hierauf näher einzugehen. Skialpinisten, die sich für solche Touren interessieren, wissen um die Schwierigkeiten und Gefahren, die damit verbunden sind. Daß man solche Hochtouren niemals alleine machen sollte, bedarf eigentlich keiner besonderen Erwähnung. In allen Talorten stehen erfahrene Skibergführer als schützende Begleiter für solche Touren zur Verfügung. Die lokalen Fremdenverkehrsämter wissen da Auskunft zu geben.

Doch Wintersport ist nicht nur das Gleiten auf Abfahrts- oder Langlaufskiern. Rodelfreunde kommen im Trentino ebenso auf ihre Kosten wie alle die Spezialisten, die es mit besonderen Formen des winterlichen Vergnügens auf Schnee und Eis zu tun haben. Snowboard mit den Disziplinen Geschwindigkeit, Slalom und Freestyle (Ballett, Buckel und Sprung), Monoski, Paraski, Skisegeln und Telemarkskifahren sind allesamt im Trentino bekannt und werden zum Teil von speziellen Schulen unterrichtet. Die wichtigsten Schulen, Kurse, Skilehrer und Wettbewerbe für solche Disziplinen befinden sich in Madonna di Campiglio, im Val di Sole, im Fleims- und im Fassatal sowie in San Martino di Castrozza. Darüber hinaus ist es aber auch möglich, an Reitausflügen und Pferdetrekking im winterlichen Gebirge teilzunehmen.

Dann ist da schließlich noch das Eis, das ja ohnehin nicht nur im Winter dazu verlockt, auf schnellen Kufen elegante Bahnen zu ziehen. Im Trentino gibt es fünf Eisstadien, die das ganze Jahr geöffnet sind. Man findet sie in:

Alba di Canazei, Telefon: 0462/62 499 - 62 099
Cavalese, Telefon: 0462/20 407 (demnächst 230 407)
Pergine Valsugana, Telefon: 0461/534 423 (Oktober-März)
Folgarida, Telefon: 0463/986 266
Pinzolo, Sportzentrum, Telefon: 0465/524 70-52 451

Reisewege im Trentino – die vier schönsten Routen

Objektiv läßt sich kaum sagen, wo das Trentino am schönsten ist. Solche Superlative sind in der Regel Ausdruck subjektiven Empfindens. Generell kann man nur sagen, daß diese oder jene Gegend besonders schön ist. Das gilt für das Trentino wie für jedes andere Land.

Da bleibt nichts anderes übrig, als sich aufzumachen und selbst zu schauen, zu vergleichen und zu entscheiden. Dabei kann es leicht passieren, daß in diesem Reiseland Trentino ein halbes Dutzend oder noch mehr „schönste" Gegenden zusammenkommen.

Nachstehend sollen vier Routen für Autofahrer skizziert werden, die, ausgehend von der Landeshauptstadt Trient, die Provinz in allen Richtungen durchziehen und die Möglichkeit geben sollen, jene Partien des Trentino zu erleben, die gemeinhin als besonders schön gepriesen werden. Die Routenlänge beträgt zwischen 200 und 250 Kilometer.

1. Trient – Fleimstal – Fassatal – Cembratal – Trient

Von Trient fährt man über die Brennerautobahn in nördliche (Brenner) Richtung bis zur Ausfahrt Auer-Neumarkt/Ora-Egna bereits in Südtirol. Die Straße von dort in Richtung Fleimstal ist ein Teil der berühmten Dolomitenstraße und gewährt im Aufstieg nach Montan hinauf atemberaubende Ausblicke auf das Südtiroler Unterland bis nach Bozen auf der einen und durch die Salurner Klause ins Trentino auf der anderen Seite. Man kommt dann alsbald wieder über die Landesgrenze ins Trentino, hinab ins Fleimstal nach Cavalese, dem Hauptort der „Erhabenen Gemeinschaft" (siehe Kapitel Cavalese). Weiter geht es über Tesero, Panchiá, Ziano di Fiemme nach Predazzo, dem Hauptort des Tales. Mit Moena erreicht man das Fassatal und damit die bizarr-großartige Welt der Dolomiten. Die Berggestalten, die nun zur Linken den Weg säumen, während man taleinwärts fährt, über Vigo di Fassa nach Canazei, werden von vielen Besuchern als die schönsten der Welt gerühmt.

Rosengarten, Langkofel, Sella

Von Canazei muß man zurückfahren über Moena bis Castello di Fiemme nahe Cavalese und dann abbiegen ins Cembratal. Hier sollte man die Straße auf der linken Talseite nehmen, um die berühmten Erdpyramiden bei Segonzano noch besuchen zu können. Fassatal, Fleimstal und Cembratal sind übrigens strenggenommen ein einziges Tal, da sie vom gleichen Fluß, dem Avisio, durchflossen werden.

2. Trient – Nonstal – Val di Sole mit Abstechern in die Täler von Rabbi und Pèio

Zunächst geht es wieder ein Stück auf der Brennerautobahn nordwärts bis zur Ausfahrt San Michele all' Adige. Über Mezzolombardo gelangt man dann ins Tal des Noce, der zunächst in das Nonstal führt, das Trentiner Apfel- und Käseparadies. Das Nonstal muß man einmal im Frühjahr zur Zeit der Apfelblüte erleben! Von Clès aus lohnt sich ein Abstecher ins Tóveltal in der Brentagruppe mit dem zauberhaften Tóvelsee. Das Nonstal ist nicht nur das Tal der Äpfel, sondern auch das Tal der Schlösser: Thun, Bragher, Belasi, Nanno, Clès, Valer und Castelfondo heißen die alten Adelssitze, die man zumindest im Vorbeifahren bewundern kann.

In Malè, dem Hauptort des Val di Sole, zweigt eine Straße ins Rabbital ab. Wer nicht die Zeit hat, beide Täler, Rabbi- und Pèiotal, zu besuchen und sich auf ein Tal beschränken muß, sollte sich für das Rabbital entscheiden. Mit seinen kleinen Dörfern und den vielen Almsiedlungen mit ihren Heustadeln im Talschluß ist es besonders schön. Ebenso wie das Pèiotal führt es in die eisige Hochgebirgswelt des Stilfserjoch-Nationalparks hinein. Das Duo Nonstal - Val di Sole, das vom Nocebach durchflossen wird, endet beim Tonalepaß, einem bekannten Wintersportgebiet, wo wir die Grenze des Trentino erreichen.

3. Trient – Riva del Garda – Passo del Ballino – Ponte Arche – Tione – Pinzolo – Madonna di Campiglio – Campo Carlo Magno – Dimaro –Trient

Von Trient aus nimmt man die Staatsstraße 45 bis in Richtung Riva del Garda. Zunächst durchfährt man das Valle dei Laghi mit dem idyllischen Toblinosee. Vom Toblinosee aus führt die Straße durch Obstgärten und Weinberge des Sarcatales nach Riva del Garda an den Gardasee, wo man das „Mittelmeer des Trentino" erreicht.

Einige Stunden braucht man natürlich, um sich Arco, Riva und Torbole anzuschauen. Von Riva aus geht es dann über die Staatsstraße 241 am Tennosee vorbei und über Stenico nach Tione, wo man das Gebiet der Iudicarientäler erreicht. Talaufwärts ins Rendenatal nach Pinzolo mit seiner berühmten Kirche (siehe Kapitel Madonna di Campiglio) geht es dann weiter mitten hinein in die großartige Welt der Brentadolomiten nach Madonna di Campiglio. Von hier aus über den Campo-Carlo-Magno-Paß nach Dimaro im Val di Sole und durch das Nonstal zurück nach Trient.

4. Trient – Levico – Borgo – Hochebene von Tesino – Passo del Brocon – Canal San Bovo – Primiero – San Martino di Castrozza – Rollepaß – Predazzo – Trient

Von Trient aus geht es zunächst ins untere Valsugana über Pergine am Caldonazzosee vorbei nach Levico, einem Kurort, der schon zur habsburgischen Zeit berühmt war. In Borgo verläßt man das Valsugana und steigt nach Tesino hinauf, von wo eine schmale, schlechte, teilweise nicht befestigte, aber landschaftlich großartige Straße zum Brocon-Paß in eine wunderschöne Almenlandschaft hinaufführt. Ab hier hat man dann wieder eine gute Straße hinab nach Canal San Bovo, von wo aus man den Paladolomiten entgegenfährt, die nun immer stärker ins Bild treten. Über Primiero geht es nach San Martino di Castrozza und dann zum Rollepaß hinauf. Hier sollte man sich unbedingt Zeit nehmen für einen Abstecher über eine unbefestigte Straße zur Segantinihütte. Erlebt man sie im Abendlicht vor den Paladolomiten, dann beantwortet sich für manch einen die Frage, wo das Trentino am schönsten ist. Über Predazzo gelangt man wieder ins Fleimstal, von wo aus man am schnellsten via Auer auf die Autobahn nach Trient fährt.

Was sonst noch zu wissen nützlich ist

Auskünfte

Landesfremdenverkehrsamt Trentino, Azienda Promizione Touristica del Trentino APT 38100 Trento, via Sighele 3, Telefon: 0461/191 44 44/ 91 56 15, FAX: 91 59 78
Lokale Zweigstellen der APT und Pro Loco-Büros, deren Adressen bei den einzelnen Ortsbeschreibungen angegeben sind.

Ärztliche Hilfe

Wenn's einen im Trentino erwischt und der Arzt Hilfe leisten muß, ist es gut, den europäischen Krankenversicherungsschein E 111 dabeizuhaben. Man bekommt ihn von der eigenen (gesetzlichen) Krankenkasse. In jedem größeren Ort gibt es einen ärztlichen Notdienst. Der landesweite Notruf ist 113.

Krankenhäuser (Ospedale) gibt es in folgenden Orten:

Ala. *Ospedale Civile*, Piazza Giovanni XXIII 13, Telefon: 0464/610 17.

Arco. *Ospedale Generale „Arco“* via Capitelli 50, Telefon: 0464/ 532 222
Ospedale Provinciale Pneumatologico „L. Armani“, via Porta Scaria 1, Telefon: 0464/532 222.
Ospedale Provinciale „S. Pancrazio“, via Damiano Chiesa 2, Telefon: 0464/531 155.

Borgo Valsugana. *Ospedale Civile „S. Lorenzo“*, viale Vicenza 9, Telefon: 0461/753 016.

Cavalese. *Ospedale Generale di Fiemme*, via Dossi 17, Telefon: 0462/310 45.

Clès. *Ospedale Civile*, viale Degasperi, Telefon: 0463/121 00.

Mezzolombardo. *Ospedale Generale Civile „S. Giovanni“*, via degli Alpini 7, Telefon: 0461/601 044.

Pergine Valsugana. *Centri Ospedalieri*, via S. Pietro 3, Telefon: 0461/515 138, *Ospedale „Villa Rosa“* loc. Maso Grillo, Telefon: 0461/515 510.

Riva del Garda. *Ospedale Generale*, largo Marconi 1, Telefon: 0464/554 004.

Rovereto. *Ospedale di Rovereto*, corso Verona 4, Telefon: 0464/453 111.

Tione di Trento. *Ospedale Mandamentale*, piazza Gnesotti 2, Telefon: 0465/210 13.

Trento. *Centro „S. Chiara“*, largo Medaglie d‘ Oro, Telefon: 0461/903 111 125.

In allen wichtigen Orten gibt es eine „Farmacìa“ (Apotheke). Viele Apotheker sprechen deutsch.

Anreise

Mit dem Auto erreicht man das Trentino in der Regel am einfachsten und schnellsten von Norden (Deutschland - Österreich - Schweiz) über die Brennerautobahn. Im Trentino hat sie folgende Ausfahrten: San Michele all' Adige, Trento (Trient) Nord, Trento Centro, Rovereto-Nord, Rovereto-Süd, Lago di Garda Nord, Ala.
Für Besucher, die mit der Bahn anreisen, liegt Trient an der Schnellzugstrecke München-Rom.

Der für das Trentino nächstgelegene Verkehrsflughafen ist Verona, 80 Kilometer entfernt. Es gibt einen Flughafenbus von Trient nach Verona.

Geld

Die italienische Währung ist die Lira. Nach dem derzeitigen Stand (Oktober 1994) sind 1.000 Lire etwa 1,00 DM. Das Umrechnen der Lirebeträge ist also über den Daumen gepeilt ganz einfach: Lirebetrag geteilt durch 1.000 oder minus drei Nullen ergibt den Betrag in Deutscher Mark.

Geld sollte man bei Banken wechseln, da dort die Kurse besser sind als im Hotel oder bei privaten Wechselstuben. Die Banken haben im Trentino geöffnet von montags bis freitags, von 9.00 Uhr bis 13.30 Uhr. Manche Banken öffnen nachmittags nochmals von 14.45 Uhr bis 15.45 Uhr.

Grenze

Mit dem Beitritt Österreichs zur Europäischen Union (EU) am 1.1.1995 sind die Zollkontrollen zwischen Österreich und Italien wegggefallen.

Ausweiskontrollen bleiben bis auf weiteres im bisherigen Umfang erhalten. Für das Auto sollte man nach wie vor die Internationale Grüne Karte für den Versicherungsverkehr dabeihaben.

Karten

Ohne gute Karten ist man bei jeder Reise aufgeschmissen. Das gilt selbstverständlich auch für das Trentino. Als Übersichtskarte ist die vom Landesfremdenverkehrsamt kostenlos zu beziehende Karte „Trentino" mit deutschsprachigen Texten brauchbar. Wer auf feine Details angewiesen ist, sollte auf die Generalkarte „Gardasee - Venedig" im Maßstab 1:200.000 zurückgreifen.

Bergwanderer sollten sich zuverlässige Wanderkarten (Alpenvereinskarten, Kompaß- Wanderkarten) für das betreffende Gebiet zulegen. Gerade bei Bergwanderungen kann eine gute Karte im Ernstfall lebenswichtig sein! Also: Beim Kartenkauf sollte man nicht sparen!

Konsulate

Die Konsulate, die für das Trentino zuständig sind, befinden sich in Mailand. Konsulat der Bundesrepublik Deutschland: via Solferino 40, Telefon: 02/6554 434; Konsulat der Republik Österreich: via Tranquillo Cremona 27, Telefon: 02/481 20 66; Konsulat der Schweiz: via Palestro 2, Telefon: 02/76 00 9284. Die Öffnungszeiten für alle Konsulate sind gleich: montags bis freitags von 9.00 Uhr bis 12 .00 Uhr.

Kreditkarten

Das Plastikgeld setzt sich auch im Trentino immer mehr durch. In allen touristisch bedeutsamen Einrichtungen, Hotels, Restaurants, Boutiquen, Reisebüros, Tankstellen kann man mit Kreditkarten bezahlen. Die gängigsten sind: American Express, Diners Club, Eurocard und Visa.

Notruf

Der landesweite Notruf in Italien für Polizei, Notarzt, Rettung und so weiter ist 113. Der Pannendienst des italienischen Automobilclubs ACI hat ebenfalls landesweit die Rufnummer 116.

Öffnungszeiten

Die normale Öffnungszeit der Geschäfte ist von 9.00 Uhr bis 12.30 Uhr und von 15.00 Uhr bis 19.30 Uhr.

Trient, Panorama, Foto APT Trentino

Trient, Neptunbrunnen und Dom

Trient, Dom, 12. Jahrhundert

Trient, Schloß Buonconsiglio

Levico Terme, ehemalige habsburgische Sommerresidenz

Lavarone, ehemalige östereichische Festung Belvedere

Arco, Kurhaus und Burg

Cavalese/Fleimstal, Detail vom Palazzo

Detail aus dem Totentanzfresko von Pinzolo

Ladinische Stube im Volkskundemuseum in Vigo di Fassa

Bauernhaus im Fersental

Christrosen am Tremalzopaß/Ledrotal

Nardis - Wasserfall im Val Genova

Marmolada, höchster Dolomitengipfel

Marmolada mit Fedaiastausee

Canazei, Wintersport am Belvedere, Foto APT Trentino

In manchen Touristenorten haben die Geschäfte bis 22.00 Uhr geöffnet. Metzgereien und Bäckereien öffnen vielfach morgens schon um sieben Uhr.

Post

Die Postämter sind geöffnet montags bis freitags 8.45 Uhr bis 13.45 Uhr, samstags 8.45 Uhr bis 11.45 Uhr. Post und Telefongesellschaft SIP sind zwei getrennte Unternehmen. In der Regel kann man von der Post aus nicht telefonieren. Briefmarken gibt es außer bei der Post auch in den „Tabacchi-Läden".

Reisezeit

Welches die beste Reisezeit für das Trentino ist, richtet sich danach, was man im Lande vorhat. Für Hochgebirgswanderungen ist die Zeit beschränkt auf Mitte Juni bis Mitte September. In tieferen Regionen (Monte Bondone, die verschiedenen Altipiani) sind Frühjahr bis Herbst lohnende Wanderzeiten. Die Apfelblüte im Etschtal und vor allem im Nonstal kann man nur in der zweiten Aprilhälfte erleben. Wintersport beschränkt sich selbstredend auf die Wintermonate. Am Gardasee ist es vom Frühjahr bis in den späten Herbst hinein wunderschön.

Wer das Trentino seiner architektonischen und kunsthistorischen Schätze wegen besuchen will, ist nicht an eine bestimmte Jahreszeit gebunden. Das gleiche gilt für den, der eine Schlemmerreise durch das Trentino machen will.

Sprache

Im Trentino wird italienisch gesprochen. Im Fassatal daneben auch ladinisch. Im Fersental und in Lusern sprechen die Bewohner einen mittelhochdeutschen Dialekt, den der Besucher in der Regel aber nicht verstehen kann. Vor allem im Fassatal hat man in touristischen Zentren keine Probleme, sich auf deutsch zu verständigen. Im übrigen Trentino sind in allen größeren Hotels deutschsprachige Ansprechpartner zu finden.

Die italienische Sprache ist nicht nur eine ungemein klangvolle und schöne Sprache, sie ist auch leicht zu erlernen. Es werden im Trentino von verschiedenen Organisationen Sprachkurse für Ausländer angeboten. Auskünfte darüber gibt das Landesfremdenverkehrsamt APT in Trient.

Souvenirs

Wenn auch die Trentiner Dolomitentäler nicht den Ruf als Holzschnitzertäler haben wie das Südtiroler Grödental, findet man doch im Fassatal und im Fleimstal hervorragende Erzeugnisse der Holzschnitzkunst. Sie sind sehr schöne und sehr typische Souvenirs. Das gleiche gilt für kunsthandwerkliche Arbeiten aus Metall, Marmor und Porphyr, die in manchen Regionen des Trentino gefertigt werden.

Das Trentino ist berühmt für seine Chöre, vor allem für seine Bergsteigerchöre. Für Musikfreunde bietet es sich daher an, Schallplatten oder heute natürlich mehr und mehr Tonbandcassetten oder CDs mit Aufnahmen der berühmten Trentiner Bergsteigerchöre mit nach Hause zu nehmen.

Im Weinland Trentino kann man natürlich die typischen Trentiner Weine direkt beim Winzer so günstig kaufen wie nirgends daheim, abgesehen davon, daß Marzemino oder Nosiola daheim nicht oder nur in seltenen Spezialgeschäften zu haben sind. Die örtlichen Fremdenverkehrsämter geben Auskunft über die Anschriften von Weinkellern, in denen man Wein kosten und kaufen kann.

Ein köstliches Mitbringsel sind die herzhaften Dauerwurstsorten, Lucanica genannt, die vor allem im Fersental hergestellt, aber überall in Metzgereien und Feinkostläden verkauft werden. Auch der Trentiner Käse, der Grana, ist ein typisches Mitbringsel, über das sich jeder Feinschmecker ebenso freut wie über Berghonig aus den Trentiner Dörfern.

Wer sich für kulinarische Souvenirs interessiert, gleichgültig ob nun Wein oder Käse, Wurst, Schinken oder Honig, sei auf das (leider nur in italienischer Sprache existierende) Büchlein hingewiesen „Trentino guida al prodotto Nostrano", von Alberto Mazzoni, das über das Landesfremdenverkehrsamt Trient APT bezogen werden kann. Es beschreibt nicht nur alle kulinarischen Köstlichkeiten des Landes, sondern gibt auch für jede einzelne Kategorie die besten Bezugsquellen an. Diese Adressen kann auch derjenige verstehen, der des Italienischen (noch) nicht mächtig ist.

Telefon

Die SIP, die italienische Telefongesellschaft, hat nichts mit der Post zu tun. Sie hat eigene Telefonämter und betreibt das gesamte Fernsprechnetz. Zum Telefonieren braucht man heute nicht mehr die früher allein verwendbaren Gettoni, die Telefonmünzen. Heute funktionieren fast alle Telefonautomaten mit normalen Münzen und mehr und mehr auch mit Telefonkarten.

Außer bei den Telefonämtern der SIP und aus Fernsprechzellen kann man überall dort telefonieren, wo eine gelb-schwarze Wählscheibe außen am Haus auf eine öffentliche Telefonstelle hinweist. Dabei handelt es sich in der Regel um Gastwirtschaften, Bars (Cafès) oder Geschäfte. Zum Telefonieren nach Deutschland muß man 00 49 vorwählen und dann die Null der deutschen Vorwahlnummer weglassen. Nach Österreich ist 0043, in die Schweiz 0041 vorzuwählen und dann ebenfalls die lokale erste Null der Vorwahl wegzulassen.

Umgekehrt erreicht man Fernsprechteilnehmer im Trentino von Deutschland aus, indem man zunächst 00 39 vorwählt und dann die Null der italienischen Vorwahl wegläßt.

Von Österreich her wählt man 040 vor und läßt die 0 der italienischen Vorwahl weg, von der Schweiz aus ist wie von Deutschland her 00 39 vorzuwählen und dann ebenfalls die lokale Null wegzulassen.

Verkehrsmittel

Im Trentino kann man sich eines dichten Netzes öffentlicher Linienbusse bedienen, die alle Gebiete anfahren und recht pünktlich sind. Fahrplanauskünfte gibt Autolinea Atesina, via Marconi 3, 38 100 Trento, Telefon: 0461/82 10 00.

Durch das Etschtal verläuft die Eisenbahnlinie Rom - München, die in Verona auf die Linie Mailand - Venedig stößt. Von Trient aus gibt es die Valsugana-Bahn in Richtung Venedig. Außerdem fährt die historische Schmalspurbahn „Trentomalè" von Trient aus durch das Nonstal nach Malè.

Von Riva del Garda und von Torbole aus gibt es Linienschiffsverbindungen auf dem Gardasee. Auskünfte bekommt man in Riva del Garda unter der Telefonnummer 0464/55 26 25.

Ein ausführliches Verzeichnis aller Verkehrsmittel und -verbindungen im Trentino enthält der „Trentiner Transportführer", den man kostenlos bei Servizio Comunicazioni e Trasporti der Autonomen Provinz Trient bekommen kann.
Telefon: 0461/89 63 16.

Jetzt wird das Trentino entdeckt

Trient – Trento, die Stadt des Konzils

Postleitzahl 38 100, Vorwahl 0461

An der Einmündung des Valsugana in das Etschtal liegt auf dem linken Etschufer die Stadt Trient, Hauptstadt der autonomen Provinz Trient wie auch der Region Trentino - Südtirol. Als Verkehrsknotenpunkt, in dem bedeutende Straßen und Eisenbahnlinien zusammentreffen, ist Trient ebenso wichtig wie als Ausgangspunkt zu einigen der großartigsten Ferienziele südlich der Alpen: der Dolomiten, der Brenta, des Gardasees, der alten Stadt Verona.

Umgeben von einem Kranz eindrucksvoller Berggestalten wie Bondone, Paganella, Calisio und Marzola ist Trient eine Stadt von großer geschichtlicher Vergangenheit, ein bedeutendes kulturelles, aber auch wirtschaftliches Zentrum.

Die Anfänge Trients verlieren sich im Dunkel der Geschichte. Schon im Altertum gingen die Meinungen über die Ursprünge von Tridentum auseinander. Plinius hielt die Stadt für eine rätische, Ptolemäus für eine keltische Gründung. Spuren deuten darauf hin, daß sich eine erste Siedlung in vorgeschichtlicher Zeit auf dem rechten Etschufer, auf dem Dos Trento, befunden haben könnte.

Zur Zeit des römischen Kaisers Augustus jedenfalls dehnte sich die römische Stadt schon auf dem linken Etschufer aus und spielte eine große Rolle, da sie an der wichtigen, nach Norden, nach Germanien führenden Straße Via Claudia Augusta lag. 46 n. Chr. bezeichnete Kaiser Claudius im Zusammenhang mit der Verleihung der römischen Staatsbürgerrechte an die Anauner im Nonstal Tridentum als ein „splendidum municipium", ein glänzendes Gemeinwesen.

Bereits im vierten Jahrhundert wurde Trient Sitz eines Bischofs. Vierter Bischof der Stadt war der heilige Vigil, der auf einer Missionsfahrt ins Rendenatal im Jahre 400 den Märtyrertod erlitt. Als das römische Reich auseinanderbrach und in Wellen verschiedene germanische Stämme im Zuge der Völkerwanderung durch das Etschtal zogen, wurde Tridentum geplündert und weitgehend zerstört. Ostgoten und Langobarden machten die wieder aufgebaute Stadt zum Sitz eines Herzogtums, die Franken zum Mittelpunkt einer Mark. Seit der karolingischen Zeit erlebte die Stadt eine neue Blüte, bekam neue Stadtmauern, und die Etsch wurde reguliert.

Für die deutschen Kaiser des Mittelalters war der Weg durch das Etschtal der wichtigste Weg von Deutschland nach Italien. Es war für sie daher entscheidend, in den

Bischöfen von Trient ergebene Gefolgsleute zu haben. So erhob der Salier Heinrich II. im Jahre 1004 die Bischöfe von Trient zu Reichsfürsten, sein Nachfolger Konrad II. bestätigte dies 1027. Seitdem war Trient für rund 800 Jahre, bis zum Einmarsch der Franzosen unter Napoleon, Hauptstadt eines blühenden Fürstentumes, das nicht nur Mittelpunkt weltlicher Macht, sondern auch ein Zentrum der Kunst und der Kultur war.

Die Fürstbischöfe kamen aus vielen verschiedenen Ländern, aus Italien, Österreich, Deutschland, Böhmen, Mähren, Polen und Frankreich. Einer der bedeutendsten im frühen Mittelalter war Friedrich von Wangen (1207-18), unter dem Trient eine starke städtebauliche Entwicklung erlebte. Er gab den Anstoß zum Bau des Domes, ließ die Stadtbefestigung erweitern. Der Wangenturm, auch Roter Turm genannt, erinnert heute in der Altstadt noch an ihn. Friedrich von Wangen ließ einen Bergbaucodex zusammenstellen, in dem erstmals in Europa die Arbeitsbedingungen der Bergleute geregelt wurden.

Der bedeutendste unter den Trentiner Fürstbischöfen war jedoch sicherlich Bernhard von Clès, der aus Clès im Nonstal stammte und das Bistum von 1514 bis 1539 leitete. Der Kardinal war ein glänzender Renaissancefürst. Er ließ die Stadt umgestalten, ihr das Gesicht geben, das uns heute noch in der Altstadt von Trient fasziniert. Diese Baumaßnahmen standen im Zusammenhang mit der Vorbereitung für das größte geschichtliche Ereignis, das sich je in den Mauern von Trient abgespielt hat, das ökumenische Konzil von Trient.

Bernhard von Clès erlebte die Eröffnung am 13. Dezember 1545 jedoch nicht mehr. Sein Nachfolger Christoph Madruzzo regierte das Fürstbistum in den achtzehn Jahren, da die Konzilväter versuchten, die sich damals abzeichnende Kirchenspaltung zu überwinden. Martin Luthers Protestantismus in Deutschland, die Entstehung der Anglikanischen Kirche in England unter Heinrich VIII. und das Vordringen des Calvinismus in Frankreich waren die Probleme, die das Konzil zu behandeln hatte. Es hatte sich dabei folgende Hauptziele gesetzt: Die Definition der katholischen Lehre, die Reform der Sitten und der Disziplin des Klerus, die Diskussion mit den Protestanten und der Versuch, sie zur Rückkehr zur Kirche zu bewegen.

Vor allem dieses wichtigste Ziel hat das Konzil bekanntlich nicht erreicht. Eine Folge dieses Konzils war der Beginn der sogenannten Gegenreformation, eine bis dahin nicht gekannte Gewaltenfülle des Papstes und die Kodifizierung des sogenannten Tridentinischen Glaubensbekenntnisses.

Allerdings stand das Konzil während der achtzehn Jahre seiner Dauer nicht immer unter einem guten Stern. Bis 1547 tagte man in Trient, dann mußten die Sitzungen wegen einer Fleckfieberepidemie unterbrochen und nach Bologna verlegt werden. Die Sitzungen hier waren jedoch völlig erfolglos. 1551 ging man wieder nach Trient, wo 213 stimmberechtigte Konzilsväter versammelt waren, und zwar aus Platzgründen nicht im Dom, sondern in der Kirche Santa Maria Maggiore. Hier wurde am 4. Dezember 1563 das Konzil abgeschlossen.

Das Hauptziel des Konzils, der Dialog mit den Protestanten, war wohl der Grund dafür, daß man dieses Konzil nach Trient einberufen hatte, in eine Stadt, die damals nur etwa 6000 Einwohner gehabt haben dürfte. Aber Trient bot sich von seiner Lage her als einzigartige Gelegenheit an. Es war eine italienische Stadt innerhalb jenes deutschen Reiches, von dem die Gefahr des Protestantismus ausging.

Es lag verkehrsmäßig am günstigsten Weg von Deutschland nach Italien, nämlich an der Etsch, und es war die Stadt, in der die deutsche und die italienische Welt und ihre Kultur zusammentrafen.

Dieses Konzil von Trient sollte das größte Ereignis in der Geschichte der Stadt bleiben. Aber die Stadt zehrt bis heute davon, und die Besucher erleben sie architektonisch immer noch als die Stadt, die Bernhard von Clès auf das Konzil vorbereitet hat.

Sehenswürdigkeiten

Die ***Altstadt*** von Trient ist eine in sich geschlossene Sehenswürdigkeit, die noch von Teilen der ***staufischen Stadtbefestigung*** umgeben ist. Friedrich von Wangen ließ sie im 13. Jahrhundert zum Teil aufführen. Der ***Wangenturm*** erinnert heute noch daran. Geblieben ist auch die Torre Verde, der ***Grüne Turm***, der ***Adlerturm***, Torre dell' Aquila, der heute in das Schloß Buonconsiglio einbezogen ist, der runde Torrione a Santa Croce südöstlich vom Dom und die Porta San Martino im Norden.

Neben dem mächtigen gotischen Dom und der gewaltigen Anlage von Schloß Buonconsiglio, die als Wahrzeichen der Stadt unübersehbar sind, wird Trient bis heute vor allem durch seinen Reichtum an Kirchen geprägt. Schaut man von einem erhöhten Punkt, sei es der Dos Trento, sei es nur Schloß Buonconsiglio, auf die Stadt, sieht man das sehr gut. Der Dichter Graf Nicolaus Arco hat das in seinem im 16. Jahrhundert verfaßten Loblied auf Trient schon bemerkt, als er sang:

„Festes Bollwerk bist Du, die Etsch umspült Deine Mauern, Deine Äcker sind reich, Ceres und Bacchus sind nahe. Lächelnd kannst Du, Trient, darauf hinschauen vom Hügel, singen mit frommen Mund Dank Deinem göttlichen Herrn. Hundert Kirchen hast Du, und die vielen Altäre ...“.

Schon zu karolingischer Zeit und später nochmals unter den Staufern wurde der Lauf der Etsch, der unberechenbar von den Alpen herunterkam, geändert und verlegt. Die staufische Stadtmauer entstand entlang dem damaligen Ufer des Flusses. Die Via Manzoni, Via Torre Verde und die Via Torre Vanga lassen in ihrem Verlauf heute noch den Flußlauf von einst erkennen. So wie die Etsch heute an Trient vorbeifließt, ist sie das Werk österreichischer Begradigungsingenieure des 19. Jahrhunderts. Der

Grundriß der Altstadt ist unregelmäßig, allerdings fast herzförmig. Es ist nicht leicht, sich im Gewirr der Gassen zwischen den freskengeschmückten Palazzi zurechtzufinden.

Doch nach Plan durch diese Stadt zu laufen ist nicht so nötig, steckt doch jede Straße, jede Gasse voller Sehenswürdigkeiten.

Mittelpunkt der Altstadt ist der ***Domplatz*** mit dem schönen barocken Neptunsbrunnen, den 1786 der Bildhauer Francesco Antonio Giongo aus Lavarone geschaffen hat. Auf der einen Seite schließt der Gebäudekomplex des romanischen Domes den Platz ab. 1212 begann der Baumeister Adamo d' Arogno aus Como auf Geheiß Friedrichs von Wangen mit dem Bau an der Stelle einer frühchristlichen Basilika. Hinter dem Dom sieht man das zinnengeschmückte Castelletto, den ersten befestigten Bischofssitz. Er war von 1027 bis 1255 Residenz der Fürstbischöfe, bis sie ins Castelvecchio, heute einem Teil von Schloß Buonconsiglio, übersiedelten.

An der Ostseite des Domplatzes erstreckt sich der ***Palazzo Pretorio***, den Friedrich von Wangen Anfang des 13. Jahrhunderts bauen ließ. Er beherbergt heute das Diözesanmuseum von Trient, das nach langjährigen Umbauarbeiten 1995 wieder eröffnet werden soll. Neben dem Praetorenpalast, der ursprünglich als Gerichtsgebäude gedient hat, erhebt sich der Stadtturm, die Torre Civica mit der Uhr. Der Turm war ursprünglich Gefängnis.

Zwischen dem Stadtturm und dem Neptunsbrunnen entdeckte man im vorigen Jahrhundert in vier Metern Tiefe die Reste des römischen Tridentum. 1929 wurden neben dem Stadtturm Reste der Porta Veronensis freigelegt. Die Nordseite des Domplatzes säumen einige alte Häuser mit einfarbigen Fresken, darunter eine schöne Darstellung von Damokles, über dessen Haupt an einem dünnen Faden das berühmte Schwert hängt. Die Göttin Diana, Fortuna und ein Troubadour, der Triumph der Liebe, der durch Amor und drei hübsche junge Mädchen dargestellt ist, sowie Müßiggang und Tod sind weitere Themen, die man hier sehen kann.

Die Erfahrung ist hier dargestellt, die Wahrheit und die Lüge und schließlich die Tugendleiter. Es liegt auf der Hand, daß alle diese Darstellungen auf Hauswänden gegenüber dem Dom den Menschen früherer Zeiten, die selten lesen konnten, moralische Hilfen geben sollten.

Der dem heiligen Vigil geweihte ***Dom*** ist ein derart komplexes Bauwerk, und zwar sowohl architektonisch als auch von seiner künstlerischen Ausgestaltung her, daß er hier nicht in Einzelheiten beschrieben werden kann. Das würde den Rahmen dieses Reisebuches sprengen. Es gibt in Trient im Buchhandel kleine Domführer zu kaufen, die in deutscher Sprache vorzüglich diesen wichtigsten Sakralbau des Trentino nahebringen. Wir müssen uns hier mit einigen Hinweisen auf die wichtigsten Sehenswürdigkeiten an und in diesem Dom begnügen.

Erwähnenswert sind zunächst einmal die beiden Vorhallen vor den Portalen auf der Nordseite am Domplatz und auf der Südseite. Während die Säulen am Nordportal auf

Trient, Domportal mit geknoteter Säule

zwei archaisch anmutenden, liegenden Löwen ruhen, wird beim Südportal nur die linke Säule von einem Löwen getragen. Auf der rechten Seite steht man staundend vor vier ineinander verknoteten schlanken Säulen. Ein solches Meisterwerk findet sich dann nochmals beiderseits des Südfensters der südlichen Apsis. Bemerkenswert am äußeren Bild des Domes ist auch die großartige gotische Fensterrose im Westwerk.

Im Inneren des Domes, in dem ein prachtvoller barocker Hauptaltar auffällt, der dem in Sankt Peter in Rom nachgestaltet ist, sind besonders bemerkenswert die aus dem 14. Jahrhundert von einem bolognesischen Künstler geschaffenen ***Fresken***, die das Leben des heiligen Julian zeigen. Man sollte sich auch die Zeit nehmen, im Dom in die „Unterwelt" hinabzusteigen. Hier wurden unter dem Chor des Domes die Fundamente einer aus dem 6. Jahrhundert stammende ***frühchristlichen Basilika*** freigelegt und zugänglich gemacht. Die Abstützung des darüber befindlichen Domes muß man als ein Meisterwerk moderner Ingenieurkunst bezeichnen. Diese Basilika wurde wohl über dem Grab des heiligen Vigil errichtet. Ab 1027 wurde über rund 100 Jahre lang die inzwischen baufällig gewordene Basilika restauriert, am 18. November 1145 wurde sie vom Patriarchen von Aquileja neu geweiht. Doch schon 70 Jahre später ließ Fürstbischof Friedrich von Wangen den Bau abreißen und mit dem Bau des heutigen Domes beginnen, der dann rund 100 Jahre später weitgehend fertig war, soweit solche Kathedralen überhaupt jemals ganz fertig werden können.

Vom Domplatz aus zieht die schönste Straße der Altstadt, die ***Via Belenzani***, zum Schloß Buonconsiglio. Geht man an den alten Palazzi vorbei, die diese Straße säumen, muß man sich vorstellen, daß viele dieser Palazzi schon die Konzilsväter gesehen haben, die vor 450 Jahren hier durchgezogen sind. Auf der rechten Straßenseite steht die barocke Kirche ***Santissima Annunziata***, in deren Innerem zahlreiche Gemälde zu sehen sind. Ein wenig weiter, auf der linken Seite neben der Torre Mozza, einem stumpfen, mittelalterlichen Turm, findet man das ***alte Rathaus***, das im 15. Jahrhundert errichtet wurde. Die ursprünglich gotische, freskengeschmückte Fassade wurde im vorigen Jahrhundert neoklassizistisch verändert. Großartig ist die ebenfalls auf der linken Seite stehende ***Casa Coloco Alberti***, ein Renaissancehaus mit reich verzierter Fassade und mehreren ein- und zweibogigen Fenstern und Balkonen.

Das wohl schönste Haus in dieser Straße, der ***Palazzo Geremia***, folgt alsbald ebenfalls auf der linken Seite. Lombardische Baumeister und Steinmetze haben dieses Haus im 15. Jahrhundert errichtet. Seine elegante Fassade ist reich mit venezianischen Malereien verziert. Ihm gegenüber steht der ***Palazzo Thun***, der seit 1873 Sitz der Stadtverwaltung ist. Das Gebäude wurde im 16. Jahrhundert im Renaissancestil errichtet, im 19. Jahrhundert jedoch teilweise klassizistisch umgestaltet.

Trient, Fassadenmalerei

Weitere Sehenswürdigkeiten

Kirche Santa Maria Maggiore. Sie ist eines der bedeutensten Bauwerke der Stadt im Stil der lombardischen Renaissance. Bernhard von Clès hat die Kirche 1520 bis 1524 bauen lassen. Der Glockenturm dieser Kirche ist mit 53 Metern das höchste Bauwerk der Stadt. Auf der Orgel im Innern der Kirche, in der zeitweise die Sitzungen des Konzils stattfanden, hat Händel während einer Italienreise gespielt.
Palazzo Galasso, der „Teufelspalast". Der Legende nach hat der Teufel diesen Palast in der Via Manci in einer Nacht gebaut. Tatsächlich war aber der Augsburger Bankier Georg Fugger im Jahre 1602 Bauherr.
Palazzo Trentini, ebenfalls in der Via Manci. Ein Bauwerk des 18. Jahrhunderts mit kostbar ausgestatteten Innenräumen.
Casa Saracini-Pedrotti, Via Manci. Die Fassade hat ein schönes, einbogiges Portal, mehrere mehrbögige Fenster und dekorative Malereien.
Palazzo Salvadori, Via Manci. Im 16. Jahrhundert anstelle einer älteren Synagoge gebaut. Am Portal erinnern zwei Medaillons an den angeblichen Ritualmord des Simon Unverdorben durch Trentiner Juden 1475. Erst vor wenigen Jahren hat die katholische Kirche festgestellt, daß die überlieferte Geschichte nicht der Wahrheit entsprach und Simon Unverdorben seinerzeit zu Unrecht selig gesprochen worden war.

Zu den interessantesten und sehenswertesten Partien in der Altstadt gehört der sogenannte ***Cantone***, die Ecke, an der einst das deutsche Viertel Trients an die übrigen Altstadtquartiere grenzte. Es ist die Kreuzung zwischen Via San Marco, Via San Pietro, Via Manci und Via del Suffragio, der alten Via di Germania (Deutschland-Straße). Hier liegen einige Renaissance-Häuser mit sehenswerten Freskenbemalungen an den Fassaden, so das Haus an der Ecke Via San Pietro/Via San Marco, sowie der ***Palazzo del Monte***, eines der schönsten, freskengeschmückten Häuser Trients.

Geht man durch diese alten Straßen von Trient an den alten Häusern vorbei, mag man an Heinrich Heine denken, der seinerzeit über Trient schrieb:

„Die Stadt selbst ist abenteuerlich gebaut, und wundersam wird einem zu Sinn, beim ersten Anblick dieser uraltertümlichen Häuser mit ihren verblichenen Freskos, mit ihren zerbröckelnden Heiligenbildern, mit ihren Türmchen, Erkern, Gitterfenstern und jenen hervorstehenden Giebeln, die estradenartig auf grauen, altersschwachen Pfeilern ruhen, welche selbst einer Stütze bedürften".

Seither hat sich kaum etwas verändert.

Schloß Buonconsiglio. Am Fuße des Cervarahügels liegt, mit der alten Stadtmauer verbunden, der mächtige Gebäudekomplex von Schloß Buonconsiglio. Obschon es seit 1259 Residenz der Fürstbischöfe war, wirkt es eher wie eine düster abweisende

Festung. Kennt man den Umgang mittelalterlicher Fürsten mit der Bevölkerung - und die Fürstbischöfe von Trient machten da keine Ausnahme - ist der Eindruck auch nicht so falsch. Zwischen 1239 und 1255 wurde der älteste Teil von Buonconsiglio, das Castelvecchio errichtet und zwar um einen Rundturm, der wohl römischen Ursprungs ist.

Bernhard von Clès ließ in der ersten Hälfte des 16. Jahrhunderts die nach ihm benannte Ringmauer anlegen und den *Magno Palazzo* errichten. Als letzter Gebäudeteil entstand im 17. Jahrhundert die Giunta Albertina, die die beiden anderen Gebäudeteile miteinander verbindet. Während der österreichischen Zeit diente Buonconsiglio als Gefängnis. Seit 1974 gehört es der autonomen Provinz Trient. Heute sind verschiedene Museen im Schloß eingerichtet (siehe weiter unten).

Die größte Sehenswürdigkeit dürften die *Fresken des Monatszyklus* sein, die zwischen 1390 und 1407 Fürstbischof Georg von Lichtenstein im Adlerturm durch den böhmischen Maler Wenzeslaus hat schaffen lassen. Diese Bilder, die oft als bedeutendster gotischer Freskenzyklus Europas bezeichnet werden, zeigen in unnachahmlicher Schönheit, Farbigkeit und Lebendigkeit die für die jeweiligen Monate typischen Arbeiten der Bauern. Dazu als krassen Gegensatz das genießende Leben des Adels. Leider ist - bereits vor langer Zeit - das Märzbild dem Einbau einer Wendeltreppe in das Turmzimmer zum Opfer gefallen.

Museen

Landeskunstmuseum (Museo Provinciale d' Arte), Schloß Buonconsiglio, Telefon: 0461/233 770. Das Museum hat eine Abteilung für Archäologie, eine für mittelalterliche und eine für moderne Kunst. Es gibt Gemälde einheimischer Künstler zu sehen, Stiche, Drucke, Bronzestatuen, Keramik, Holzskulpturen, Fresken.

Trentiner Risorgimento-Museum (Museo Tridentino del Risorgimento), Schloß Buonconsiglio, Telefon: 0461/230 482. Das Museum bietet eine Übersicht über das Risorgimento (die Wiedergeburt des italienischen Staates im 19. Jahrhundert) im Trentino bis zum Ersten Weltkrieg, den Irredentismus in der österreichischen Zeit und den Kampf um die Autonomie.

Museum für moderne und zeitgenössische Kunst (Museo d' Arte Moderna e Contemporanea di Trento e Rovereto, Palazzo Albere, Telefon: 04 61/986 588. Eine ständige Ausstellung von Werken des 19. und 20. Jahrhunderts sowie regelmäßige Ausstellungen zeitgenössischer Kunst.

Trentiner Museum für Naturwissenschaften (Museo Trentino di Scienze Naturali), Palazzo Sardagna, Telefon: 0461/239 760. Dieses Museum gibt einen Überblick über die Geographie der Alpen, die Urgeschichte, die Tier- und die Pflanzenwelt.

Eine Außenstelle dieses Museums ist der ***botanische Alpengarten „Viote“*** auf dem Monte Bondone, Telefon: 0461/948 050.

Trentiner Diözesanmuseum (Museo Diocesano Tridentino), Palazzo Pretorio, Telefon: 0461/234 419. Zu den berühmtesten Exponaten dieses Museums gehören die flämischen Wandteppiche, die Bernhard von Clès anschaffen ließ. Zum Museum gehört auch der archäologische Bereich unter dem Dom, einer frühchristlichen Basilika mit Grabstätten.
Alpini-Museum (Museo degli Alpini), Doss Trento, Telefon: 0461/827 248. Im einstigen österreichischen Pulverhaus oberhalb der Stadt wurde dieses Museum mit seinem reichhaltigen Material zur Geschichte der Gebirgstruppen im Trentino eingerichtet.
Luftfahrtmuseum (Museo dell' Aeronautica), am Flughafen Caproni am Stadtrand von Trient, Telefon: 0461/944 888. Erste Flugzeugmodelle, Filme und Erinnerungsstücke über die Fluggeschichte sind in dem kleinen Museum zu sehen.
Alpenvereinsmuseum (Museo Storico della SAT) Via Manci 57, Telefon: 0461/986 462. Ein Museum zur Geschichte des Trentiner Alpenvereins.

Einkaufstips

Wer in Trient in Erinnerung an kulinarische Erlebnisse entsprechende Spezialitäten für daheim erwerben will, sollte sich folgende Adressen merken: Für ***Wurstwaren und Schinken*** die Macelleria da Amedo Montanarini, via Giusti 80, Trento, Telefon: 931 618 oder die Macelleria Fratelli Chemolli, via Calepina 43, Trento, Telefon: 981 767. ***Trentiner Käse*** kauft man gut bei „Formaggi trentini" via Vannetti 10, Trento, Telefon: 982 562. ***Trentiner Weine*** gibt es in guter Qualität und großer Auswahl in der Cantina Sociale di Trento, via Fermi 17, Trento, Telefon: 920 186.

Der Restauranttip

Ristorante „Chiesa", Parco San Marco, Telefon: 238 766.
Spezialitäten: Apfel-Party; Tonco de Pontesel (Trentiner Bergbauerngulasch aus Schweine- und Kalbfleisch, Salami und Lucanica) - Rezepte aus dem 16. Jahrhundert.
Ristorante „Osteria Ale Due Spade", via don A. Rizzi, 11, Telefon: 234343.
Spezialitäten: Menü der Saison - Rezepte aus der Zeit des Konzils von Trient.
Ristorante „Alanticò Orso Grigio" via Orti 19, Telefon: 984 400.
Spezialitäten: Überraschungsmenü (vier Gänge) Gänseleberpastete - Gratiniertes von Meer und Gebirge (gemischte Fische und Alpen-Gemüse) - gekochte Sahne mit Kokosnuß.

Das besondere Hotel

Wer bei einem Aufenthalt in Trient in einem historischen Haus sehr gut wohnen will, mag sich das ***Hotel „Villa Madruzzo"*** aussuchen. Das Hotel ist in einer Villa eingerichtet, die sich Fürstbischof Christoph Madruzzo während des Konzils von Trient im Berghang oberhalb der Stadt hat bauen lassen. Hier ist man im Sommer der Hitze des

Talkessels entflohen, hat eine herrliche Aussicht und eine exzellente Küche im Hause. Hotel Villa Madruzzo, Trento - Cognola, Ponte Alto 26, Telefon: 986 220 - 986 221, FAX: 986 361.

Einen Campingplatz gibt es derzeit in Trient nicht, eine Jugendherberge befindet sich in der via Manzoni 17, Telefon: 234 567.

Veranstaltungen

Wichtigste Veranstaltung in Trient ist die ***Feste Vigiliane***, ein mittelalterliches Volksfest, das alljährlich vom 20.-26. Juni stattfindet.

Sport

Dank seiner Lage am Fuße des Gebirges bietet Trient seinen Gästen jede Art von Sportmöglichkeiten. Im Sommer sind es vor allem das Wandern und Bergsteigen, im Winter Skilaufen, in erster Linie auf dem Monte Bondone und im Bereich der Paganella.

Ausflugsziele

Aufgrund der zentralen Lage im Trentino bieten sich von Trient soviele Ausflugsmöglichkeiten an, daß man hier nur eine willkürliche Auswahl kurz vorstellen kann.

Doss Trento. Von dem 308 Meter hohen Felsrücken, der wohl schon in vorgeschichtlicher Zeit bewohnt war, hat man einen großartigen Blick auf die Stadt. Hier oben befindet sich das Mausoleum für den Trentiner Freiheitskämpfer Cesare Battisti, der 1916 von den Österreichern gehängt wurde, sowie das Alpinimuseum.
Sardagna. 517 Meter hoch ist dieser Aussichtsberg auf dem rechten Etschufer, den man von Trient aus mit der Seilbahn erreichen kann.
Monte Bondone. Nur eine halbe Autostunde vom Stadtzentrum entfernt liegt der Monte Bondone, der Hausberg von Trient, der im 2.180 Meter hohen Monte Cornet seinen höchsten Punkt erreicht. Man kommt auf den Monte Bondone über eine bequeme Panoramastraße. Der Blick von hier oben geht über das Etschtal mit Trient zum Gardasee, zu Paganella und Brenta, zu den Gletschern des Adamello, bei klarem Wetter im Norden über die Dolomiten bis zu den österreichischen Alpen. Nach einer Legende soll der 2.140 Meter hohe Dos Abramo hier oben der Ankerplatz der Arche Noah gewesen sein.

Besuchenswert ist hier oben der ***botanische Alpengarten*** des naturwissenschaftlichen Museums Trient, der Alpenblumen aus allen Hochgebirgen der Erde, rund 2000 verschiedene Arten, vereint. Diese einzigartige botanische Schau ist geöffnet im Juni und September von 9. 00 Uhr bis 12.00 Uhr und von 14.00 Uhr bis 17.00 Uhr, im Juli und August von 9.00 Uhr bis 12.00 Uhr und von 14.30 Uhr bis 18.00 Uhr.

Am Monte Bondone

Nirgendwo sonst im Trentino blühen die Bergwiesen im Sommer reicher als auf den Höhen und in den Abhängen des Monte Bondone. Zahlreiche Kräuter, deren Heilkräfte seit langem bekannt sind, finden sich hier und fleißig wird gemäht, vom Frühjahr bis zum Herbst. Aber nicht mit ratternden Mähmaschinen, sondern immer noch von Hand mit der Sense. Das ist zwar mühsam, aber es lohnt sich. Denn nicht hungrige Tiere in einem Stall bekommen das Mähgut zu fressen, es wird auch nicht als Heu getrocknet, sondern nach ***Garniga*** gebracht. Garniga ist ein hübsches kleines Dorf, rund 800 Meter hoch gelegen inmitten von Wiesen und Nadelwäldern am Fuße des Monte Bondone. Außer einer Handvoll Bergwanderern und Sommerfrischlern würde vermutlich kaum jemand hier in Oberitalien Garniga kennen, hätte der Ort nicht durch seine Heubäder auf sich aufmerksam gemacht. Sie haben das kleine Bergdorf inzwischen so bekannt gemacht, daß es sich Terme - also Bad - nennen darf und heute bereits ein nagelneues, blitzsauberes Kurmittelhaus sein eigen nennt.

Angefangen hatte alles zu Beginn dieses Jahrhunderts, als ein gewisser Romedio Martinelli aus Garniga, der nach Amerika ausgewandert war, in die Heimat zurückkehrte. Er hatte sich viele Jahre bei verschiedenen Indianerstämmen im Westen aufgehalten und deren Umgang mit Heilkräutern kennengelernt. Daheim begann er dann sofort, das zu praktizieren, was er gesehen und gelernt hatte und was man heute in Garniga die Heubäder nennt. Früh am Morgen wird das von vielen Heilkräutern durchsetzte

Gras auf den Bergwiesen in 1.200 - 1.500 Metern Höhe gemäht und noch vor Sonnenaufgang nach Garniga gebracht, damit es nicht antrocknet. Im Bad wird das Gras in Bettgestelle gepreßt, etwa einen halben Meter dick. Dann beginnt schon bald die Gärung, wobei sich Temperaturen von 60-65 Grad Celsius entwickeln. In dieses gärende Gras legen sich die Patienten. Sie werden mit einer Schicht Gras und Kräutern bedeckt und müssen 15-20 Minuten in dieser Packung liegen bleiben. 12 Tage dauert eine Kur in Garniga, wobei sich die Heubäder vor allem bei chronischer Arthrose zur Schmerzlinderung, bei Muskelkrämpfen aber auch bei Rheuma bewährt haben. Nach dem Bad im Heu liegen die Patienten in Reaktionsbetten, wobei sich eine starke Schweißabsonderung einstellt. Während der Kurzeit von 12 Tagen behält natürlich jeder Patient sein Heubett, in dem das Gras täglich gewendet wird. Auch führt man täglich eine kleine Menge frisches Gras hinzu.

Die Wirksamkeit solcher Heubäder, die in ähnlicher Form bereits seit Jahrhunderten von den Bergbewohnern im Trentino und dem Trioler Etschland praktiziert werden, ist längst ärztlich anerkannt, und natürlich stehen diese Heubäder auch unter ärztlicher Aufsicht.

Noch können die Patienten in Garniga nur ambulant kuren, müssen in den Hotels des Ortes am Monte Bondone wohnen, da Garniga noch keine Kurklinik mit den entsprechenden Heubadeanlagen hat. Doch die Pläne dafür gibt es. Und wenn weiterhin immer mehr Heilungssuchende den Weg zum Monte Bondone und in die Heubäder von Garniga finden, wird es wohl eines Tages hier oben einen Kurkomplex geben.

Im Winter ist der Monte Bondone der Skiberg der Trentiner. Er ist das älteste Skigebiet Italiens und bietet zahlreiche gut präparierte Pisten aller Schwierigkeitsgrade. Berühmt ist das Kinderskirennen „Trofeo Topolino", das hier alljährlich ausgetragen wird und für manche italienische Ski-Asse zum Sprungbrett ihrer Karriere wurde.

Informationen: Azienda Promozione Turistica di Trento, via Alferi 4, Trento, Telefon: 983 880, FAX: 984 508.

Ala – die Mozartstadt

Postleitzahl 38601, Vorwahl 0464.

Die hübsche und architektonisch charakteristische kleine Stadt Ala ist das wirtschaftliche und kulturelle Zentrum des Val Lagarina. Als Val Lagarina wird das Etschtal unterhalb von Rovereto bezeichnet. Ala liegt an der Einmündung des Alabaches in die Etsch. Im Süden rahmen die Berge der Lessinischen Alpen im Norden die Cima Coni Zugna den Ort in seinem Talkessel ein.

Zur Römerzeit war Ala als „ad Palatium" schon ein wichtiger Ort, da er an der bedeutenden Handels- und Militärstraße Via Claudia Augusta lag. Im Mittelalter wurde Ala 1171 Sitz eines Gestalden, eines Statthalters der Fürstbischöfe von Trient, für die er die Rechtsprechung ausübte. Die Burg in Villalta wurde im 12. Jahrhundert durch die Castelbarcos, die mächtigsten Herren im Val Lagarina niedergerissen. Im 15. Jahrhundert kam Ala unter den Einfluß von Venedig, 1509 aber zusammen mit Rovereto in den Einflußbereich Maximilians I. Im 17. Jahrhundert wurde es wieder Besitz der Castelbarcos und in den folgenden Jahrhunderten zu einem wichtigen Produktionsort zunächst für Samt, dann für Seide.

Sehenswürdigkeiten

Die historische und unbedingt sehenswerte Altstadt drängt sich auf dem linken Ufer des Ala-Baches. Ein eindrucksvolles Ensemble von Barock- und Rokokopalazzi im typischen Stil des unteren Val Lagarina mit seinen von Venedig her stammenden Einflüssen machen den besonderen Reiz von Ala aus. Den schönsten Überblick hat man von der ***Piazza San Giovanni*** und der Dekanatskirche.

Erzpriesterkirche „Chiesa dell' Assunta", ein großartiger Barockbau mit zahlreichen Gemälden im Inneren.

Neben der Kirche SS. Giovanni Battista e Giovanni Evangelista steht das 1873 errichtete Gebäude der Gemeindebibliothek, in dem sich auch ein kleines Stadtmuseum befindet.

Palazzo Pizzini. Der Palazzo Pizzini dürfte das geschichtsträchstigste Haus von Ala sein. 1680 ließ die Familie Pizzini es als Gästehaus für illustre Gäste errichten, die dort während ihrer Reisen in Österreich und Tirol wohnen sollten. Im 17. und 18. Jahrhundert stellte die Familie Pizzini den Palazzo darüber hinaus bedeutenden kulturellen und gesellschaftlichen Anlässen in der Stadt zur Verfügung. Zu den berühmten Personen, die hier gewohnt haben, gehören Carlos III., König von Spanien; Kaiser Karl VI. von Österreich, der 1714 hier wohnte und bei dieser Gelegenheit die Familie Pizzini adelte; Kaiser Franz I. und Kaiserin Maria Theresia 1738 und 1739; Kaiser Josef II. 1765, der Ala die Stadtrechte verlieh; Papst Pius VI. 1782; Napoleon I. 1796.

Vor allem aber stiegen Leopold Mozart und sein Sohn W. A. Mozart mehrfach in diesem Hause ab und waren hier Gast. Während seiner Italienreisen von 1769 bis 1772 ist W. A. Mozart immer wieder Gast im Palazzo Pizzini gewesen und hat hier musiziert. Hier bekam er immer wieder engsten Kontakt mit der italienischen Musik.

Am 30. August 1989 wurde in Ala die Stiftung „W. A. Mozart de Pizzini von Hochenbrunn" ins Leben gerufen, die zweite Mozartstiftung nach der internationalen Stiftung Mozarteum in Salzburg. Gleichzeitig vermachte Antonio de Pizzini, ein Nachkomme jener Familie, die Mozarts Gastgeber in Ala gewesen waren, den Palazzo der Stiftung. Nach gründlicher Restaurierung soll dieses traditionsreiche Haus demnächst wieder zu Konzertveranstaltungen dienen, die die Stiftung „W.A. Mozart de Pizzini von Hochenbrunn" hier veranstaltet. Palazzo Pizzini, via S. Caterina 2 Camping: Campingplatz Al Faggio, Telefon: 670 162.

Ausflugsziele

Passo Buole, 19 Kilometer nordöstlich. Ein kleines Sträßchen führt durch das Val di San Valentino zur Paßhöhe Buole, auf der ein Obelisk an die Kämpfe des Ersten Weltkrieges erinnert.
Borghetto, 7 Kilometer südlich. Borghetto liegt an der Grenze zwischen dem Trentino und der Provinz Verona an der „Berner Klause". Sie ist die gewaltigste Sperre, die die Natur zwischen den Alpen und der lombardischen Tiefebene errichtet hat. Die Enge zwischen dem Monte Baldo auf der einen und den Lessinischen Alpen auf der anderen Seite hat ihren Namen nach der Stadt Verona, die schon von den Ostgoten als Bern bezeichnet wurde. Oft ist es im Laufe der Geschichte an dieser Enge zu blutigen Schlachten gekommen. Für die deutschen Kaiser, die im Mittelalter durch das Etschtal nach Italien zogen, war die „Berner Klause" die gefährlichste Stelle des Weges. Auf der Höhe von Rivoli mitten in der Klause schlug Napoleon am 14. Januar 1797 die Österreicher und stand alsbald von hier aus vor Trient.
Avio, drei Kilometer südlich. Der auf dem rechten Etschufer an der Mündung des Aviobaches gelegene Ort ist Mittelpunkt des Weinbaues im unteren Val Lagarina. Entsprechend viele Weinkellereien gibt es hier.

Die große Sehenswürdigkeit ist jedoch ***Schloß Sabbionara,*** das zwei Kilometer westlich den Ort auf einem steilen Hügel über den Weinbergen überragt. Obschon Sabbionara heute nur noch teilweise erhalten oder rekonstruiert ist, läßt sich hier schön das Zusammentreffen verschiedener Stilrichtungen, vor allem venezianischer und paduanischer erkennen. Jahrhundertelang war Sabbionara im Besitz der Familie Castelbarco. Dante Alighieri hat sich mehrfach als Gast in diesem Schloß aufgehalten. Später kam Sabbionara in den Besitz von Venedig. Das Schloß, das von einer mächtigen Maueranlage umgeben ist, wurde berühmt durch die ***Fresken*** aus der ersten Hälfte des 14. Jahrhunderts. Sie nehmen unter den gotischen Fresken in Europa kunsthistorisch eine Spitzenstellung ein.

Die Fresken im Wächterhaus zeigen mittelalterliche Kampfszenen, ein für die damalige Zeit ungewöhnliches Motiv. Berühmter noch sind die Fresken im obersten Stockwerk des aus dem 11. Jahrhundert stammenden Turmes, die recht freizügige Liebesszenen zeigen. In der Torre della Picadora wohnen heute noch Nachfahren der Familie Castelbarco. Sie haben sich diesen Turm als einzigen Teil des Schlosses als Eigentum behalten, während das Wächterhaus heute Eigentum der Autonomen Provinz Trient ist. Das übrige Schloß gehört der FAI (Fondo per l' Ambiente Italiano). Schloß Sabbionara ist von Februar bis Dezember täglich - außer montags - zu besichtigen. Telefon: 684 453.
Informationen: APT di Rovereto e della Vallagarina, via Dante, 63, 38 068 Rovereto, Telefon: 0464/430 0363, FAX: 435 528.

Ala, Schloß Sabbionara

Arco – Habsburgs Sanatorium

Postleitzahl 38 062, Vorwahl 0464.

Im weiten unteren Tal der Sarca, kurz vor deren Einmündung in den Gardasee, erhebt sich ein Felsen so hoch und so steil, als hätte ein Gigant ihn hier abgestellt, als er ihm zu schwer wurde. Die Burg, die diesen Rocca genannten Felsen krönt, wurde zum Stammschloß einer Familie, die weit über das Trentino hinaus bekannt wurde, Arco. Und so heißt auch das recht malerische alte Städtchen, das sich eng an diese Rocca schmiegt. Dank des milden und wohltuenden Klimas gehört Arco seit langem zu den bekanntesten Kurorten Italiens.

Dieses wohltuende Klima basiert auf dem Zusammenspiel der Winde, die von der nahen lombardischen Tiefebene, dem Wasser des Gardasees und der frischen Luft des umstehenden Gebirges kommen. Daß ein Aufenthalt hier der Gesundheit förderlich sei, wußten schon die Habsburger. Mitglieder des Kaiserhauses hielten sich im 19. Jahrhundert immer wieder in Arco auf. Bis heute gibt es hier eine Vielzahl von Kurhäusern und besten Hotels, die auf Kuraufenthalte eingestellt sind.

Seit prähistorischer Zeit ist das Gebiet von Arco bewohnt, möglicherweise hat es hier schon eine etruskische Siedlung gegeben. Später kamen die Kelten, dann die Römer. Den Langobarden, die sich im Verlaufe der Völkerwanderung hier niederließen, folgten die Karolinger, ihnen die Tiroler. Möglicherweise schon mit den karolingischen Franken kam aus Bayern das Geschlecht der späteren Grafen von Arco und ließ sich hier nieder. Seit 1124 ist die Burg auf der Rocca nachweisbar, sie wurde zu einer der wichtigsten Festungen im Fürstbistum Trient, denn die Grafen von Arco, allgemein als rauhe, verschlagene und gewalttätige Leute verschrieen, waren immer getreue Gefolgsleute der Fürstbischöfe. 1413 erreichten sie es, von Kaiser Sigismund in den Rang reichsunmittelbarer Grafen erhoben zu werden. Nachfolger dieses Geschlechts leben heute noch (oder wieder) in Bayern.

Im 16. Jahrhundert wurde Graf Nicolaus von Arco besonders bekannt. In der Zeit des Humanismus gehörte er zu den bedeutendsten italienischen Dichtern. Wie es damals üblich war, bediente er sich allerdings für seine Werke ausschließlich der lateinischen Sprache. Arco ist weiterhin bekannt als Geburtsort des Malers Giovanni Segantini, der hier am 15. Januar 1858 zur Welt kam und später vor allem als Maler des Engadin weltberühmt wurde.

Das geradezu mittelmeerische Klima hier am Nordende des Gardasees läßt in Arco eine fast unübersehbare Fülle von zum Teil mediterranen Pflanzen gedeihen. Lorbeer, Palmen und Zypressen prägen die schönen Parkanlagen der Stadt.

Sehenswürdigkeiten

Die ***Altstadt*** von Arco ist klein und besteht eigentlich nur aus wenigen engen Straßen und kleinen Plätzen. An ihrem südlichen Rande liegt an der Via Marconi das Gebäude des heutigen ***Casino***. Vielleicht läßt schon seine Farbe, kräftiges Schönbrunngelb ahnen, daß es ein Habsburger Palast war. 1872 hatte der Erzherzog Albrecht das angenehme, milde Klima von Arco kennengelernt und sich einen Palast bauen lassen. Ihm folgten andere Mitglieder des Kaiserhauses. Man wollte hier den „frühesten Frühling" in der Monarchie erleben. Zu Beginn des 20. Jahrhunderts war Arco im zu Österreich gehörenden Trentino so etwas wie das Nizza Österreichs geworden.

Der Gebäudekomplex liegt in einem außerordentlich schönen ***Parkgelände***, an dem vorbei man über die Piazzale Segantini die eigentliche Altstadt erreicht.
Am Platz 3 Novembre steht Arcos schönste Kirche, die ***Collegiata***, vor der ein Mosesbrunnen von 1600 sein Wasser sprudeln läßt. Die Kirche stammt aus der Mitte des 17. Jahrhunderts und ist noch im Stil der Renaissance fertiggestellt worden. In ihrem Inneren gibt es schöne Gemälde von einheimischen Künstlern und eine interessante Orgelempore, an der musizierende Bürger zu sehen sind anstelle der sonst verwendeten Putti.
Palazzo Marchetti. 1550 baute Graf Felix von Arco gleich neben der Collegiata den heute Palazzo Marchetti genannten Palast. Ein Freskenfries mit Darstellungen von Göttern, Helden und Nymphen ziert das Äußere des Gebäudes, während im Inneren, in dem sich ein rustikales Bier- und Weinlokal befindet, die Räume noch im Stil der Renaissance gehalten sind.

Sant' Apollinare in Prabi. Die kunsthistorisch wohl bedeutsamste Kirche von Arco liegt am linken Sarcaufer vor der Brücke. Sie ist eine Kostbarkeit des 7. Jahrhunderts von ihrer Architektur her. Gleichermaßen wertvoll sind in ihrem Inneren die aus dem 14. Jahrhundert stammenden Fresken, die das Martyrium der heiligen Appolinaris, Laurentius und einiger anderer zeigen. Die Fresken gehören zu den wertvollsten, die die sogenannte Veroneser Schule des 14. Jahrhunderts geschaffen hat. Auch an der Südwand haben sich außen lombardische Wandmalereien von 1540 ausgezeichnet erhalten. Vor allem die ganz oben angebrachte und dem Sonnenlicht am wenigsten zugängliche Darstellung des Abendmahles ist noch von sehr guter Farbqualität.
San Rocco. Auch die Kirche San Rocco im Stadtteil Caneve ist wegen der reichen Ausmalung mit Fresken in ihrem Inneren besuchenswert. Diese Fresken stammen aus der ersten Hälfte des 15. Jahrhunderts.
Burg Arco. Während seiner Italienreise hat Albrecht Dürer 1495 die Burg Arco gemalt. Mit fast fotografiemäßiger Präzision hat er uns das stolze Gebäude auf dem Bil-

de überliefert, das 1703 durch Vendôme zerstört, heute längst nur noch eine Ruine ist. Damit diese Ruine nicht weiter verfällt, wird sie restauriert, seit Jahren schon und vielleicht noch viele Jahre. Sie ist also nicht zugänglich. Zugänglich ist lediglich der Park, der sich um die Burg ausbreitet. Er lohnt ebenso den Aufstieg auf die Rocca wie der Blick, den man von hier oben hat. Über Arco und zum Gardasee auf der einen, ins Valle dei Laghi auf der anderen und ins Sarcatal schließlich auf der dritten Seite.

Spezialitäten

Zu den kulinarischen Spezialitäten Arcos gehört das ***Carne salada***, eine Köstlichkeit, die eine uralte Tradition hat. Ganz dünn geschnittenes Fleisch wird in ein hölzernes oder irdenes Gefäß gelegt zusammen mit Salz, fein gehacktem Knoblauch und Lorbeerblättern. Nach drei bis vier Wochen ist das Fleisch so konserviert, daß es lange haltbar ist. Carne salada ist eine beliebte Vorspeise, die inzwischen im ganzen Trentino bekannt und geschätzt ist.

Der Restauranttip

„Cantina Marchetti“ im Palazzo Marccheti. Ein rustikales Restaurant mit Taverne, Weinstube und Pizzeria, das vor allem seines Ambientes wegen besuchenswert ist. Telefon: 516 233.

Einkaufsmöglichkeiten

Fleisch- und Wurstwaren, insbesondere Carne salada kauft man in vorzüglicher Qualität bei Carni Rolando Pederzolli, via della Crozetta 51, Arco. Telefon: 516 756.

Camping: In Arco gibt es verschiedene Campingplätze: „Arco“, Telefon: 517 491; „Zoo-Camping, Telefon: 516 232; „Bella Vista“, Telefon: 505 644; „Bocche del Sarca“, Telefon: 505 077; „Maroadi“, Telefon: 505 175.

Veranstaltungen

Weithin berühmt ist der ***„Habsburgische Karneval“*** von Arco im Februar; im September findet in Arco alljährlich die Veranstaltung „Rock-Master“ statt, die Weltmeisterschaft im Free-Climbing.

Sport

Arco ist ein „Mekka“ des Free-Climbing. Die Rocca von Arco zieht jährlich Tausende von Kletterern an. Auskünfte unter Telefon: 519 275; eine weitere Sportart, die in Arco eine Hochburg hat, ist das Drachenfliegen sowie das Hängegleiten. Auskunft bei Volo Libero Alto Garda, via Segantini, Telefon 532 566.

Ausflüge in die Umgebung

Valle dei Laghi. Das Tal der Seen, das sich von Arco aus dem Sarcafluß aufwärts folgend nach Norden zieht, hat verschiedene Höhepunkte. Der erste ist die eindrucksvolle Steinwüste ***Marocche*** hinter dem Ort Dro. Auf einer Fläche von rund 10 Quadratkilometern sieht man nur eine Steinwüste mit nacktem Geröll von Kalkfelsen. Teils mögen die Brocken im Gefolge der Eiszeit zu Tal gedonnert sein, zum Teil sind sie von den umstehenden, senkrechten, nackten Felswänden noch in historischer Zeit herabgekommen. Der Sage nach soll unter dieser Geröllwüste die geheimnisvolle Stadt Kas begraben liegen. Die Steinwüste der Marocche ist so einzigartig in den ganzen Alpen, daß sie als besonderes Biotop unter Naturschutz gestellt wurde. Noch bis ins 19. Jahrhundert hinein war die trostlose Trümmerlandschaft ein unüberwindlicher Sperriegel.

Aus der Trümmerlandschaft geht eine Seitenstraße zum ***Castello Drena*** hinauf, einer teilweise wiederaufgebauten Burg, die sehr schön das Bild einer Alpenfestung des Mittelalters vermittelt. Von der Burg aus, die im Sommer in das Spektakel der Veranstaltungsreihe „Siehst Du im Sommer ein Schloß im Trentino“ einbezogen ist, hat man einen hervorragenden Blick über das Sarcatal mit seinen blank geschliffenen Felswänden und über die Steinwüste der Marocche.
Von Drena aus sollte man auf dem kleinen Sträßchen weiter nach Norden fahren zum malerischen, stillen ***See von Cavedine***. Der zweieinhalb Kilometer lange und bis zu 50 Metern tiefe See ist durch einen Bergsturz entstanden, der den Abfluß des nördlicher gelegenen Toblinosees aufstaute. Die nächste Station ist Sarche, ein Weinbauort. Die dem Sarca folgende Straße führt von hier aus ins Gebiet der Judicarien.

Einkaufstip

In Sarche kann man besonders gut den ***Vino Santo*** kaufen, der nur im Valle dei Laghi hergestellt wird. Die Trauben der Nosiolarebe werden von der Lese bis Ostern auf Holzrosten getrocknet und dann erst gekeltert. Cantina di Toblino, via Ponte Olivetti 1 , Sarche, Telefon: 0461/564 168.

Wenige Kilometer weiter nördlich erreicht man den ***Toblinosee***, einen der schönsten Seen des Trentino. Auf einer ufernahen, über einen Damm erreichbaren Insel steht das Schloß Toblino, in dem sich ein Restaurant befindet. Inmitten eines wunderschönen Parks liegt das vom Fürstbischof Madruzzo im 16. Jahrhundert komfortabel ausgebaute Schloß, das in seinem Kern aus dem 12. Jahrhundert stammt.

Interessant ist der nahegelegene ***Santa Massenza-See***. An seinem Ufer liegt das Kraftwerk, das vom Wasser des Molvenosees gespeist wird. Das Elektrizitätswerk im Innern des Berges ist das größte in Italien überhaupt und das größte europäische Kraftwerk im Inneren eines Berges.

Für geübte und schwindelfreie Autofahrer lohnt das Sträßchen vom nahen Vezzano aus über Lon nach ***Ranzo***, einem winzigen, nur noch von wenigen Menschen bewohnten Bergdorf im Steilhang über dem Toblinosee. Der Ausblick von hier oben in die Tiefe ist einzigartig.

Empfehlenswertes Restaurant

„Fior di Rocca" in Lon, an dem man bei diesem Abstecher vorbeikommt. Der Küchenchef ist stolz darauf, daß er - eine Seltenheit in Italien - keine Nudelgerichte serviert. Telefon 0461/864 029. Zurück nach Sarche kann man nun über Calavino, Lasino und Cavedine nach Drena und dann nach Arco fahren. Man kommt auf diesem Wege am Schloß Madruzzo vorbei, dem Stammschloß der großen Familie, deren bedeutendster Sproß der Fürstbischof Christoph Madruzzo zur Zeit des Konzils von Trient war. Das Schloß kann allerdings nicht besichtigt werden.

Informationen: APT di Arco, Viale delle Palme, 38 062 Arco, Telefon: 532 225; Consorzio Pro Loco della Valle dei Laghi, 38070 Padergnone, Telefon: 0461/444 00.

Baselga di Pinè – zwei Augen schauen zum Himmel

Postleitzahl 380 42, Vorwahl 0461

Zwischen Fersental und Cembratal zieht sich der Altopiano von Pinè hin. Es ist eine liebliche Landschaft, die sich hier oben ausdehnt, hügelig, nach Norden hin zum Gebirge ansteigend. Wälder und Wiesen, durchsetzt von zahlreichen kleinen Siedlungen sind dort verstreut und zwei Seen, der Lago della Serraia und der Lago delle Piazze sind darin eingebettet. Ihre Wasserflächen, im Sommer beliebte Wassersportreviere, schauen wie zwei Augen zum Himmel hinauf.

Die regionale Fremdenverkehrswerbung hat das Gebiet der Hochfläche von Pinè und das benachbarte Cembratal als eine touristische Einheit zusammengefaßt. Die beiden Gebiete sind jedoch so unterschiedlich, auch in ihrem touristischen Angebot, daß sie im vorliegenden Reisebuch in zwei eigenen Kapiteln behandelt werden sollen.

Im 13. Jahrhundert wanderten deutsche Bauern in größerer Zahl auf dem Altopiano ein und siedelten sich hier an. Über mehr als 400 Jahre lang hielten sie fest an ihrer Sprache und Kultur, dann war der Assimilierungsdruck der Italiener zu groß. Die einzige Erinnerung an die deutschen Siedler von einst sind noch zahlreiche Flurnamen, in denen man unschwer deutsche Herkunft erkennen kann. Auch deutsche

Bergleute, sogenannte Canòpi, ließen sich hier nieder, galt die Gegend doch schon immer als mineralienreich. Auch an sie erinnern heute nur noch Flurnamen. Jahrhundertelang hatte sich die Bevölkerung auf der Hochfläche in einer Magnifica Comunitá zusammengeschlossen. Diese „Erhabene Gemeinschaft", die 1160 erstmals erwähnt wurde, ist erst 1875 aufgelöst worden.

Hauptort hier oben auf der Hochfläche ist das Dorf Baselga di Pinè, ein gut entwickelter Fremdenverkehrsort, der im Sommer wie im Winter viel besucht wird. Er ist Mittelpunkt eines landwirtschaftlichen Gebietes, in dem der Anbau von Beeren vorherrscht. Hier werden Waldbeeren, Himbeeren, Brombeeren und viele andere Arten von Kleinfrüchten mit großem Erfolg gezüchtet.

Sehenswürdigkeiten

Kirche Santa Maria Assunta. Umgeben von den ältesten Gebäuden des Dorfes ist diese Kirche eine der bedeutendsten kulturellen Sehenswürdigkeiten. Erstmal erwähnt im Jahre 1256, gilt sie als wesentlich älter.

San Mauro. Die Kirche San Mauro im Ortsteil San Mauro di Pinè gilt als eines der wichtigsten Trentiner Kunstkleinode. Anfang des 13. Jahrhunderts wurde sie erstmals erwähnt. Besonders sehenswert ist im Inneren der Kirche ein spätgotischer Flügelaltar, dessen kostbare Holzschnitzereien vergoldet oder bemalt sind.

Pfarrkirche Santa Anna. Die Pfarrkirche von Montagnaga di Pinè ist eine Marienwallfahrtsstätte, nachdem hier die Hirtin Domenica Targa 1729 eine Marienerscheinung hatte. Von großem volkskundlichem Interesse ist das Innere der Kirche, das übervoll ist mit Votivtafeln und Gaben, die dankbare Pilger hierher gebracht haben.

Naturschutzgebiet Laghestel. Das Naturschutzgebiet südlich von Baselga di Pinè ist ein von Torfmooren durchsetztes Waldgebiet. Zahlreiche seltene Pflanzen und Tierarten haben hier ihren Lebensraum. Ein kleiner See in diesem Naturschutzgebiet wird von Zeit zu Zeit durch das Vorkommen der Algen „Eugleda viridis sanguinea" rot gefärbt.

Campingplatz: „Canè in Fiore", Telefon: 558 270.

Veranstaltungen und Feste

Auf der Hochebene von Pinè gibt es zahlreiche Chöre, ***Volksmusik***- und Trachtengruppen. Sie veranstalten während des ganzen Jahres Auftritte. Im Winter gibt es im Eislaufstadion von Baselga di Pinè internationale ***Eislaufwettbewerbe***.

Sport

Im Sommer wie im Winter kann man auf dem Altopiano di Pinè zahlreiche Sportarten ausüben. Es sind vor allem Tennis, Reiten, Bogenschießen, Angeln, Wassersport,

Wandern, Mountainbikefahren und Minigolf. Im Winter gibt es eine beleuchtete Loipe für Langlauffreunde, das olympische Kunsteisstadion ICE RINK PINÈ für Eisschnellauf, Curling, Eiskunstlauf und Schlittschuhlauf sowie Eishockey.

Ausflüge

Wanderungen an den Seen entlang.
Dosso di Costalta: Von Miola aus führt diese Wanderung in dreieinhalb Stunden auf den 1.555 Meter hohen Berg, der eine faszinierende Aussicht über die Hochfläche von Pinè, das Cembra- und Fersental bietet.

Informationen: APT della Valle di Pinè e della Valle di Cembra, 38 042, Baselga di Pinè, Telefon: 55 70 28 - 55 85 00, FAX: 55 75 77.

Brentonico – im Blumenreich des Monte Baldo

Postleitzahl 38 060, Vorwahl 0464

Brentonico, der Name steht nicht nur für das Dorf, sondern auch für den Altopiano, die Hochfläche von Brentonico. Hier oben in den nördlichsten Höhenlagen des Monte Baldo hat sich auf dem Höhenrücken zwischen Etschtal und Gardasee ein Zentrum des Tourismus entwickelt, das für Wanderer und Mountainbikefahrer ein wahres Paradies ist. Überragt vom 2078 Meter hohen Monte Altissimo ist das Gebiet darüber hinaus auch ein beliebtes Wintersportgebiet, das vor allem mit seinem Loipennetz, aber auch mit den Lift- und Pistenanlagen die Freunde weißer Sportarten anlockt.

Die Hochfläche von Brentonico war bereits in der berühmten grauen Vorzeit besiedelt. Die Römer führten ihre Via Placentia über den Monte Baldo. Im Mittelalter bewiesen rund 15 verschiedene Burgen hier oben die enorme Bedeutung, die die Fürstbischöfe von Trient dem Grenzgebiet gegenüber dem Herrschaftsbereich ihrer Kollegen von Verona beimaßen. Zeitweise hat die Hochfläche auch den Bischöfen von Verona unterstanden.

Während des Ersten Weltkrieges war die Hochfläche von Brentonico Kriegsschauplatz. Hier oben ist erbittert gekämpft worden. Zahlreiche Überreste von Stellungen und geschickt angelegten Militärstraßen zeugen heute noch davon. Sie sind teils interessante Ausflugsziele, teils aber auch bei Mountainbikefahrern beliebte Trassen, soweit sie noch befahrbar sind. Weltberühmt ist der Monte Baldo für seinen Reichtum an Wildblumen. Verständlich also, daß man hier Schutzgebiete eingerichtet hat, um diesen Reichtum zu schützen und zu erhalten. Mittelpunkt der weitläufigen Gemeinde mit ihren insgesamt 12 Orten ist das Dorf Brentonico. Der Ort ist sehr alt. Im Mittelalter war er Gerichtssitz für die weite Umgebung.

Sehenswürdigkeiten

Die ***Pfarrkirche SS. Pietro e Paolo*** wird erstmals schon 1145 erwähnt. Sie ist im Inneren reich mit Marmor, verschiedenen Altären und Heiligenfiguren ausgestattet. Die ***Krypta*** der Kirche San Giovanni ist sehenswert wegen ihrer romanischen Säulen. Diese Krypta ist Überrest der ersten Kirche, die hier Ende des 16. Jahrhunderts abgerissen wurde, um dem heutigen Bau Platz zu machen.

Museum

Geologisch-paläontologisches Museum. Im Gebäude der Gemeindebibliothek befindet sich das überraschend reich bestückte Museum, das zum Teil sehr gut erhaltene Versteinerungen, Mineralien und Fossilien enthält. Sie zeigen eindrücklich die wechselvolle geologische Vergangenheit des Monte Baldo, da alle Exponate im Monte Baldo-Bereich gesammelt wurden.

Der Restauranttip

An der Straße von Brentonico nach San Giacomo liegt das kleine ***„Maso Palù“***. Eingerichtet im Stil eines Trentiner Bauernhauses oder eines großen Almgehöftes, bietet es exzellente bodenständige Küche. Geöffnet im Sommer täglich, sonst freitags bis sonntags, Telefon: 395 014.

Ausflugsziele

Bocca di Navene, 13 Kilometer westlich von Brentonico. Schon die Fahrt zu diesem Berggasthaus ist ein Erlebnis. Die Straße führt durch ein Almengelände, das für sich schon ein Blumenparadies ist, in dem die verschiedensten Lilien-und Nelkenarten, wilde Pfingstrosen, Orchideen, Enziane und viele andere Alpenblumen blühen. Außerdem verläuft die Straße streckenweise über eine alte, österreichische Militärstraße. Am Rande sind daher mitunter in den Felsen noch Geschützstellungen zu sehen, von denen aus man atemberaubende Ausblicke erleben kann. Doch Vorsicht, die Aussichtspunkte sind nicht gesichert! Auf der Höhe, unmittelbar an der Provinzgrenze liegt das Berggasthaus Bocca di Navene. Wenige Schritte hinter dem Haus befindet sich ein Aussichtspunkt mit einer einzigartigen Aussicht auf den Gardasee in der Tiefe mit Malcesine, Torbole und Riva del Garda.

Die Höhe des nördlichen ***Monte Baldo*** ist ein Paradies für jeden Blumenfreund. Hierher zu kommen lohnt sich von der Schneeschmelze im Frühjahr bis zum Schneefall im Herbst. Türkenbundlilien, Feuerlilien und weiße Lilien bilden hier oben im Juli ganze Felder. Im Frühjahr ist der Boden in lichten Buchenwäldern bedeckt mit Teppichen von Schneeglöckchen, Märzbechern und Goldsternen. Aurikeln, Primeln und Alpenglöckchen läuten den Wiesenfrühling ein. An den Hängen blühen verschiedene Arten von Alpenrosen, und an den Felsen sind die unterschiedlichsten Arten von Steinbrechgewächsen, Glockenblumen, Teufelskrallen und vielen anderen Arten zu finden. Nur - der „normale“ Blumenfreund findet sich kaum noch zurecht. Treffen doch hier die mitteleuropäisch-alpinen Blumenarten mit solchen des Mittelmeerraumes zusammen. Da hilft nur ein spezielles Pflanzenbestimmungsbuch, das auch diese Arten umfaßt. Ein Tip: Der Verkehrsamtsleiter des Fremdenverkehrsamtes (APT) in Brentonico ist ein vorzüglicher Kenner der Flora des Monte Baldo-Gebietes. In Zweifelsfällen wird er gerne behilflich sein.

Val dei Berti. Von Sacona aus, neun Kilometer südöstlich von Brentonico, kann man in das Val dei Berti wandern und dort die „Karrenspuren“ bewundern. Dabei handelt es sich um tiefe, gleichmäßig nebeneinander in das weiche Kalkgestein eingezogene Furchen, die jedoch nicht von prähistorischen Karrenrädern rühren, wie man früher annahm, sondern allein der erodierenden Kraft des fließenden Wassers zu verdanken sind. Geht man noch ein Stückchen weiter, kommt man nach Pozza. Der kleine Flecken einfacher Berghäuser ist nur noch im Sommer bewohnt. In einigen der Häuser kann man heute noch an den Wänden im Innern die Zeichnungen und Malereien sehen, die während des Ersten Weltkrieges hier lagernde italienische Soldaten angebracht haben.

Corno della Paura. Zehn Kilometer südlich von Brentonico kann man zwischen Polsa und Corno della Paura ein Stück weit die alte, österreichische Militärstraße begehen (oder mit dem Mountainbike befahren). Sie ist eine der technisch großartigsten und kühnsten Straßenanlagen, die die Österreicher hier an der einstigen Grenze Welsch-Tirols geschaffen haben. Sie ist heute Teilstück des weiter vorher erwähnten Friedenspfades.

Sport

Wandern, Mountainbikefahren, Wintersport. Dafür stehen im Skigebiet von Polsa und San Valentino drei Sessel- und vierzehn Schlepplifte zur Verfügung. Außerdem gibt es eine Eisbahn.

Camping: Einen Campingplatz „Ciclamino“ gibt es in San Valentino, Telefon: 86150 und einen S.I.D. in Polsa, Telefon: 87042.

Informationen: APT di Brentonico, Ufficio Informazione via Roma, 54, 38060, Brentonico, Telefon und FAX: 395 149.

Cembra – Müller-Thurgau auf Porphyrgestein

Postleitzahl 38 034, Vorwahl 0461

Der Hauptort des Cembratales liegt auf einer weiten Terrasse hoch über dem Tal des Avisio. Das Tal bildet den dritten, den untersten Abschnitt des Avisiotales nach Fleimstal und Fassatal. Typisch für das Cembratal sind die zahlreichen Terrassen, die kunstvoll mit Trockenmauern gestützt, vor allem bei Cembra selbst, aber auch bei anderen Orten des unteren Cembratales jene Weinstöcke tragen, die das Cembratal zu einem der wichtigsten Weinbaugebiete des Trentino machen. Das zweite Charakteristikum dieses Tales sind die Porphyrbrüche. Rund 100 Steinbrüche, in denen der begehrte rote Stein gewonnen wird, sind heute im Tal noch in Betrieb. Der Porphyrabbau und die Verarbeitung des Steines schaffen derzeit rund 3000 Arbeitsplätze. Etwa 880.000 Tonnen Porphyr werden jährlich gewonnen, davon werden rund 50 Prozent nach Deutschland, Österreich, in die Schweiz, in die USA und nach Japan exportiert.

Diese Vielzahl der Steinbrüche und die zum Teil riesigen Schutthalden, die sich im Laufe der Zeit aufgetürmt haben, beeinträchtigen nicht nur das Landschaftsbild und die Umwelt, sondern bedeuten auch eine akute, immer größer werdende Gefahr für Mensch und Umwelt, wie sich im Januar 1986 zeigte. Damals rutschte eine Schutthalde von 300.000 Kubikmetern Porphyrschutt ins Tal ab und kam nur kurz vor dem Fluß zum Halten. Bei aller Wichtigkeit für die Wirtschaft des Tales bereiten die Porphyrbrüche daher zunehmend Probleme.

Der Weinbau hier im Tal ist uralt. Im vorigen Jahrhundert fand man die sogenannte Sítula, einen Eimer aus der Bronzezeit, der nach den darauf befindlichen räto- etruskischen Inschriften als Weingefäß gedient hat. Dieser Fund bedeutet natürlich auch, daß das Cembratal schon in der Bronzezeit besiedelt war.

Sehenswürdigkeiten

Das Ortsbild von Cembra mit seinen alten, herrschaftlichen Gebäuden lohnt einen Rundgang.

San Pietro. Die Kirche ist vielleicht die älteste des Tales. Erstmals 1224 erwähnt, ist sie allerdings möglicherweise noch älter. Im Inneren gibt es sehenswerte Freskenausmalungen von [illegible]. Valentino Rovisi schuf im 18. Jahrhundert das große ***Fresko vom Jüngsten Gericht***.
San Rocco. Vermutlich aus dem 12. Jahrhundert stammt die etwas außerhalb von Cembra liegende Kirche, die immer wieder umgebaut und vergrößert wurde. Sie birgt heute den einzigen ***Barockaltar***, den es noch in Cembra gibt.

Spezialitäten

Das Cembratal gehört zu den wichtigsten Weinbaugebieten des Trentino. Es ist vor allem bekannt durch den hervorragenden ***Müller-Thurgau-Wein***, der hier in Höhenlagen von mehr als 700 Metern zu absoluten Spitzenqualitäten gedeiht. Eine Einkaufsmöglichkeit für diese (und andere Weinspezialitäten) des Tales ist die Cantina Valle di Cembra, Viale 4 Novembre 1934, 38034, Cembra, Telefon: 683 037, FAX: 682 177.

Veranstaltungen und Feste

Alljährlich Anfang Juni findet in Cembra die große ***Müller-Thurgau-Verkostung*** statt. Es werden Müller-Thurgau-Weine aus allen Anbaugebieten der Welt präsentiert.

Sport und Aktivitäten

Ein dichtes Netz von vorzüglich markierten Wanderwegen durchzieht das ganze Tal. Es gibt einen sehr guten deutschsprachigen Wanderführer „Parke und Wandere“.

Ausflüge

Lisignago. Das kleine Dorf unterhalb von Cembra hat auf dem Hügel, auf dem das bereits 1262 während der Bauernaufstände zerstörte Schloß von Lisignago stand, die ***San Leonardokapelle*** als eines der schönsten und kunsthistorisch wertvollsten sakralen Gebäude des Tales.

Im übrigen sollte man die Gelegenheit nutzen, das Cembratal auf einer ***Rundfahrt*** kennenzulernen, die dadurch ermöglicht wird, daß auf beiden Seiten des Flusses eine Straße entlang führt, und bei Cembra eine Brücke die beiden Straßen miteinander verbindet. Von Grauno oberhalb von Cembra aus erschließt der ***„Weg des alten Handwerks“*** ein Stück Kulturgeschichte des Cembratales.

Der Weg führt vorbei an zahlreichen alten Handwerksbetrieben und Produktionsstätten, die zwar noch vorhanden, aber nicht mehr in Betrieb sind. Mahlmühlen, Sägemühlen, Schmieden und andere Betriebe kann man dabei sehen. Beim Stausee von Stramentizzo am Eingang zum Fleimstal kann man auf die andere Talseite wechseln und kommt nun auf dem linken Ufer des Avisio nach Segonzano. Der Name steht für die größte Sehenswürdigkeit des Cembratales, die berühmten Erdpyramiden. Bei einer rund einstündigen Wanderung vom Parkplatz aus kann man die bizzarsten Gestalten sehen, die die Kraft des Wassers hier im Moränenschutt gebildet hat. Kegel, Zähne und Orgelpfeifen in den unterschiedlichsten Größen stehen hier im Wald beieinander bis zu 50 Meter hoch und sämtlich durch einen auf ihren Spitzen liegenden Stein davor geschützt, vom Regenwasser von oben her allmählich zerstört zu werden. Nahe beim alten Ort ***Segonzano*** liegen die Ruinen der gleichnamigen Burg. 1494 - 95 war Albrecht Dürer hier zu Gast. Die damals natürlich noch voll erhaltene Burg diente ihm als Vorbild für sein berühmtes Aquarell „Das Wasserschloß“. In der Nähe entstand ein anderes bekanntes Dürergemälde, „Verfallene Almhütten". Auch am Ortsrand von Cembra, wo die Rundfahrt wieder endet, stößt man auf Erinnerungen an Albrecht Dürer. Nahe der Kirche San Rocco steht am Straßenrand ein Grenzstein mit dem Monogramm A.D. und der Jahreszahl 1494. Der Stein steht an der Stelle, von der aus der damals 23jährige Dürer sein berühmtes Aquarell „Italienische Berge" malte, die Gegend von Segonzano und Sevignano im Cembratal.

Informationen: APT Valle di Cembra, 380 34 Cembra, Viale 4 Novembre, 3, Telefon und FAX: 683 110.

Das Fassatal – im Herzen der Dolomiten

Unter den ladinischen Dolomitentälern, ja überhaupt unter den Tälern der Alpen, nimmt das Fassatal eine Sonderstellung ein. Man mag es als lokalpatriotische Übertreibung belächeln, wenn Fassataler oder gar Trentiner immer wieder sagen, die Dolomiten über dem Fassatal seien die schönsten Berge der Welt. Tatsächlich tut man sich schwer, etwas vergleichbar Wunderbares zu finden. Und wer einmal gesehen hat, wie die bleichen Felswände vom Rosengarten oder Langkofel oder dem Sellastock rot aufglühen, mag an die berühmte Sage von König Laurin und seinem Rosengarten erinnert werden. Im Fassatal werden Sagen bei jedem Sonnenuntergang aufs Neue lebendig.

Angesichts der landschaftlichen Schönheit diese Tales ist es nicht verwunderlich, daß die Entwicklung des Fremdenverkehrs im Fassatal in den letzten Jahrzehnten einen gewaltigen Aufschwung genommen hat, und zwar sowohl im Sommer wie im Winter.

Geographisch gesehen ist das Fassatal der oberste Talabschnitt des Avisiotales, von dessen Quellen angefangen bis zur Mündung des San Pellegrinobaches bei Moèna. Die Dolomitenberge, die diesen Talabschnitt säumen, gehören zum Großartigsten, was es in den Alpen zu sehen gibt: Latemar, Rosengarten, Langkofel und Plattkofel, der Sellastock, der Sass-Pordoi und schließlich die Marmolada. Durch das Tal führt die bereits um die Jahrhundertwende gebaute große Dolomitenstraße vom Etschtal nach Cortina d' Ampezzo. Zwischen 1901 und 1904 wurde die Straße über das Pordoijoch gebaut. Sie war damals nach dem Stilfserjoch die zweithöchste Paßstraße des habsburgischen Reiches. Über den Pordoipaß ist das Fassatal mit den anderen großartigen ladinischen Dolomitentälern in Südtirol und Belluno, dem Grödental, Gadertal und Buchenstein verbunden. Für die Geologen war schon im vorigen Jahrhundert das Fassatal ein wichtiges Pilgerziel. Hatte man doch hier Aufschlüsse entdeckt, aus denen hervorging, daß in den Dolomiten Eruptivgestein über dem Kalkgestein lagerte.

Im Rosengarten

Das war damals eine Sensation für die Geologen, da man bis dahin Kalkgestein für wesentlich jünger gehalten hatte.

Siedlungsspuren, die man 1968 auf dem Doss del Piguì bei Mazzin und 1970 bei Campitello gefunden hat, deuten darauf hin, daß das Fassatal schon sehr früh besiedelt war. Durch einen Vertrag von 1050 kam das Fassatal unter die Herrschaft des Fürstbischofs von Brixen. Die Bewohner des Tales waren in einer Talgemeinschaft zusammengefaßt, die eine für spätere Jahrhunderte unvorstellbare demokratische Verfassung hatte. Die Bauern waren vor allem weitgehend gemeinsame Besitzer von Grund und Boden, Weiden und Wäldern. Doch nachdem im 15. Jahrhundert ein fürstbischöflicher Hauptmann und ein Richter in Vigo di Fassa ihren Aufenthalt nahmen, gingen die Rechte der Fassaner mehr und mehr zurück. Im Gegensatz zum benachbarten Fleimstal, wo sie in Ansätzen immer noch erhalten sind, sind die Rechte der Talgemeinschaft des Fassatales heute verschwunden. Nach der Säkularisation und der Aufhebung des Fürstbistums kam das Fassatal an das Trentino, während das nördlichere Grödental bei Südtirol blieb.

Zwischen Penia und Moena sprechen die Menschen im Fassatal als Muttersprache heute noch ladinisch. Unschwer ist der Unterschied zwischen dieser Sprache und dem Italienischen zu erkennen, wenn man die zweisprachig beschrifteten Ortstafeln im Fassatal oder die verschiedenartigen Inschriften sieht, dies gilt besonders für Canazei. Vielfach heute noch im Ladinischen gebräuchliche Worte aus dem Rätischen, also aus einer Sprache, die vor der Römerzeit in den Alpen gesprochen wurde, lassen die Vermutung zu, daß Räter die ersten Bewohner des Fassatales waren und ihre Sprache dann zur Römerzeit mehr und mehr vom Vulgärlatein durchsetzt wurde. Reich ist das Volksleben der ladinischen Fassataler immer noch an vielerlei alten Bräuchen. Am schönsten und farbenprächtigsten präsentieren sich heute noch die alten Überlieferungen in den Maskenzügen des ladinischen Karnevals in Campitello.

Das Fassatal ist heute wohl das für den Fremdenverkehr am besten erschlossene und meistbesuchte Tal des Trentino. Im Sommer steht ein geradezu unübersehbares Netz von Spazier-, Wander- und Hochgebirgswegen zur Verfügung. Eine Vielzahl von Schutzhütten bietet die Möglichkeit zur Einkehr. Sie dienen aber auch als Stützpunkte für mehrtägige Hochgebirgswanderungen in der Wunderwelt der Dolomiten. Im Winter gehört das Fassatal zu den bekanntesten Skigebieten der Alpen. Eine Vielzahl hochmoderner Aufstiegshilfen erschließt die geradezu unerschöpfliche Welt der Pisten beiderseits des Tales. Es würde den Rahmen dieses Reisebuches bei weitem sprengen, wollte man detailliert auf die Wandermöglichkeiten im Sommer mit Streckenbeschreibungen oder auf die Vielzahl der Skimöglichkeiten des Winters im einzelnen eingehen. Es muß daher bei der nachfolgenden Vorstellung der wichtigsten Talorte des Fassatales dabei bleiben, daß sowohl die sommerlichen Wandermöglichkeiten als auch die winterlichen Skimöglichkeiten nur angedeutet werden.

Canazei – mitten in der Welt der Ladiner

Postleitzahl 38032, Vorwahl 0462

Noch zu Beginn unseres Jahrhunderts war Canazei, die letzte Gemeinde im hintersten Fassatal, vor dem Paßaufstieg zu Pordoipaß und Sellapaß gelegen und mit ihrem Gemeindegebiet bis zur Marmolada reichend, eines der ärmsten Dörfer des Fassatales. Heute ist es ein weltberühmter Luftkurort und Wintersportplatz. An der Einmündung des Antermonttales gelegen und umgeben von den schönsten und großartigsten Dolomitenbergen ist Canazei ein Fremdenverkehrsort wie aus dem Bilderbuch. Die Hotel- und Gastronomieinfrastruktur ist so, wie es bei einem so bekannten und bedeutenden Fremdenverkehrsplatz erwartet werden muß. Zwei verheerende Brände, 1854 und 1912, sind die Ursache dafür, daß Canazei verhältnismäßig wenig alte Bausubstanz hat, sondern weitgehend aus neueren, modernen Bauten besteht. Dies mag ebenso eine Folge der rasanten Entwicklung als Fremdenverkehrsort sein.

Sehenswürdigkeiten

Magóa. Nahe der Kirche hat sich die alte Häusergruppe Magòa aus dem Anfang des 17. Jahrhunderts erhalten. Die Häuser sind heute noch bewohnt und stellen ein wertvolles Beispiel für die alte bäuerliche Bauweise des Fassatales dar. Bemerkenswert sind die im ganzen Ort anzutreffenden verzierten Hausgiebel, zum Teil mit Inschriften, bei denen man sich einen Eindruck von der ladinischen Sprache machen kann.

Museum

In Penia, einem Ortsteil von Canaze, gibt es als Außenstelle des Majon Fashegn, des ladinischen Volkskundemuseums, eine alte ***Sägemühle***, die das Thema Forstschutz und Holzbearbeitung darstellt. Die alte Säge La Sia stellt das letzte wassergetriebene Sägewerk (venezianischen Typs) im Fassatal dar. Beurkundet seit dem 16. Jahrhundert, zeigt sich das Sägewerk heute in der 1929 überarbeiteten Gestalt. Die Sägemühle ist noch voll funktionsfähig und wird gelegentlich auch noch benutzt. Man findet sie in Penia, via Pian Trevisan, Telefon: 0462/622 86.

Öffnungszeiten: 15. Juni bis 15. September 10.00 Uhr bis 12.00 Uhr und 15.00 Uhr bis 19.00 Uhr, täglich außer sonntags. Zu anderen Zeiten Besichtigung auf Anfrage.

Camping: „Marmolada“ Telefon 62002

Veranstaltungen

Nationales ***Schlittenhunderennen*** im Ortsteil Mazzin im Januar; ***ladinischer Karneval*** im Ortsteil Campitello am Donnerstag vor Fastnacht.

Monatsbilder, ladinisches Gemälde in Canazei

Urlaubsaktivitäten

Wandern und Klettern. Erfahrene Bergführer stehen als Begleiter und Lehrer bereit. Es werden auch Kletterkurse in Fels und Eis angeboten. Auskunft gibt die APT. Weitere Sportarten sind Paragleiten, Mountainbikefahren sowie geführte Bergwanderungen zu den Frontgebieten des Ersten Weltkrieges. Im Winter erschließen zahlreiche Seilbahnen, Sessel- und Schlepplifte die Pistenreviere an Col Rodella, Sellajoch, Belvedere, Ciampac und Pordoipaß. Berühmt ist die „Sella Ronda", eine rund vierzig Kilometer lange Skitour rund um die Sella, der größte Skizirkus der Alpen. Dabei geht es pausenlos Lift oder Seilbahn rauf, Piste runter, Lift oder Seilbahn rauf, Piste runter durch zwölf Täler, von einem Paß zum nächsten. Es ist ein einzigartiges Vergnügen. Für alle Liftanlagen im gesamten Dolomitenbereich gilt der einheitliche Skipaß Dolomiti Superski. Für Langläufer werden 78 Kilometer Loipe präpariert. Wer gerne auf schmalen Kufen übers Eis flitzt, hat dazu im großen Eisstadion die Möglichkeit.

Ausflugsmöglichkeiten

Pecol. Der 1926 Meter hohe Pecol ist von Canazei aus mit der Seilbahn erreichbar. Von hier aus sind schöne Bergwanderungen unter anderem zum Pordoipaß möglich.

Fedaia-See. Der 2053 Meter hoch gelegene Stausee zieht sich entlang der Straße über den Fedaiapaß. In seinem Wasser spiegeln sich die gewaltigen Felsen und Gletscher der Marmolada.

Marmolada. Mit 3.343 Metern ist die Marmolada der höchste Gipfel der Dolomiten. Die Ladiner schreiben den Namen übrigens Marmolèda. Für einen geübten Bergsteiger ist der Gipfel der Dolomitenkönigin, die Punta di Penia, verhältnismäßig leicht zu erreichen, und zwar von Norden her, wobei immer wieder betont werden muß, daß Begriffe wie „leicht" im Hochgebirge sehr relativ sind. Es versteht sich, daß auch ein erfahrener Bergsteiger eine solche Tour, für die er den Aufstieg mit der Seilbahn vom Fedaiapaß bis Pan dei Fiaconi (2.635 Meter hoch) verkürzen kann, nur in einer Gruppe oder mit einem Bergführer machen wird. Auf dem Gipfel steht die kleine, unbewirtschaftete Punta-di-Penia-Hütte, in der man übernachten und den Sonnenaufgang erleben kann. Dieses Erlebnis ist unvergeßlich!

Contrintal. Ein sehr schönes Wandertal, das vom Canazeier Ortsteil Penia von Westen her an die Marmolada heranführt.

Col Rodella. Mit der Seilbahn von Canazei aus mühelos erreichbarer Berg am Rande der Langkofelgruppe. Ausgangspunkt für zahlreiche Wanderungen, auch mehrtägige, im Bereich von Langkofel und Plattkofel und zur Seiser Alm.

Sass Pordoi. Vom Pordoi-Paß führt die längste freitragende Seilbahn des Trentino direkt zum 2.952 Meter hohen Gipfel. Von hier aus großartige, aussichtsreiche Wanderung zur Boehütte mit der Möglichkeit, den 3.152 Meter hohen Piz Boe, den höchsten Gipfel des Sellastocks zu besteigen.

Durontal. Ein langgezogenes Tal, das von Campitello bis zum Tierser Alpl-Paß führt und dank zahlreicher Schutzhütten und Jausenstationen eine Vielzahl von Wandermöglichkeiten bietet. Die schönste Wanderung ist wohl die zum Antermojasee, einem sagenumwobenen Karsee am Rande des Rosengartens.

Udaital. Das zum Teil sehr steil von Mazzin ansteigende Udaital ist der kürzeste Zugang zur Antermojahütte und damit aus dem Gemeindegebiet von Canazei zum Rosengarten.

Pässefahrt rund um die Sella. Mit Superlativen soll man vorsichtig umgehen, und doch muß gesagt werden, daß die Vierpässefahrt von Canazei rund um die Sella zurück nach Canazei etwas in den Alpen Einzigartiges ist. Von Canazei folgt man der großen Dolomitenstraße hinauf zum Pordoi-Paß und jenseits hinab ins Buchenstein nach Arabba, das bereits zur Provinz Belluno gehört. Von hier aus geht es über den Campolongosattel ins Südtiroler Hochabteital nach Corvara. Über das ungemein malerisch vor der Sella gelegene Kolfuschg fährt man hinauf zum Grödner Joch und auf der anderen Seite hinab nach Wolkenstein im ebenfalls zu Südtirol gehörenden Grödental. Hier beginnt der letzte Paßaufstieg, es geht über die Sellastraße hinauf zum Sellajoch, das wundervoll zwischen der Sella auf der einen und der Langkofelgruppe auf der anderen Seite eingebettet ist. Zum Schluß wieder hinab nach Canazei. Die Pässefahrt rund um die Sella macht nicht einmal einhundert Kilometer aus. Dennoch sollte man sich einen ganzen Tag Zeit lassen, um die einmalige Landschaft, die dabei durchfahren wird, wirklich genießen zu können.

Informationen: APT della Valle di Fassa, 38 030 Canazei, via Costa. Telefon: 624 66 - 625 94, FAX: 622 78.

Moèna – das Malerdorf

Postleitzahl 38 035, Vorwahl 0462

Als „Fee der Dolomiten“ ist Moèna oft bezeichnet worden. Der Ort dehnt sich in einer weiten grünen Mulde am Zusammenfluß von Rio San Pellegrino und Avisio aus, dort, wo das Fassatal alsbald ins Fleimstal übergeht. Weite grüne Almen, umrahmt von dichten Nadelwäldern, umstehen den Ort, der überragt wird von den eindrucksvollen Berggestalten des Latemar und Rosengarten auf der einen und den Monzonibergen auf der anderen Seite. Moèna ist die einzige der sieben ladinischen Gemeinden des Fassatales, die seit altersher, seit 1318, der „Erhabenen Gemeinschaft“ des Fleimstales angehört hat (siehe Kapitel - Fleimstal). Der einwohnerreichste Ort des Fassatales ist Geburtsort von Valentino Rovisi, der im 17. Jahrhundert als Schüler des venezianischen Malers Tiepolo von sich reden machte. Moèna ist eine Hochburg des Wintertourismus, und als solche ist es bekannt als Ausgangsort der 70 Kilometer langen Marcialonga, eines volkstümlichen Skilanglaufes, der sich durch Fassatal und Fleimstal hinzieht.

Sehenswürdigkeiten

Zunächst lohnt sich ein Rundgang durch das Dorf von der ***Piazza Cesare Battisti*** aus.

Pfarrkirche San Vigilio. Aussichtsreich auf der Höhe über dem Dorf liegt die Pfarrkirche zum heiligen Vigil. 1034 wurde hier die erste Kirche gebaut, 1533 bekam sie ihr gotisches Aussehen, 1927 baute man sie abermals um. Im Inneren sind zahlreiche Gemälde des Malers Valentino Ruffini zu sehen, darunter das schöne Altarbild.

San Wolfgango. Gleich neben der Kirche San Vigilio steht die San Wolfgango-Kapelle. Sie gilt als älteste Kirche Moènas und soll ursprünglich an der Stelle eines heidnischen Heiligtums gebaut worden sein. Im Inneren sind schöne Fresken, wahrscheinlich aus einer italienischen Schule, zu sehen. Sie stammen aus dem 15. Jahrhundert. Sehenswert ist auch die hölzerne Kassettendecke aus dem späten 17. Jahrhundert.

Museum

Botega da Pinter. Die Faßbinderwerkstatt ist eine Außenstelle des ladinischen Museums. In der alten Ciasa de la Premessaria wurde eine komplette Faßbinderwerkstatt des 19. Jahrhunderts wieder eingerichtet. Das gesamte Handwerkszeug ist ausgestellt, gegliedert nach den einzelnen Arbeitsabläufen, ebenso die typischen Erzeugnisse der Fassataler Faßbinder (Pinter): Kufen, Bottiche, Getreidebehälter, Eimer und andere Haushaltgeräte. Botega da Pinter, via Dolomiti, 3, Telefon: 53 574, Öffnungszeiten: 15. Juni bis 15. September täglich außer sonntags von 10.00 Uhr bis 12.00 Uhr und von 15.00 Uhr bis 19.00 Uhr, in der übrigen Zeit auf Anfrage.

Der Restauranttip

Feinschmecker kommen in Moèna in der *„**Malga Panna**"* besonders auf ihre Kosten. Zum einen liegt das Berggasthaus in einer ungemein aussichtsreichen Lage mit Blick über Moèna auf die Monzoniberge, zum anderen bietet es eine exzellente Küche. Seine besondere Spezialität ist ***lauwarmer Rehsalat***. Via Costalunga, 29, Telefon: 573 489.

Sportliche Möglichkeiten

Wandern, Mountainbikefahren, Bergsteigen, Klettern (berühmt ist die Alpinschule Fiamme Oro in Moèna), im Winter Skilaufen am Passo San Pellegrino und auf der Alpe di Lusia. Auch hier gilt der Skipaß Dolomiti Superski. Golfplatz am Karerpaß, Golfclub Carezza, eine Neun-Loch-Anlage, Telefon 0471/612 200. Weitere Sportarten: Tennis, Mini-Golf, Boccia.

Einkaufstips

In Moèna arbeiten besonders viele ***Holzschnitzer***, die Heiligenfiguren, Krippen, Spielzeug aber auch Masken des Fassaner Karnevals schnitzen. Mehrere Werkstätten, die gleichzeitig Verkaufsgeschäfte sind, findet man in der Via Löwy.

Ausflugsmöglichkeiten

San-Pellegrino Tal. Zwischen den Bergen der Monzoni und denen der Lusiagruppe zieht sich das Tal zum San Pellegrinopaß hinauf. In früherer Zeit führte hier ein von Wallfahrern ins Agordinotal viel begangener Weg hindurch, daher der Name des Tales und des Passes. Das 1358 auf der Paßhöhe gegründete Hospiz stammt noch aus dieser Zeit der Pilger. Sehr schön ist hier oben auch der San Pellegrino See.
Soraga. Ein kleines ladinisches Dorf taleinwärts nach Fassa hin. Im Gegensatz zu Moèna hat es früher zur Fassaner Talschaft gehört.
Fuchiade. Vom Passo San Pellegrino kommt man am schönen Lago di Pozze vorbei in den prachtvollen, Fuchiade genannten Talschluß des Gigolè. Von hier aus ergeben sich großartige Wandermöglichkeiten, vor allem in Richtung Contrintal und Marmolada.
Monzonigruppe. Vor allem für geologisch Interessierte ist das Gebiet der Monzoniberge östlich des San Pellegrinotales eine reiche Fundgrube. Mit ihren Lavamassen inmitten des Dolomitgesteins gibt diese bei Bergsteigern und Wanderern wenig bekannte Bergwelt den Geologen heute noch Rätsel auf. Es sind hier recht seltene Gesteine wie Monzonit und Syenit zu finden.
Karerpaß. Die Paßhöhe an der Grenze zwischen den autonomen Provinzen Trient und Bozen ist Ausgangspunkt für schöne Wanderungen, zum Teil auch über Klettersteige (Vie ferrate) zur Roda del Vael und zum Rosengarten. Nähere Informationen

APT, Uficio Touristico di Moèna, 38035 Moéna, Piazza Cesare Battisti, 33, Telefon: 573 122, FAX: 574 342.

Vigo di Fassa – Tor zum Rosengarten

Postleitzahl 38 039, Vorwahl 0462

Vigo di Fassa, ladinisch Vich genannt, war jahrhundertelang als Sitz eines Hauptmannes und eines Richters, die als Statthalter des Fürstbischofes von Brixen als zuständigem Landesherren fungierten, der Hauptort des Fassatales. Heute ist Vigo ein malerisch auf dem rechten Ufer des Avisio unter dem eindrucksvollen Bergmassiv des Rosengartens gelegener, namhafter Sommer- wie Winterurlaubsort, der dank einer ausgezeichneten Hotelinfrastruktur keinen Wunsch offen läßt.

Sehenswürdigkeiten

Torre de Vigo. Der Turm von Vigo war der Amtssitz des Richters und des Hauptmannes in früheren Jahrhunderten. Im Keller befand sich der Kerker, in dem nicht zuletzt zur Zeit der üblen Hexenprozesse arme Fassaner eingekerkert und gefoltert wurden, ehe man sie nach Brixen zur Hinrichtung brachte. 1935 stürzte der Turm, baufällig geworden, ein. Seine Ruinen sind immer noch von zahlreichen Sagen und Geschichten umwoben.

Santa Giuliana, ladinisch Sant' Ujana. Seit dem Mittelalter ist die auf einem Hügel über Vigo errichtete, 1237 erstmals erwähnte Kirche Santa Giuliana ein vielbesuchter Ort des Fassatales. Sehenswert: Das große ***Christopherusfresko*** auf der äußeren Südwand der Kirche sowie im Inneren zwei große Gemälde, die den Leidensweg der heiligen Giuliana darstellen. Romanische Absiden und der romanische Glockenturm sind wichtige architektonische Details. Neben der Kirche steht die ***Mauritiuskapelle***, die möglicherweise das älteste Kultgebäude im Fassatal sein könnte. Im Inneren der Kirche ist besonders sehenswert der monumentale, bemalte Holzschnitzaltar, den 1517 der Bozener Schnitzer Georg Artzt geschaffen hat.

San Giovanni. Im Ortsteil San Giovanni von Vigo erhebt sich die mächtige Kirche San Giovanni, die alte Pfarrkirche, die Mutterkirche des Fassatales. Von der einstigen romanischen Kirche, die hier gestanden hat, sind nur noch Reste der Apsis, die Krypta und ein wichtiger Teil der Freskenbemalung erhalten. Auf den Resten dieser alten Kirche entstand die heutige Kirche 1489 im typisch alpenländisch-gotischen Stil. Fresken in der Apsis von 1489 zeigen Szenen aus dem Leben des heiligen Johannes.

Erwähnenswert ist ferner die malerische ***Casa Solda*** in der Nähe der Kirche, in der ein Raum mit zahlreichen Fresken aus dem 16. Jahrhundert zu sehen ist. Diese Fresken zeigen Motive aus den Türkenkriegen, an denen der Fasaner Silvestro Solda als Truppenführer teilgenommen hat.

Ladinisches Museum. Im Ortsteil San Giovanni von Vigo sollte der Besuch des Majon Fashegn, des ladinischen Museums, für jeden ein Muß sein. Nirgends sonst im Fassatal wird die alte bäuerliche Lebensweise der Fassataler, aber auch ihre eigenständige Kultur, die in vielem so anders ist als die deutsche oder italienische, vor Augen geführt. Kernstück des Museums in einem alten Fassataler Bauernhaus ist die rekonstruierte „Gute Stube". Im Museum, das vom Ladinischen Kulturinstitut betreut wird, ist auch eine umfangreiche Bibliothek eingerichtet, in der man sich über alles informieren kann, was mit den Ladinern zu tun hat.

Ladinisches Museum, Telefon: 642 67. Geöffnet im Sommer: montags bis freitags 10.00 Uhr bis 12.00 Uhr und von 15.00 Uhr bis 19.00 Uhr. Samstags von 15.00 Uhr bis 19.00 Uhr. Im Winter montags bis freitags 10.00 Uhr bis 12.00 Uhr und 15.00 Uhr bis 18.00 Uhr.

Molin de Pèzol. Im Ortsteil Pera di Fassa gehört die alte Getreidemühle als Außenstelle zum ladinischen Museum. Die Mühlenanlage Molin de Pèzol umfaßt zwei Getreidemühlen und eine Gerstenstampfe (Pestin), die von drei großen Wasserrädern betrieben werden. Außerdem befinden sich dort die „Pile", ein primitives, vertikal bewegtes System zum Rollen von Gerste, das Getreideschwinggebläse und die übrigen Geräte eines Müllers.

Öffnungszeiten:15. Juni bis 15. September 10.00 Uhr bis 12.00 Uhr und 15.00 Uhr bis 19.00 Uhr, täglich außer sonntags. In der übrigen Zeit auf Anfrage. Pera di Fassa, via Giumela 6, Telefon: 64089.

Sportliche Möglichkeiten

Wandern, Mountainbikefahren, Bergsteigen und Klettern (auch Kurse). Wintersport wird vor allem auf der Höhe von Ciampediè und am Karerpaß betrieben. Nähere Informationen gibt die APT.

Ausflugsmöglichkeiten

Tamiòn. Der höchstgelegene Weiler von Vigo di Fassa liegt vier Kilometer oberhalb des Dorfes an der Straße zum Karerpaß. Er hat eine sehenswerte Dreifaltigkeitskirche aus dem 17. Jahrhundert.

Ciampediè. Mit der Seilbahn von Vigo aus leicht erreichbar ist die weite, waldumsäumte Almenlandschaft im äußersten östlichen Ausläufer des Rosengartens ein idealer Ausgangspunkt für viele schöne Wanderungen: den Talkessel von Gardeccia, die Rotwandhütte im südlichen Teil des Rosengartens, Vajolet- und Preusshütte unter den berühmten Vajolettürmen.

Karerpaß. Über die Karerpaßstraße, die von Vigo nach Welschnofen in Südtirol führt, erreicht man rasch und bequem den Karerpaß, ebenfalls Ausgangspunkt schöner Wanderungen unter anderem zu den Latemarwiesen, zur Rotwandhütte, durch das Tal des Karerbaches nach Moèna.

San Nicoló-Tal. Dieses schönste Seitental des Fassatales mündet in Pozza di Fassa. Es erschließt zunächst durch Wald, dann an zahlreichen Wasserfällen vorbei einen weiten, ungemein lieblichen Talkessel, der im Sommer wegen seines Blumenreichtums bekannt und viel besucht ist. Der Talgrund steigt in mehreren Stufen an und ist durch zahlreiche Heustadel, Jausenstationen und inzwischen auch einige moderne Hotels belebt. Ein idealer Standort für jeden Natur- und Wanderfreund, der dem lauten Betrieb eines großen Urlaubsortes entfliehen und mitten in der Natur sein will. Bis Ciampie führt die sieben Kilometer lange Fahrstraße von Pozza aus. Dann gibt es nur noch großartige Wandermöglichkeiten. Die vielleicht schönste ist die ins Contrintal und damit an die Marmolada heran.

Informationen: APT della Valle di Fassa, 38 089 Vigo di Fassa, Telefon: 64093, FAX: 64877.

Fersental – Valle dei Mòcheni, die deutsche Sprachinsel

Nur zwanzig Kilometer von Trient entfernt beginnt als Seitental des Valsugana das vom Fersenbach durchflossene Fersental. Es ist ein besonderes Tal, ist es doch bis heute eine deutsche Sprachinsel inmitten des Italienischen geblieben. Valle dei Mòcheni nennen die ringsum und auch im Tal wohnenden Italiener das Fersental. Die Mòcheni sind die deutschsprachigen Bewohner, wobei das Wort wahrscheinlich von „machen" abzuleiten ist. Mit ihrer Sprache und Kultur, ihren alten Bräuchen und Festen, mit der ganz anderen Architektur ihrer Häuser und der Anlage ihrer Höfe leben die Fersentaler hier im italienischen Trentino wie in einer anderen Welt. Wer allerdings glaubt, das Deutsch, das die Fersentaler sprechen, verstehen zu können, wird bitter enttäuscht werden. Das Idiom der Fersentaler ist ein mittelhochdeutscher Dialekt, der auch Wörter aus dem Romanischen des Trentino aufgenommen hat. Durch die Einwanderung deutscher Bauern und Bergknappen, die im Mittelalter ins Fersental kamen, gelangte die deutsche Sprache hierher, die dann jahrhundertelang lediglich mündlich weitergegeben wurde. Die Bevölkerung war sehr arm und hatte kein Interesse an geschriebenen Texten. Dadurch verarmte die Sprache, Ausdrücke gingen verloren, andere wurden aus dem Italienischen übernommen. Heute ist das Fersentalerische noch in den drei Gemeinden Palai/Palù, Florutz/Fierozzo und Eichleit/Frassilongo gebräuchlich. Die Flurnamen sind jedoch im ganzen Tal noch in der alten Fersentaler Sprache gehalten.

Während der Besucher die Fersentaler also kaum verstehen wird, verstehen diese den deutschsprachigen Fremden in der Regel schon, da sie vielfach auch der hochdeutschen Sprache mächtig sind. Seit altersher gelten die Bewohner des Fersentales allerdings als verschlossen und zurückhaltend. Wer das Fersental bereist, wer vor allem in die kleinen Seitentäler zu den abgelegenen Bergbauernsiedlungen vordringt, die so, wie sie sind, auch in Südtirol oder Oberbayern liegen könnten, sollte sich bei einer Kontaktaufnahme mit den Bauern möglichst sofort als Deutschsprachiger zu erkennen geben und nicht etwa erst einmal italienisch sprechen. Die Abneigung gegen die Italiener sitzt vor allem bei älteren Fersentalern tief, und es kann dann zu sehr unerfreulichen Begegnungen kommen.

Die deutschen Bergknappen, die lange Zeit geblieben sind und hier gearbeitet haben, vermischten sich zwar nicht mit der einheimischen Bevölkerung, übten jedoch einen starken Einfluß auf die Phantasie der Menschen im Tal aus. Es entstand eine Reihe von Sagen, in denen sich die Hoffnung ausdrückt, daß man dereinst reichlich Gold und Silber im Tal finden wird und daß sich die Talbewohner aus ihrer bitteren Armut werden erheben können. Im Unterteil von Palai findet man noch ein „Knop' n" genanntes Gehöft. Es wurde einst von Bergknappen bewohnt, die diese Stelle gewählt hatten, um bequem die zahlreichen Bergstollen am gegenüberliegenden Hang erreichen zu können. Zu Beginn des 16. Jahrhunderts waren in Palai fünf Bergwerke in Betrieb; es wurden vorrangig Kupfer, Silber und Gold abgebaut. Im Gemeindegebiet von Florutz gab es 13 Bergwerke, in denen 125 Knappen arbeiteten.

Im Laufe der Jahrhunderte wurden die Erzvorkommen im Tal erschöpft, und die Menschen widmeten sich wieder der Landwirtschaft. Die Selbstgenügsamkeit und die Unabhängigkeit der Talbewohner schränkten die Kontakte zur Außenwelt stark ein und trugen zur Erhaltung der Sprache und des Brauchtums bei. Die Fersentaler lebten von der Landwirtschaft, von Jagd und Fischerei, und fertigten selbst die nötigen Werkzeuge an, wobei sie vorwiegend Holz benutzten. Die Männer suchten allerdings einen Nebenerwerb und waren in der Zeit von November bis April als Wanderhändler tätig. Sie wanderten nach Tirol, Bayern, Österreich und Böhmen und verkauften dort in abgelegenen Ortschaften Gewebe und für das bäuerliche Leben nötige Gegenstände. Heute hat dieser Wanderhandel stark abgenommen; Wanderhändler aus dem Fersental sind eigentlich nur noch in Südtirol unterwegs.

Sant' Orsola Terme und die anderen Siedlungen des Fersentales

Postleitzahl 38 050 Vorwahl 0461

Obwohl der Hauptort des Tales, Sankt Ursula, den Beinamen Terme führt, also Bad Sant' Orsola, ist das Fersental bis heute ein Tal geblieben, in dem man modischen Schnick-Schnack vergeblich sucht. Es gibt hier mit einer Ausnahme keine großen Hotels und keine Nachtbars, keine ausländischen Spezialitätenrestaurants und keine modischen Boutiquen. Das Fersental ist bei allen Änderungen, die auch hier nicht vorübergegangen sind und zu einer starken Landflucht geführt haben, immer noch ein Tal der Bergbauern und der Waldarbeiter. Von seiner landschaftlichen Schönheit und den malerischen Bildern der Bergbauernsiedlungen, bei denen die schindelgedeckten Höfe in den steilen Berghängen oft hoch über dem Tal liegen, von der Kultur der Fersentaler, vom Reichtum des Tales an Pflanzen und den vielen Möglichkeiten zum Wandern, ist es sicherlich eines der stillsten Täler des Trentino und doch eines seiner schönsten und interessantesten.

Die wichtigsten Siedlungen des Fersentales

Canezza - Kaneitsch. Wenn man den Tunnel unter dem Croz del Cius, einer kleinen Erhebung am Talausgang durchfahren hat, kommt man nach Canezza, das aus einem Ortskern und verstreut liegenden Bauernhöfen besteht. Letztere sind landwirtschaftliche Familienbetriebe, die einst alles zum Leben Nötige selbst herstellten. Man findet solche Höfe im ganzen Tal; sie beinhalten Wohnräume, Stall, Heuschuppen und Ablagen für das Werkzeug. Als Baumaterial dienten vorwiegend Stein und Holz.
Viarago - Valdro. Das Dorf liegt auf einer Terrasse in mittlerer Hanglage, auf der sich heute neben Kartoffelfeldern und Weinbergen auch Erdbeer- und Himbeerpflanzungen befinden. Die zu Beginn des 16. Jahrhunderts errichtete Pfarrkirche steht am Dorfplatz. Unter den übrigen Gebäuden des Platzes fällt besonders das Haus der Familie Vinciguerra auf, die von Söldnerführern abstammt.

Mala. Das zur Gemeinde Sant' Orsola gehörige Mala liegt an der Landstraße, die von Canezza auf der rechten Talseite nach Palai führt. Der Ortskern und die zur Ortschaft gehörenden Höfe stehen an den Hängen des Monte Calvo.
Sant' Orsola Terme - Eichberg. Sant' Orsola Terme ist der Hauptort des Fersentales. Es gibt hier ein bedeutendes Heilbad. Das eisen- und arsenhaltige Wasser wird vor allem gegen Anämie und Lymphatismus verwendet. Die Sammelbecken für das Heilwasser befinden sich in einem alten Bergwerksstollen, wo das Wasser von der Decke tropft. Der Stollen liegt etwa einen Kilometer vom Dorf entfernt.

Palai - Palú del Fersina. Wenn man von Sant' Orsola nach Palai weiterfährt, erscheinen dunkle Nadelwälder, und die Landschaft wird zusehends rauher. Die Bewohner von Palai bewahren ihre Kultur, ihr Handwerk und das von Generation zu Generation überlieferte Brauchtum. In einigen Gehöften trifft man noch alte Menschen, die Holzschuhe (Köspn) herstellen; die Grobarbeit wird mit einem Beil (Moazl) verrichtet und die Feinarbeit mit einer scharfen Klinge (Schupferl). Für Schuhe, mit denen man weite Wanderungen unternehmen wollte, wurde Lärchenholz verwendet, während die Feiertagsschuhe aus Fichtenholz waren. Die Sonntagstracht bestand aus einem ernsten schwarzen Kleid; aufgemuntert durch bunte Seidentücher, die auf Kopf und Schulter lagen, aber nicht gebunden wurden. Der Stoff für diese Kleider wurde im Winter in häuslicher Spinn- und Webarbeit selbst hergestellt.
Gereut - Frassilongo. Auch in Gereut findet man die für das ganze Tal charakteristischen Gehöfte. Hier stehen sie auf weiten sonnigen Wiesen, welche zu den sie unterbrechenden Waldstücken einen reizvollen Gegensatz bilden.
Eichleit - Roveda. Das zur Gemeinde Gereut gehörende Eichleit besteht aus Weilern und Einzelgehöften. Die reizvolle Landschaft zeigt einen großen Reichtum an Formen und Farben. Schon von weitem sieht man das alte, dem heiligen Romedius geweihte Kirchlein, das 1727 erbaut und 1890 vergrößert wurde. Schriften an der Tür erinnern an die „Cromer“, die Wanderhändler aus dem Fersental, die in Mittel- und Osteuropa unterwegs waren. Die Erlaubnis zum Wanderhandel war den Fersentalern von der Kaiserin Maria Theresia erteilt worden, als der Bergbau zugrunde ging.

Von der Kirche führt die steile Straße an den Gehöften Mitterberger, Martinotti, Sciopeteri und Vrunt vorbei bis nach Kamauz. Die Menschen des Dorfes nennen diesen Ort „Camao Vrunt“, von „Camao“ (Gemeinde).
Florutz-Fierozzo. Florutz besteht aus den beiden Ortsteilen Innerflorutz (St. Felix) und Außerflorutz (St. Franz).

Spezialitäten

Im Fersental wird die Lucanega genannte ***Dauerwurst*** in einer ganz vorzüglichen Qualität und in verschiedenen Geschmacksrichtungen (normal, scharf, mit Knoblauch) hergestellt. Man kauft sie gut in der Macelleria (Metzgerei) von Aldo und Flavio Fontanari in 38 050 Sant' Orsola, Telefon: 55 11 23.

Das besondere Hotel

Hotel Terme in Sant‘ Orsola. Ein modernes, komfortables Dreisterne-Hotel im Kurort Sant‘ Orsola, das nicht nur auf die Kuranwendungen im Zusammenhang mit dem Heilwasser spezialisiert ist, sondern sich auch als hervorragender Standort eignet, dieses eigenartige Fersental kennenzulernen. Hotel Terme, 38050 Sant‘ Orsola Terme, Telefon: 55 11 24, FAX: 55 13 31.

Veranstaltungen und Feste in Sant' Orsola

Gemeinschaftsfest mit Kostproben charakteristischer Speisen aus dem Fersental Ende Juli/Anfang August; Palai: ***Maskenspiel*** „Der Alte und die Alte" am Faschingsdienstag; ***Kirchweihfest*** am ersten Sonntag im August; ***Sternsingen*** am 31. Dezember, 1. Januar und 6. Januar. Florutz: Sternsingen am 1. und 6. Januar.

Sportliche Möglichkeiten

Wandern und Mountainbikefahren. Eine Infrastruktur für Wintersport gibt es im Fersental nicht.

Ausflüge in die Umgebung

Alle Orte des Fersentales eignen sich hervorragend für Wanderungen auf hochgelegene Almen zu einsamen Bergbauernhöfen und durch die Bergwälder hinauf auf die Berge ringsum. Informationen hierüber gibt das Verkehrsamt (Consorzio delle Pro Loco).

Informationen: Consorzio delle Pro Loco della Valle dei Mòcheni, 38 050 Sant' Orsola Terme, Telefon 55 14 40, FAX: 55 10 30. Nähere Informationen über die Sprache, Kultur und Geschichte der Fersentaler bekommt man beim Kulturinstitut der Zimbern und Fersentaler in 38 050 Palú del Fersina, via Lenzi 1, Telefon: 55 00 73.

Fleimstal – Val di Fiemme, die alte Bauernrepublik

Von Moèna am Ausgang des Fassatales bis zum Stausee von Stramentizzo am Beginn des Cembratales heißt der vom Avisio durchflossene Talabschnitt Fleimstal. „Erstlich will ich beschreiben von den allerschönsten thal aisn, so in lant ist, so man Fleimbs nennt ...". So schrieb im Jahre 1600 Marx Sittich von Wolkenstein über das Fleimstal. Es ist ein landschaftlich liebliches Tal, das von auffallend vielen Viehweiden und Wäldern geprägt ist. Und damit sind bereits zwei wichtige Säulen der Fleimstaler Wirtschaft genannt: Viehzucht mit Milch- und Käseproduktion und seit altersher die Waldwirtschaft. Holz ist bis auf den heutigen Tag ein wichtiges Wirtschaftsgut in diesem Tal. In den letzten Jahrzehnten ist als drittes Standbein der Fremdenverkehr dazugekommen, der im Sommer als Wandertourismus auftritt und im Winter mehr als in anderen Trentiner Tälern die Langläufer anlockt.

Für geschichtlich interessierte Besucher ist das Fleimstal sicherlich das interessanteste unter allen Trentiner Tälern. In manchen Tälern des Trentino haben sich im Mittelalter Talgemeinschaften gebildet, die es verstanden haben, sich gegenüber der

Macht der Fürstbischöfe gewisse Freiheiten zu erwerben und für Jahrhunderte zu behalten. Am stärksten ausgeprägt war eine solche Gemeinschaft im Fleimstal, und dieses Tal ist das einzige im Trentino, in dem diese Gemeinschaft heute noch existiert und noch praktische Rechte hat. Wahrscheinlich im Jahre 1111 schlossen die Bewohner des Fleimstales mit dem Fürstbischof einen Vertrag. Darin wurden zwar die bisher wesentlich weitergehenden Rechte der Fleimstaler eingeschränkt, die weiter bestehenden Rechte aber bekräftigt und für alle Zukunft gewährleistet. So hat die damals entstandene Magnifica Comunità praktisch bis zum Ende des Fürstbistums bestanden. Eigentlich besteht sie sogar heute noch.

Zu den wichtigsten Merkmalen dieser Gemeinschaft gehört es nach wie vor, daß der Besitz an Weiden, Wäldern und Bergwerken gemeinschaftlich war und ist. Diese Besitzverhältnisse erlauben es, die „Erhabene Gemeinschaft" des Fleimstales als eine Art früher Bauernrepublik anzusehen. Die Fleimstaler unterstanden dem Fürstbischof von Trient nicht in der sonst üblichen Form. Sie mußten zwar Steuern an ihn zahlen, brauchten aber keine Burg des Landesherren in ihrem Tal zu dulden. Lediglich einen Palast als Sommerresidenz ließen sich die Trentiner Fürstbischöfe im 15. Jahrhundert in Cavalese bauen, den Palazzo, der heute noch das schönste Gebäude im Tal ist. Mit dem Anschluß des Fleimstales wie des übrigen Trentino an Österreich Anfang des 19. Jahrhunderts verlor die Magnifica Comunità ihre gesetzgeberischen und rechtsprechenden Privilegien. Geblieben ist bis auf den heutigen Tag die Tatsache, daß die Talgemeinschaft und nicht einzelne Gemeinden oder Großgrundbesitzer Eigentümer der Wälder und Weiden ist. Und da die Forstwirtschaft eine der wichtigsten Grundlagen der Fleimstaler Wirtschaft ist, liegt es auf der Hand, daß eine Gemeinschaft, die über den gesamten Waldbestand des Tales verfügt, ganz anders und effektvoller wirtschaften kann, als wenn viele verschiedene Grundeigentümer auftreten und dann von der jeweiligen Gegenseite gegeneinander ausgespielt werden können.

Wenn sich also die Rechte der Gemeinschaft heute darauf beschränken, die Wälder und die Weiden des Tales für die einzelnen Talbewohner zu verwalten, so erzielt die Gemeinschaft dadurch natürlich einen Gewinn, der wiederum zum Nutzen aller im Tal angelegt werden muß. Angefangen vom Bau des Fleimstaler Abschnittes der großen Dolomitenstraße Anfang dieses Jahrhunderts bis zum modernen Bau des heutigen Fleimstaler Krankenhauses legt die Gemeinschaft das Geld der Talbewohner, das aus Verkauf von Holz und Verpachtung von Weideland in die Kassen der Magnifica Comunità hereinkommt, nach wie vor zum Nutzen der Fleimstaler an. Auch kulturell engagiert sich die Gemeinschaft. So gehört ihr heute der Palazzo in Cavalese. Sie veranstaltet dort Ausstellungen und Konzerte, unterhält eine Gemäldegalerie mit Werken der Maler der Fleimstaler Schule des 17. und 18. Jahrhunderts und ein kleines Heimatmuseum. Die Magnifica Comunità des Fleimstales ist in dieser Art heute einmalig in Italien.

Cavalese – Sommerresidenz der Fürstbischöfe

Postleitzahl 38 0 33, Vorwahl 0462

Der Hauptort des Fleimstales und Sitz der „Erhabenen Gemeinschaft" breitet sich auf einer weiten Terrasse unter der Cima della Rocca über dem Avisio aus. Auf dem gegenüberliegenden Ufer des Flusses beherrschen die Bergketten des Lagorai den Ort. Wahrscheinlich haben bereits in der Bronzezeit oder sogar noch früher Menschen im Bereich von Cavalese gelebt, wohin im Jahre 16 vor Christus die Römer unter Drusus vordrangen. 1111 wurde Cavalese unter dem sogenannten Gebhardschen Vertrag mit dem Fürstbischof Sitz der Magnifica Comunità, später auch Sitz des Richters, des Gestalden, den der Fürstbischof auf Bitten der Fleimstaler ins Tal gesandt hatte, damit ein von außen kommender Unparteiischer hier Recht sprechen sollte. Auch kirchlich war Cavalese lange Zeit der Hauptort des Tales. In die Kunstgeschichte ist Cavalese eingegangen durch die von hier kommenden und vor allem hier wirkenden Maler Alberti, Bonora, Unterberger, Longo, Vanzo und Furlanel.

Sehenswürdigkeiten

Parco delle Pieve. Unter den uralten Linden dieses Parks findet man heute noch die mittelalterliche ***Tingstätte*** Banco de la Reson. Hier versammelten sich im Mittelalter alljährlich am 15. August die Vertreter der Magnifica Comunità, um gesetzliche wie gerichtliche Entscheidungen zu treffen.

Der Palazzo. Ob der Palazzo in Cavalese bereits 1158 gebaut wurde, wie aus der Jahreszahl auf dem Mauerwerk hervorgehen könnte, ist ungewiß. Mit Sicherheit hat der Palast jedoch bereits im 14. Jahrhundert gestanden, denn damals hielten sich die Fürstbischöfe häufig in Cavalese auf. Bernhard von Clès und Christoph Madruzzo, die beiden großen Fürstbischöfe, haben den Palazzo ausbauen und verschönern lassen. Er diente den Herren und ihrem Gefolge als Sommerresidenz ebenso wie als Zuflucht, wenn etwa im Etschtal die Pest wütete. 1850 erwarb die „Erhabene Gemeinschaft" den Palazzo. Schon das Äußere dieses machtvollen Baues ist überraschend. Die ganze, der Straße zugewandte Fassade ist mit Fresken bedeckt. Mittelpunkt des Palastes ist der reich verzierte und mit Gemälden und Wandbildern geschmückte Hauptsaal. Neben dem Hauptsaal befindet sich die Gemäldegalerie mit Werken von Malern der Fleimstaler Schule sowie das kleine Heimatmuseum. Zu den bekanntesten Malern, die hier ausgestellt sind, gehören die Brüder Michelangelo und Francesco Sebaldo Unterberger, die als Schüler des großen Tiepolo in Venedig gelernt und dann in Wien und in Deutschland gearbeitet haben, wo sie vor allem durch ihre Altarbilder zu Ruhm gekommen sind.

Pfarrkirche. Die den Heiligen Sebastian und Fabian geweihte Kirche stammt ursprünglich von 1464 und wurde im 18. Jahrhundert umgestaltet.

Marienkirche. Die Kirche dell' Assunta steht im Parco delle Pieve. 1112 gebaut, ist sie vor allem wegen des reichen Bilderschmuckes in ihrem Inneren sehenswert.

Das besondere Hotel

Parkhotel ***„Bella Costa“***, Telefon: 211 54 (231 646). Ein exklusives Haus mit allem Komfort, aber familiärer Atmosphäre.

Restauranttip

Rifugio Fuchiade, Passo San Pellegrino. Eine Berghütte mit Übernachtungsmöglichkeit. Spezialität: ***Wildgerichte***.

Veranstaltungen

Hexenprozeß, ein historisches Schauspiel aus der Zeit der Hexenverfolgungen im Fassatal alljährlich im Januar; ***Marcialonga***, Zieleinlauf des Skimarathon-Rennens mit über 6000 Teilnehmern am Ende der 70 Kilometer langen Strecke in Cavalese Ende Januar; ***Karnevalsfeste*** und ***Maskenumzüge*** zu Karneval.

Sportliche Aktivitäten

Wandern, Mountainbikefahren, Bergsteigen, Klettern. Das Bergführerbüro, Telefon: 814 417 stellt Bergführer für Touren oder Kurse zur Verfügung. Es werden Gruppenwanderungen in die Lagoraigruppe organisiert. In Cavalese und Pampeago gibt es Klettergärten. Weitere Sportmöglichkeiten im Sommer: Tennis, Boccia, Minigolf, Golf (Karerpaß, Golfclub Carezza Neunloch-Anlage, Telefon: 0471/612 200) Reiten, Halleneislauf. Wintersport steht ganz im Zeichen des Langlaufes. Es gibt Langlaufloipen im Tal sowie das Langlaufstadion am Lago di Tesero, eine zehn Kilometer lange Rundstrecke, die mit modernen Beschneiungsanlagen ausgerüstet ist. Ein weiteres Langlaufzentrum findet man am Lavazépaß. Das gesamte Loipennetz des Tales ist rund 150 Kilometer lang. Alpinskigebiete mit insgesamt 140 Kilometer Pisten und insgesamt 52 Aufstiegshilfen gibt es in der Umgebung von Cavalese.

Ausflugsziele

Pampeago. Die hoch über dem Tal gelegene Alm, erreichbar mit der Latemarseilbahn, ist Ausgangspunkt für schöne Wanderungen ins Latemargebiet. In der Malga Pampeaga, einer Sennhütte, wird hervorragender selbstgemachter Käse verkauft.
Alpe Cermis. Mit der Seilbahn von Cavalese aus zu erreichen. Von hier aus wunderschöne Wanderungen zum Lago Lagorai und zu den Laghi de Bombasèl in den Lagoraibergen.
Lavazè-Paß. Die mit dem Auto erreichbare 1800 Meter hoch gelegene Paßhöhe an der Grenze zu Südtirol ist Ausgangspunkt für Ausflüge ins Südtiroler Eggental und in den Naturpark Trudner Horn.

Tesero. Das nur wenige Kilometer taleinwärts von Cavalese entfernt gelegene Dorf ist bekannt als Dorf der Holzschnitzer, vor allem der Krippenschnitzer. Alljährlich wird hier zu Weihnachten eine Krippe mit lebensgroßen Figuren aufgestellt.

Sehenswürdigkeiten

Pfarrkirche San Leonardo mit zahlreichen Gemälden im Inneren. Rokokokapelle. Die aus der Mitte des 15. Jahrhunderts stammende Kapelle trägt auf ihrer Außenwand ein höchst originelles Fresko: den ***Feiertagschristus***. Um die Gestalt eines auferstandenen Christus werden mit Symbolen und Szenen jene Arbeiten, Tätigkeiten und Spiele dargestellt, die ein guter Christ an Sonn- und Feiertagen unterlassen soll, um keine Sünde zu begehen.
Gasthaus Ancora. Im „Anker" zu Tesero sollte man sich die Wirtsstube mit ihrer kostbaren holzgeschnitzten Kassettendecke anschauen.
Handwerk und Betriebsbesichtigung. Wer einem ***Krippenschnitzer*** bei der Arbeit zuschauen möchte, sollte zu Felix de Florian in Tesero, via di Fiemme, gehen, Telefon: 831 59. Bekannt ist Tesero auch für seine alte Orgelbautradition. Wer hier speziell interessiert ist, muß sich wegen einer Betriebsbesichtigung an das Verkehrsamt APT wenden.

Einkaufstips

Holzschnitzereien, insbesondere Krippenfiguren bei Felix de Florian, siehe oben.

Informationen: APT della Valle di Fiemme, 38 033, Cavalese, via Fratelli Bronzetti 60, Telefon: 241 111, FAX: 230 649.

Predazzo - Im Zentrum des Vulkans

Postleitzahl 38 037, Vorwahl 0462

Der beliebte Fremdenverkehrsort in einer weiten Talmulde an der Mündung des Travignolobaches in den Avisio ist der Mittelpunkt einer Landschaft, die man gerne den „geologischen Garten der Alpen" nennt. In der Umgebung von Predazzo, vor allem in Richtung auf die Monzoniberge hin, haben die Geologen vulkanische Eruptivgesteine entdeckt, die den dolomitischen Kalk überdecken. Das ist eine Tatsache, die gegen alle geologischen Lehrmeinungen stand und somit zu einer geologischen Sensation wurde. Schon seit dem frühen 19. Jahrhundert war Predazzo mit seiner Umgebung daher das Ziel von Geologen aus aller Welt.

Verkehrsmäßig ist Predazzo wichtig, da von hier aus einmal die große Dolomitenstraße weiter nach Osten ins Fassatal führt, zum anderen die Straße zum Rolle-Paß und damit nach San Martino di Castrozza und in die Pala-Dolomiten abzweigt. Zu den Geologen sind inzwischen längst die Urlauber gekommen. Dank ihnen ist Predazzo heute ein blühender Touristenort, der vor allem wegen seiner Nähe zu den Fassataler wie den Pala-Dolomiten von Bergsteigern gerne besucht wird. Die Skisprunganlagen am Ortsrande von Predazzo machen den Ort, der wie die anderen des Fleimstales im Winter eine Hochburg der Langläufer ist, darüber hinaus noch zu einem internationalen Zentrum des Skispringens.

Sehenswürdigkeiten

Von der Piazza dei SS. Filippo e Giacomo, dem Zentrum Predazzos, lohnt ein ***Rundgang durch den alten Ortskern***, wo man noch auf viele schöne alte, zum Teil bunt bemalte Häuser trifft. Sie haben vielfach Erker, Balkone oder Freitreppen. Sehenswert sind auch die alten Brunnen.

Museum

Geologisch - völkerkundliches Museum/Museo Civico Geologia e Etnografia, Piazza dei SS. Filippo e Giacomo, Telefon: 502 392. Geologisch gesehen befindet sich Predazzo im Zentrum eines Vulkans, der vor etwa 225 Millionen Jahren tätig war. Diese Tatsache wird im Museum anhand zahlreicher Exponate, Gesteine, Mineralien, Diagrammen, aber auch Versteinerungen deutlich gemacht. In einer kleinen heimatkundlichen Abteilung wird altes bäuerliches Arbeitsgerät aus dem Fleimstal gezeigt.

Spezialitäten

Polenta mit Käse, Wildgerichte mit Pilzen, Sauerkraut und Knödel.

Einkaufsmöglichkeiten

Typische Erzeugnisse des Fleimstaler Kunsthandwerkes, ***Holzschnitzereien*** findet man beim Holzschnitzer Giorgio Gabrielli, via Fiamme Gialle 3.

Veranstaltungen

Großes ***Sommerskispringen*** Anfang September.

Sport

Wandern, Mountainbikefahren. Es gibt eine eigene Karte mit Mountainbikewegen. Reitausflüge vom Centro di Equitazione „Molekut“, Fontanella 2, Telefon: 50 22 35. Bergsteigen und Klettern, Alpinschule, Telefon: 50 15 73. Im Winter Alpinskilauf besonders in Bellamonte und in Ciano. Alle Aufstiegshilfen sind mit dem Skipaß Dolomiti Superski zu benutzen. Es gibt ein reiches Angebot an Langlaufloipen. Für Sprungläufer gibt es insgesamt fünf Sprungschanzen, die auch im Sommer benutzt werden können.

Schnitzer im Fleimstal

Ausflüge

Dos Capèl. Der 2666 Meter hohe Dos Capèl bietet mehrere Möglichkeiten, geologisch hochinteressante Wanderungen zu machen. Für den Aufstieg braucht man etwa dreieinhalb Stunden.
Bellamonte. An der Straße zum Rollepaß liegt das kleine Dorf Bellamonte, gleichermaßen als Standort für sommerliche Wanderungen ins Gebiet von Lusia wie in den Naturpark Panevéggio - Pale di San Martino als auch im Winter für Alpinskiläufer wichtig. Typisch sind die „Tabiá" genannten, kleinen Holzhäuser, die im weiten Wiesengelände um das Dorf verstreut liegen.
Panevéggio. An der zum Rollepaß liegenden Straße liegt kurz unterhalb der Paßhöhe das kleine Dorf Panevéggio, umgeben von weiten Wiesenflächen und riesigen Wäldern, die hochwertiges Holz liefern. Panevéggio ist der einzige Ort in Italien, wo eine besondere Holzart gewonnen wird, die für den Bau von Seiteninstrumenten benutzt wird; denn bestimmte Hölzer verstärken die „Stimme" der Instrumente und verleihen ihnen eine Klangfülle, wie man sie sonst nirgends findet. Daher besteht natürlich große Nachfrage nach diesem Holz. Der Wald von Panevéggio ist reich an Tieren wie Schneehasen, Gemsen, Auerhähnen, Birkhühnern und Rehen. Besuchenswert ist an der Paßstraße zum Rollepaß das Besucherinformationszentrum des Naturparks mit einer reichen Übersicht über die im Naturpark lebenden Tiere und die hier vorkommende Pflanzenwelt. In einem nahen Wildfreigehege kann man große Hirschrudel beobachten.

Informationen: APT della Valle di Fiemme, 38 037 Predazzo, Piazza dei SS. Filippo e Giacomo, Telefon: 50 12 37, FAX: 50 20 93.

Folgaria und Lavarone – des Kaisers Festungen

Postleitzahl 38064, Vorwahl 0464

Wenn irgendeine Hochfläche im Trentino es verdient, als solche bezeichnet zu werden, dann ist es der weite Altopiano von Folgaria und Lavarone. Wahrscheinlich war das Plateau bereits in römischer Zeit besiedelt, da Reste einer römischen Straße gefunden wurden, die das Trentino mit dem Veneto verband. Im frühen Mittelalter kamen auf Veranlassung des Fürstbischofs Friedrich von Wangen deutsche Bauern aus dem benachbarten Gebiet der sogenannten sieben und dreizehn Gemeinden im Bereich der heutigen Provinzen Vicenza und Verona auf die Hochfläche und siedelten sich hier an. Damals hatten die Deutschen bereits ganze Täler in dieser Region besiedelt. Lange Zeit konnten sie hier oben ihre deutsche Sprache und Kultur halten. Es entstanden die Gemeinden Vielgereuth (Folgaria) und Lafraun (Lavarone), dann wurde der Druck der immer zahlreicher nachdrängenden Italiener zu groß. Das Deutschtum auf der Hochfläche verschwand, hielt sich nur noch in letzten Spuren in Form von einigen Orts- und Flurnamen, wie zum Beispiel Slaghenauffi. Lediglich das ganz isoliert am Rande gelegene Dorf Luserna oder Lusern konnte sich bis heute als deutsche Sprachinsel erhalten.

Zwischen der Jahrhundertwende und dem Beginn des Ersten Weltkrieges baute die österreichische Militärverwaltung hier oben in Grenznähe eine Reihe von Festungen, um die während des Krieges erbittert gekämpft wurde. Die großen österreichischen Soldatenfriedhöfe von Slaghenauffi, Lavarone, Costa Alta (Luserna) und Folgaria sind stumme, traurige Zeugen dieser Zeit. Die Festungen selbst sind zum Teil heute nur noch Ruinen, zum Teil allerdings auch wohlerhalten und locken zahlreiche Besucher an. Das gilt um so mehr, als der schon mehrfach erwähnte Friedenspfad auch durch dieses einstige Kampfgebiet führt.

Touristisch ist das Gebiet von Folgaria und Lavarone schon lange bekannt und bedeutsam. Schon Siegmund Freud schätzte die landschaftliche Schönheit der Umgebung von Lavarone, wo er sich zeitweise aufhielt. Heute lockt der See von Lavarone alle Freunde des Wassersportes an. Und natürlich hat man auch erkannt, daß eine solche Hochfläche wie geschaffen ist für die Anlage eines Golfplatzes ebenso wie für zahlreiche Langlaufloipen im Winter. Im Bereich der Cima Vezzena ist sogar alpiner Skisport möglich. Der Fremdenverkehr wird heute immer wichtiger für die Hochfläche, auf der es keine Industrie gibt. Die Landwirtschaft in Form der Weidewirtschaft und Milchviehhaltung ist daneben nach wie vor wichtig, auch für den Fremdenverkehr.

Altopiano von Lavarone und Lusern

Sehenswürdigkeiten

Weder Folgaria noch Lavarone bieten kunstgeschichtlich bedeutsame Sehenswürdigkeiten. In beiden Orten oder in ihrer unmittelbaren Nähe stellen jedoch die insgesamt sieben österreichischen ***Festungen*** zwischen der Cima Vezzena und dem Dosso del Sommo an der anfälligsten Stelle der einstigen habsburgischen Südgrenze besondere Sehenswürdigkeiten dar. Bis zum Sommer 1916 gab es hier heftige Kämpfe, dadurch bedingt, daß die Italiener auf der gegenüberliegenden, zum Veneto gehörenden Höhe ihrerseits Festungen errichtet haben. Vieles, was gegnerische Granaten nicht geschafft hatten, brachten Schrottsammler zur Zeit des Faschismus fertig. Unter dem Motto: „Eisen für das Vaterland“ zerstörten sie in den 30er Jahren wesentliche Teile der Festungen, um die eisernen Armierungen ausbauen zu können. Am besten erhalten ist die Festung ***Gschwendt-Belvedere*** bei Lavarone, in der ein kleines ***Kriegsmuseum*** eingerichtet ist. Von den Anlagen dieser Festung hat man einen großartigen Blick über das Val d'Astico in der Tiefe, das die Grenze zwischen dem Trentino und dem Veneto bildet. Die von ihrer Lage her eindrucksvollste Festung ist sicherlich die ***„Spitz“*** genannte Anlage auf der Cima di Vezzena in 1908 Metern Höhe. Wegen ihrer einzigartigen Lage auf einem Felsvorsprung 1400 Meter senkrecht über dem Valsugana nannte man die Festung auch „Das Auge der Hochebene“. Von hier oben hat man bei klarem Wetter einen unbeschreiblichen Ausblick, einen der eindrucksvollsten im ganzen Trentino. Verständlich, daß der „Spitz“ ein beliebtes Ausflugsziel von Lavarone her ist. Die anderen Festungen im Rahmen des Sperriegels auf der Hochfläche sind ***Cherle, Sommo Alto*** und ***Dosso delle Sommo*** im Bereich von Folgaria sowie Busa Verle bei Lavarone. Schließlich gehört auch die Festung von ***Luserna*** dazu (siehe Kapitel Lusern).

Ein Überrest der Kriegszeit, den der Besucher heute gerne nutzt, ist die ***„Kaiserjägerstraße"*** von Lavarone nach Levico ins Valsugana hinab. Diese ungemein aussichtsreiche, aber stellenweise extrem schmale, steile und ungesicherte Straße zu befahren, sollten sich nur erfahrene und vor allem schwindelfreie Autofahrer zutrauen.

Andere Sehenswürdigkeiten und Ausflugsziele

Santuario della Madonna del Grazie bei Folgaria. In der Kapelle steht die Madonna di Folgaria, eine Terracottastatue aus dem 16. Jahrhundert. Durch päpstliches Dekret von Johannes XXIII. wurde sie zur Schutzheiligen der Skifahrer Italiens ausgerufen.

Malga Laghetto. Zwischen Lavarone und Luserna liegt das botanisch recht bedeutsame Biotop Malga Laghetto. Hier bekommt der Besucher seltene Frühlingsblumen zu sehen. Nur wenige hundert Meter von hier entfernt, am SAT Wanderweg Nummer 599, kommt man zur höchsten Weißtanne Europas. Der Baum ist 150 Meter hoch, hat einen Stammdurchmesser von 150 cm und wird auf ein Alter von 220 Jahren geschätzt.

Lavarone-See. Der mitten im Wald gelegene See ist mit seinem sauberen Wasser ein beliebter Badesee. Seine Größe erlaubt aber auch Segel- und Surfsport.

Botanischer Alpengarten: Auf der 1610 Meter hohen ***Paßhöhe von Coe*** findet man den einzigen botanischen Alpengarten des Trentino, der nur einheimische Alpenpflanzen zeigt.

Guardia. Das Dorf der Wandmalereien liegt nur wenige Kilometer von Folgaria entfernt. Auf Anregung des vor einigen Jahren verstorbenen Malers und Bildhauers Cirillo Crott kommen auch heute noch jedes Jahr Künstler aus Italien hierher und verzieren die Hauswände mit Bildern aus dem dörflichen und bäuerlichen Leben. So wird das kleine Dorf mehr und mehr zu einer kleinen Schatzkammer.

Museum

Kriegsmuseum des Ersten Weltkrieges, Lavarone, Festung Belvedere, geöffnet Juni bis September 8.00 Uhr bis 19.00 Uhr.

Restauranttip

„Ristorante Sanscrivel", 38 064 Folgaria, via Salvo d'Acquisto 14, Telefon: 0464/70 333.

Das besondere Hotel

Grand Hotel Astoria, 38 064 Lavarone, Piazza Italia 1, Telefon: 0464/78 31 55, FAX: 78 37 32. Das Hotel gehört zu den schönsten im Trentino. Es liegt ungemein aussichtsreich im Waldhang über dem See von Lavarone und ist auf Schönheits- und Gesundheitsurlaub spezialisiert.

Camping: Sole Neve, 38 064 Folgaria, Telefon: 0464/765257; Belvedere 38 064 Lavarone, Telefon: 0644, 7831 42.

Sportliche Möglichkeiten

Wandern, Mountainbikefahren, Reiten, Golf. In Folgaria gibt es den Golfplatz „Maso Spilzi", des Club Trentino Golf Folgaria, Telefon: 0464/720 480, eine Neunloch-Anlage. Im Winter sind Langlauf und Alpinskilauf möglich.

Informationen: APT degli Altipiani, 38 064 Folgaria, via Roma 6. Telefon: 0464/721 133, FAX: 720 250.

Levico Terme – das Weltbad im Val Sugana

Postleitzahl 38056, Vorwahl 0461

Valsugana (auch Val Sugana geschrieben) heißt das breite Tal, das von Trient aus ostwärts in Richtung Veneto führt. Seit jeher ist es eine wichtige Verkehrsverbindung zwischen dem Etschtal und Venedig. Schon in vorgeschichtlicher Zeit war es besiedelt, die Römer führten die Via Paulina durch das Tal, ein Teilstück der großen Straße Claudia Augusta Altinate. Immer noch ist das Tal verkehrsmäßig von Bedeutung. Hier verläuft die vielbefahrene Straße sowie eine wichtige Eisenbahnverbindung zwischen Trient und Venedig.

Die Brenta, die aus den Seen von Caldonazzo und Levico kommt und von hier nach Venedig fließt, durchzieht das Tal, das in touristischer Hinsicht einige vielbesuchte Hochburgen aufweisen kann. Pergine, Levico, Borgo und Tesino mit Caldonazzo- und Levicosee sind hier als ausgesprochene Touristenmagnete zu nennen. Zahlreiche Täler führen nach Norden, erschließen Cembra-, Pinè- und Fersental, führen ins Fleimstal, in die Lagoraikette und zu den Pala-Dolomiten. Nach Süden ist die Verbindung zur Hochfläche von Folgaria und Lavarone von großer Bedeutung.

Der bedeutendste und auch älteste Fremdenverkehrsort des Tales ist Levico Terme, der bekannteste und meistbesuchte Kurort des Trentino. Das Städtchen liegt landschaftlich ungemein reizvoll am Rande einer fruchtbaren Ebene mit Obst- und Weinanbau am Ufer des Levicosees. Dank seiner Heilquellen ist es ein wichtiger Kurort, dank seiner Lage andererseits ein hervorragender Standort und Ausgangspunkt für Exkursionen ins Valsugana, in die Lagoraiberge oder auf den Altopiano von Folgaria.

Wann die Heilkraft des Wassers von Levico entdeckt wurde, ist unbekannt. Der Chronist des Trienter Konzils Michelangelo Mariani schrieb 1673 darüber, es sei „ein säuerliches und magenstärkendes Reinigungsmittel". 1860 wurde eine Badegesellschaft gegründet, 1894 verlieh Kaiser Franz-Josef Levico die Stadtrechte. Um diese Zeit war Levico-Terme ein Kurort von europäischem Rang. Die Habsburger ließen es sich nicht nehmen, selbst eine Residenz für den Sommer in Levico zu unterhalten. Beim Wasser von Levico handelt es sich um ein arsen- und eisenhaltiges Flüssigkeit. Das ist eine Kombination von Mineralien, die äußerst selten in der Natur vorkommt, zumal das Wasser darüber hinaus noch Spuren von Zink, Mangan, Kupfer, Nickel und Kobalt enthält. Die wichtigsten Indikationen, bei denen Kuren in Levico-Terme angewendet werden, sind: Blutkrankheiten, Schilddrüsenerkrankungen, Hautkrankheiten, Frauenleiden, Nervenleiden, Osteoarthropatien, Hals-Nasen-Ohren-Krankheiten.

Sehenswürdigkeiten

An kunsthistorisch bedeutsamen Bauten fehlt es in Levico, dafür bietet das Städtchen eine Vielzahl außerordentlich malerischer ***Altstadtpartien***. Man muß einfach einmal durch das Zentrum schlendern und zwar vor allem von der Chiesa del Redentore, der Erlöserkirche, in Richtung der Piazza Venezia und in die links und rechts abzweigenden Gassen.

Kurpark: Levico-Terme hat den schönsten Park des Trentino. Eine Vielzahl alter und zum Teil sehr exotischer Bäume ist auf einem weiten Areal zusammenzufinden und ermöglicht wundervoll schattige Spaziergänge. Am oberen Rande des Parks liegt die einstige ***habsburgische Sommerresidenz***, das spätere Grand Hotel mit den alten Thermalbadeanlagen. Der Komplex wird derzeit (Herbst 1994) zu einem modernen Hotel umgestaltet.

Das ***neue Thermengebäude***, eine architektonisch gelungene Anlage am Waldrand, findet man am nordwestlichen Stadtrand von Levico.

Spezialitäten

Kulinarische Spezialitäten des Valsugana, die man in den Restaurants in Levico serviert bekommen kann, sind ***Polenta mit Kaninchen***, Carne Salada (siehe Kapitel Arco) mit Bohnen, Würste oder Schweinshaxe mit Nockerln. Eine Dessertspezialität sind eingelegte Waldbeeren.

Der Restauranttip

„Ristorante Prime Rose" Telefon: 0461/706 410.

Campingplätze: An den Seen von Levico und Caldonazzo gibt es 13 Campingplätze. Nähere Auskünfte erteilt die APT.

Sportliche Möglichkeiten

Wandern, Tennis, Drachen- und Gleitschirmfliegen, Mountainbike, Reiten, Wassersport. Im Winter Skilaufen im Skigebiet Panarotta 2002.

Ausflugsziele

San Biaggio. Ein wenig außerhalb des Ortes steht im Fichtenwald die aus dem 16. Jahrhundert stammende Kapelle San Biagio, zu der einst eine Einsiedelei gehörte. Das Innere der Kirche ist reich mit Fresken der paduanischen, venezianischen und friaulischen Schule ausgemalt.

Vetriolo. Eine windungsreiche Bergstraße führt zum hochgelegenen Kurort Vetriolo, der mit seiner Höhenlage von 1.500 Metern Europas höchstgelegener Thermalkurort ist. Dieser fast ausschließlich aus Hotels bestehende Ort liegt unvergleichlich schön am Fuß der Panarotta in einer reinen Südlage. Eine Kabinenbahn bringt im Sommer die Wanderer und im Winter die Skiläufer direkt von den Hotels und den perfekt ausgestatteten Thermalbadeanlagen zur Panarotta hinauf in eine Höhe von 2002 Meter.

Pergine. Der stattliche Ort am Eingang zum Valsugana ist als solcher sicherlich kein besonderes Ziel. Seine große Attraktion ist Schloß Pergine, eine wohlerhaltene Anlage, die beherrschend über der Stadt auf einem Bergrücken gelegen ist. Hier oben hatten schon Römer und Langobarden ihre Befestigungsanlagen. Schloß Pergine, in dessen Gärten alljährlich Ausstellungen moderner Plastiken stattfinden, ist einbezogen in die Veranstaltungsreihe des Trentiner Schloßsommers. Das Schloß ist heute ein Hotel-Restaurant und als solches schon ein besonders reizvolles Ziel. Der einstige Rittersaal, unverändert seit Jahrhunderten erscheinend, ist Speisesaal des Restaurants. Hotel Castel Pergine, 38 057 Pergine, Telefon: 0461/531 158.

Levico-See. Der Kurort breitet sich am Ufer des Levico-Sees aus. Der rund einen Quadratkilometer große und bis zu 38 Metern tiefe See ist ein beliebtes Wassersportrevier.

Caldonazzo-See. Nur 600 Meter Luftlinie vom Levico-See entfernt, von ihm aber durch einen Bergrücken getrennt, liegt der fünfmal größere See von Caldonazzo, wie der Levico-See ein wichtiges Wassersportrevier. Er ist der größte See, der ganz im Trentino liegt. An seinen Ufern finden sich einige hübsche Fremdenverkehrsorte, wie San Cristoforo al Lago, Calceranica al Lago mit der romanisch-gotischen San Ermete-Kirche und schließlich Caldonazzo. Im Hauptort des Gebietes an diesem See ist sehenswert die Magnifica Corte, der Feudalsitz der Familie Trapp aus dem 15. Jahrhundert.

Schloß Pergine/Valsugana

Roncegno. Wie in Levico-Terme bildet auch im nahen Roncegno das arsen- und eisenhaltige Wasser die Grundlage des Kurbetriebes. Es hat Roncegno zum zweiten großen Thermal-Kurkomplex des Valsugana gemacht. Sehenswert ist hier das Kurhaus „Casa di Salute Raphael" im altehrwürdigen Palace - Hotel, das Ende des vorigen Jahrhunderts auch gelegentlich Mitglieder der kaiserlichen Familie aus Wien als Gäste gesehen hat. Auch wer nicht in diesem Hause sein Quartier aufschlägt, sollte sich das Innere dieses kostbar ausgestatteten Gebäudes und seine Gartenanlagen anschauen. Palace-Hotel 38 050 Roncegno, Telefon: 0461/764 012 und 764 024. FAX: 764 500.

Nähere Informationen: APT Levico-Terme, 38 056 Levico-Terme, viale Vittorio Emanuele, 3, Telefon: 0461/706 101 und 706 900, FAX: 706 004.

Lusern – Willkommen im Lande der Zimbern

Postleitzahl 38040, Vorwahl 0464

Nach Lusern oder Luserna, wie die Italiener sagen, kommt man meist nur durch Zufall. Nur eine schmale Stichstraße führt von Lavarone auf der Hochfläche zu dem hoch über dem Asticotal gelegenen kleinen Dorf unmittelbar an der österreichisch-italienischen Grenze von 1919. Große Sehenswürdigkeiten gibt es nicht in dem alten Grenzdorf, außer dem faszinierenden Weitblick über die nach Süden allmählich ausklingende Alpenlandschaft.

Doch wer nach Lusern kommt und am Ortseingang die große Holztafel sieht, auf der der Besucher in drei Sprachen in Luserna oder Lusern begrüßt wird, merkt, daß es mit diesem kleinen Dorf doch etwas Besonderes auf sich haben muß, wird doch der Gruß nicht nur in Italienisch und Deutsch, sondern auch in „ Zimbrisch" entboten. „BOLKENT IN LANT VON ZIMBARN" steht da unübersehbar zu lesen. Willkommen im Lande der Zimbern.

Zimbern? Der Besucher wird stutzen, sich vielleicht dunkel des Geschichtsunterrichtes in der Schule erinnern, in dem er von der Niederlage gehört hat, die im Jahre 101 vor Christus der römische Feldherr Marius den germanischen Zimbern beigebracht hat. Sollten deren Nachkommen hier am Südrande der Alpen weiterleben? Tatsächlich ist die Theorie bis ins 20. Jahrhundert vertreten worden, das Zimbrische, das bis vor rund 100 Jahren noch in manchen Orten und Tälern Oberitaliens gesprochen wurde, sei die Sprache jener von den Römern geschlagenen, aus Dänemark gekommenen Germanen. Aufgekommen war diese Theorie erstmals durch die Humanisten in Verona, die im 14. und 15. Jahrhundert entdeckten, daß in den Bergtälern nördlich der Stadt eine deutschsprachige Bevölkerung lebte. Die Veroneser hielten diese Leute für Nachfahren der germanischen Zimbern. So setzte sich im Laufe der

Jahrhunderte nicht nur in Verona, sondern auch in den Bergtälern östlich der Etsch für die deutschsprechenden Bewohner der Name Zimbern und für ihre Sprache der Begriff zimbrisch fest.

Über den tatsächlichen Ursprung dieses heute noch in Lusern als einzigem Ort Oberitaliens gesprochenen mittelhochdeutschen Dialektes und die Herkunft der Zimbern genannten Menschen ist viel gerätselt worden. Die Ahnenforscher sahen in den Ostgoten die Vorfahren der Zimbern, die anderen in den Langobarden. Die Sprache des Minnesängers Walther von der Vogelweide lebe heute noch in Lusern, sagt man, und wieder andere suchen den Ursprung der Zimbern in Bayern. Und aus Bayern sind die Vorfahren der Zimbern wohl auch gekommen, genauer gesagt im 11. Jahrhundert aus dem westlichen Bayern, aus dem mittelalterlichen Herrschaftsgebiet der Benediktinerabtei Benediktbeuren.

Im 13. Jahrhundert hat sich dann bei den Menschen, die in die Täler des Trentino und Veronas gekommen waren, jene Sprache entwickelt, die die Zimbern heute noch sprechen und die sich aus unbekannten Gründen seither praktisch nicht weiterentwickelt hat. Das bedeutet, die Zimbern sprechen tatsächlich heute noch untereinander mittelhochdeutsch, also die Sprache Walthers von der Vogelweide! Das kleine Dorf Lusern als kleine, geschlossene, zimbrische und das heißt mittelhochdeutsche Sprachinsel in Oberitalien ist natürlich für den Sprachkundler etwas Einzigartiges. Von den heute rund 350 Einwohnern Luserns sprechen fast 95 Prozent untereinander noch zimbrisch. Daß sich dieses Phänomen hier solange unverändert hat halten können, liegt an der isolierten Lage des kleinen Ortes ebenso wie an der Geschichte. In einer Chronik von Lusern heißt es: „Di earstn laüt bo da ham a giheft zu arbata di earde attn perge vo Lusern sain zuar girift di earstn jar vo tausundkhdraichundert!" Danach haben sich also die ersten Siedler am Berg von Lusern in den ersten Jahren von 1300, also Anfang des 14. Jahrhunderts, hier niedergelassen. Deutschsprachigen Schulunterricht gibt es bis heute bei den Zimbern von Lusern nicht. Lediglich auf freiwilliger Basis unterrichten Lehrer die Kinder in der mittelhochdeutschen Sprache der Vorfahren. Zu besonderen Anlässen singt der Kirchenchor zimbrische Lieder. Zwei Kulturvereine in der „Camaun", der Gemeinde, pflegen heute die fast 800 Jahre alte Sprache der Zimbern, und mit Unterstützung der Provinz Trient entstand ein zimbrisches Kulturzentrum mit Bibliothek und Museum.

Bei einem Gang durch Lusern fällt sofort auf, daß es außer dem einstigen österreichischen Zollhaus kaum ein altes Gebäude gibt. Während des Ersten Weltkrieges ist Lusern in Grund und Boden zerschossen und bombardiert worden. Grund dafür war die Grenzlage und die Tatsache, daß Lusern wie seine Nachbarorte mit einem kaiserlichen Festungswerk bestückt war. Auch um die Festung Lusern ist erbittert gekämpft worden. Ihre Ruinen, eine halbe Wegstunde vom Dorf entfernt, sind heute einbezogen in den Friedensweg, den die Autonome Provinz Trient entlang der einstigen österreichisch-italienischen Grenze angelegt hat. Dieser Friedensweg findet bei östereichischen wie bei deutschen Besuchern des Trentino großen Anklang. Und so hofft man in Lusern auf ein Aufblühen des Fremdenverkehrs. Nur darin sieht man langfristig die Chance des Überlebens für das kleine Dorf, dessen Bevölkerungszahl immer weiter schrumpft.

Die Landwirtschaft, einst bedeutsam für Lusern, ist, wie überall, ein Sorgenkind. Zwar gibt es im Dorf zahlreiche Arbeitsplätze bei den verschiedenen Behörden, doch allzuviele Luserner müssen auspendeln nach Trient, Rovereto oder sogar Bozen und können nur am Wochenende in ihr zimbrisches Dorf heimkommen. Wenn das Dorf aus wirtschaftlichen Gründen immer weiter ausbluten sollte, wäre der Tag abzusehen, da die letzte zimbrische Gemeinde sich auflösen würde. Um die hier und nur hier noch lebende Sprache Walthers von der Vogelweide wäre es dann geschehen. So hoffen die Luserner, daß mehr und mehr Besucher vor allem aus dem deutschsprachigen Raum sich für sie und ihre uralte zimbrische Kultur interessieren und den Weg auf die Hochfläche über dem Val d' Astico finden. Die Infrastruktur, bescheiden noch, ist vorhanden und soll demnächst ausgebaut werden in Form eines modernen Hotels, auf daß die Luserner auch in Zukunft noch sagen können: „Biar soin Zimbarn", wir sind Zimbern.

Informationen: APT degli Altopiani di Folgaria, Lavarone e Luserna, 38040 Luserna, Telefon: 0464/789 641.

Madonna di Campiglio – Die Königin der Brenta

Postleitzahl 38086, Vorwahl 0465

Madonna di Campiglio! Welche Vorstellungen werden nicht wach, wenn dieser Name fällt. Man denkt an die wilden Brentaberge, die schönste Berggruppe der Alpen, wie oft gesagt wird. Der Bocchetteweg mag einem einfallen, der schönste hochalpine Wanderweg Europas, oder die Bären, die heute noch im Naturpark Adamello - Brenta in Madonnas Umgebung frei leben. Oder es werden Bilder von der 3Tre wach, einem der berühmtesten Skirennen eines jeden Winters. Vielleicht denkt man aber auch an rauschende Kostümbälle des Habsburger Karneval zu Fastnacht. All das und noch viel mehr ist Madonna di Campiglio.

Dieser vielleicht berühmteste und, wie manche sagen, mondänste Fremdenverkehrsort des Trentino ist vor allem aber eines: ein Geschenk der großartigen Natur ringsum an die Menschen, die diese an sich nicht sonderlich reizvolle Hotelsiedlung in einer solchen Einrahmung haben entstehen lassen können. Im 12. Jahrhundert wurde am Südrande des Campo Carlo Magnopasses, über den die Menschen schon seit vielen Jahrhunderten zogen, ein Hospiz und ein Pilgerhaus auf dem „Campiglio", einer kleinen Lichtung im Wald gebaut. Augustinermönche siedelten sich hier an und weihten das Kloster der Mutter Gottes. Später kamen auch Nonnen in dieses Kloster, was Fürstbischof Bernhard von Clès veranlaßte, das Kloster 1562 aufzuheben, da die Form des Zusammenlebens von Mönchen und Nonnen nicht mehr mit den Ordensregeln vereinbar war. Das Hospiz blieb erhalten und diente weiterhin dem Zweck, Reisende aufzunehmen. Es entwickelte sich allmählich zu einem einsamen Gasthaus, in dem am 20. August 1873 die SAT, der Trentiner Alpenverein, gegründet wurde. Um diese Zeit war das aus dem Hospiz hervorgegangene Gasthaus Madonna di Campiglio schon ein Sommerfrischeziel für vornehme Europäer, vor allem für Engländer, aber auch Österreicher und Deutsche, die hier begannen, mit Hilfe einheimischer Bergführer die Brentaberge zu erobern. 1877 brannte das Haus vollkommen ab und wurde sofort von seinem Besitzer Righi moderner und luxuriöser wieder aufgebaut. Righi war sozusagen der Pionier des heutigen internationalen Fremdenverkehrsortes in den Brentabergen. Für 24.000 Gulden ließ er auch auf eigene Kosten die Straße von seinem Berggasthaus ins Rendenatal hinab ausbauen. Eines Tages tauchte ein gewisser Franz-Josef Österreicher auf, illegitimer, aber heißgeliebter Sohn Kaiser Franz-Josefs. Es gelang ihm, den Komplex Madonna di Campiglio aufzukaufen und alles zu modernisieren. Er machte das Hotel, das inzwischen aus dem Hospiz und dem Gasthaus geworden war, zum Treffpunkt des Wiener Adels und darüber hinaus der höfischen Welt Europas. Kaiser Franz-Josef, der Madonna di Campiglio sehr geliebt haben soll, hat sich mehrfach hier aufgehalten, von Kaiserin „Sissi" ist überliefert, daß sie zum Blumenpflücken auf die Bergwiesen in der Umgebung aufstieg, sehr zum Ärgernis ihrer Hofdamen, die sie ja begleiten mußten. Die Wiesen sind heute noch als „Gärten der Königin" bekannt.

Heute ist Madonna di Campiglio im Sommer ein Treffpunkt der Alpinisten vieler Länder, die von hier aus zu gewagten Klettertouren ebenso wie zu großartigen Wanderungen in die umgebenden Berge aufbrechen. Im Winter wird Madonna di Campiglio zur unbestrittenen Königin der italienischen Wintersportorte. Man sagt von ihr, daß in Madonna di Campiglio im Winter eine elegantere Garderobe und mehr Pelze getragen würden als in Mailand oder Rom. Zahlreiche Seilbahnen und Lifte jeder Art erschließen von Madonna di Campiglio aus Pistenregionen aller Schwierigkeitsgrade in einer einzigartig schönen Hochgebirgslandschaft. Schon nach dem Ersten Weltkrieg kam der Wintersport in Madonna auf, aber erst Anfang der 60er Jahre begann der große Bauboom, als vor allem Gesellschaften aus der Lombardei die großen Seilbahnen und Lifte bauten. Es entstanden große Hotels und Appartementhäuser, Geschäfte, Nachtlokale, Skischulen, kurz alles, was ein solcher internationaler Fremdenverkehrsort braucht. Seinen großen Namen als Wintersportort bekam Madonna di Cam-

In den Brentabergen

piglio durch den erstmals 1962 hier ausgetragenen Skikombinationslauf – Abfahrtslauf – Spezialslalom und Riesentorlauf – den 3Tre, der seit 1974 ausschließlich in Madonna di Campiglio stattfindet.

Sehenswürdigkeiten

Madonna di Campiglios große Sehenswürdigkeit ist die ***Lage dieses Ortes*** in der grandiosen Hochgebirgsumrahmung durch die Brenta- und Adamelloberge. Da der Ort recht jung ist, gibt es mit wenigen Ausnahmen keine architektonisch oder kunsthistorisch bedeutsamen Bauten. Die eine Ausnahme ist der ***Altbau des Hotels „Des Alpes“***, der noch aus der Zeit des Franz-Josef Österreicher erhalten ist. In seinem von rotem Plüsch geprägten Festsaal, der heute als Theater genutzt wird, erinnern Portraitbilder von Franz-Josef und Sissi an die Aufenthalte des Kaiserpaares in diesem Hause. An das einstige Hospiz, aus dem Madonna di Campiglio hervorgegangen ist, erinnert nur noch der gotische Schnitzalter aus der Hospizkapelle, der sich heute in der 1894 neu errichteten Marienkirche befindet.

Ein anderes ist das ***Café „Suisse“***, Piazza Righi 8, das im einstigen Jagdhaus des Kaisers eingerichtet ist. Bei schönem Wetter kann man hier im Zentrum von Madonna di Campiglio sehr schön draußen sitzen und das internationale Leben beobachten, das ringsum flaniert.

Madonna di Campiglio, altes Hotel

Restauranttip

„Ristorante Maso Dos". Beim Ortsteil San Antonio di Mavignola liegt in einem kleinen, in die Brentaberge führenden Gebirgstal das Berggasthaus Maso Doss, das abseits allen Trubels in Madonna di Campiglio eine exzellente bodenständige Küche (und einige zum Verlieben niedliche Bauernzimmerchen zum Übernachten) in einer einmalig schönen und ruhigen Lage bietet. ***Spezialitäten*** sind hier ***Bergbauernplatte***, Eintopf mit ***Polenta und Pfeffersoße,*** Pilze, Gulasch und Trentiner Wurstwaren. Telefon: 0465/52758.

Veranstaltungen

Unter den Veranstaltungen von Madonna di Campiglio ist besonders der ***Habsburger Karneval*** zu erwähnen. Während der Woche vor Fastnacht steht der Ort vollständig im Zeichen von Kostümbällen und anderen Veranstaltungen im Stile des Wiener Hofes um die Jahrhundertwende. Im Juli und August gibt es Theaterveranstaltungen, Schriftstellertreffen, Kunst- und Antiquitätenausstellungen.

Ende Juni und im September-Oktober finden Reitertreffen und Oldtimerrallyes statt. Die berühmteste wintersportliche Veranstaltung ist das ***Weltcuprennen 3Tre*** Anfang Dezember.

Wintersportgebiet am Passo San Pellegrino, Foto APT Trentino

Madonna di Campiglio

Madonna di Campiglio, Bildnis Kaiser Franz Josefs I. im Theater des alten Hotels Österreicher, heute „Des Alpes“

Burg Beseno mit Etschtal

Schloß Valer im Nonstal

Bergsteiger im Adamello - Gebiet, Foto APT Valle di Sole

Madonna di Campiglio, Wintersportgebiet, Foto APT Trentino

Alte Partie in Mezzocorona

Malerische Partie in Mezzocorona

Pale di San Martino vor der Segantini - Hütte

San Michele all' Adige

Am Molvenosee

Bergsteiger im Brentagebiet, Foto APT Madonna di Campiglio

Apfelernte im Nonstal, Foto APT Trentino

Etschtal gegen die Mündung des Nonstales

Welspergsee mit den Paladolomiten/Pale di San Martino

Sportliche Möglichkeiten

Madonna di Campiglio bietet praktisch jede Art von sportlichen Möglichkeiten. Im Vordergrund stehen hier natürlich Bergwandern und Klettern, zu dem Kletterschulen im Ort zur Verfügung stehen. Einen Golfplatz (Neunloch-Anlage) gibt es auf der Paßhöhe des Campo Carlo Magno Passes. Im Winter ist Madonna di Campiglio eine Hochburg des Skilaufens. Dafür gibt es 90 Kilometer präparierte Pisten, die mit dem Pistennetz von Folgarida-Marilleva im Soletal (60 Kilometer) in Verbindung stehen. Zwei Gondelbahnen, zwei Seilbahnen, 16 Sessellifte und 10 Schlepplifte können stündlich 28.000 Personen befördern. Es gibt Langlaufloipen und eine natürliche Eisbahn auf dem See im Ortszentrum.

Ausflugsziele

Campo Carlo Magno Paß. Von der oberhalb Madonna di Campiglios gelegenen Paßhöhe erschließt sich unter anderem in einer anderthalbstündigen Wanderung über die Nambinoalm der Nambinosee, von wo aus man weitere Bergseen im Adamellogebiet erreichen kann. Ein wenig unterhalb der Paßhöhe beginnt der Weg, der in dreieinhalb Stunden zum Grostèpaß führt, wo man den Bocchetteweg erreicht. Zum Grostépaß kann man auch mit der Gondelbahn vom Campo Carlo Magno Paß kommen. Zahlreiche Pfade und Steige führen von hier aus in die Bergwelt der Brenta.
Rendenatal. Das vom Sarca durchflossene, von Madonna di Campiglio südwärts auf Tione di Trento hinziehende Tal ist das Rendenatal. Es ist ein liebliches Tal, das zwischen den Brentabergen auf der einen und denen des Adamello - Presanellamassivs auf der anderen Seite liegt, mit einigen besonderen Höhepunkten. Der erste ist das bei Carisolo nach Westen ins Adamellogebiet abzweigende, sich 17 Kilometer weit hinziehende ***Genovatal***, das wegen seiner Wildheit und Unberührtheit als eines der schönsten Alpentäler überhaupt gilt. Besonders sehenswert ist im vorderen Teil der großartige ***Nardiswasserfall***.

In Carisolo selbst lohnt die ***Santo Stefanokirche*** aus dem 15. Jahrhundert einen Besuch. Sie ist innen und außen reich mit Fresken des Malers Simone Baschenis geschmückt.

Hauptort des Rendenatales ist ***Pinzolo***, Sitz der Gemeinde, zu der auch Madonna di Campiglio gehört. Hier steht die um 1000 erbaute ***Friedhofskirche San Vigilio***, die im 15. Jahrhundert umgebaut wurde und auf ihrer Südwand das rund 20 Meter lange, berühmte ***Fresko des Totentanzes*** von Simone Baschenis zeigt. Dargestellt ist der Tod, der hier von Papst und Kaiser angefangen bis hin zu den Armen und Kindern jedermann zu seinem tödlichen Tanz auffordert. Keiner kann sich ihm entziehen. Die Szenen sind begleitet von Versen im Dialekt des Tales. Der Tod auf einem Schimmel treibt den Zug der Toten an, die alle mit pfeildurchbohrtem Herzen dahergehen. Übersetzt lauten die Verse:

Ich lade zum Tanze so Herren wie Vasallen
Aus der Armut Hütten, aus Palastes Hallen:

Die Alten, die Jungen, die Bösen, die Frommen
Und sie müssen alle, alle mitkommen!

Mit mir hat getanzt der Gottessohn
Was zauderst du dort auf Petri Thron?
Tanz Kardinälchen, und tanze gut
Leg ab nun auf ewig den roten Hut!

Du stütztest dich munter am Bischofstab?
Doch wir tanzen selbander ins tiefe Grab.

Du Priester, du Mönch und du Jesuit
Ihr wehrt Euch? Kommt doch, und tanzet mit
Dort sitzt auf dem Throne felsenfest
Ein Kaiser. Ich winke, er folgt mir zum Fest
Ein Feldherr mit seiner Krieger Schwall
Wirft weg die Waffen und kommt zum Ball.
Nichts gilt mir Reicher, dein Gold und dein Glanz
Du kaufst dich nicht los von meinem Tanz.

Ich rufe, zwei Liebende hören es kaum
Doch sie kommen und tanzen. Dahin ist der Traum
Was weinst du mein Kind so zart und so klein?
Ich hole dich ja zum Ringelrein.
Ich bin der Tod mit Zepter und Krone,
Der Herr des Volkes, der Herr der Throne.
Ich lade zum Tanze die Bösen, die Frommen
Und sie müssen alle, alle kommen.

Die hier dargestellten Szenen des Totentanzes werden alljährlich in einer szenischen Aufführung im Rahmen des Trentiner Schloßsommers in Pinzolo durch Schauspielgruppen dargestellt.

Auch beim Dörfchen Pelugo, schon ziemlich im unteren Teil des Rendenatales, steht eine von Simone Baschenis reich mit Fresken verzierte Kirche, die aus dem 15. Jahrhundert stammende Kirche ***San Antonio Abate***.

Informationen: APT Madonna di Campiglio - Pinzolo - Val Rendena, 38 084 Madonna di Campiglio, Telefon: 0465/42000, FAX: 40 40 4

Pinzolo, St. Stephanskirche

Molveno – Zwischen Paganella und Brenta-Bergen

Postleitzahl 38018, Vorwahl 0461

Eine der schönsten Landschaften mit einigen der attraktivsten Fremdenverkehrsorten des Trentino ist die weite Hochfläche zwischen der Paganella und den Brenta-Bergen hoch über dem Etschtal. Mittelpunkt dieser touristisch seit langem bedeutsamen Region ist der Fremdenverkehrsort Molveno am gleichnamigen See, der übrigens der zweitgrößte See des Trentino ist, aber erst vor rund 3000 Jahren entstand.

Hier oben auf der Hochfläche zwischen den markanten Berggestalten trafen seit dem frühen Mittelalter die Herrschafts- und Einflußgebiete verschiedener Territorialherren zusammen, die sich - formell als Vögte der Fürstbischöfe von Trient amtierend - gegenseitig befehdeten. Es waren vor allem die Grafen von Tirol, Flavon, Del Monte und Saracini.

Molveno gehört heute zu den wichtigsten touristischen Orten im ganzen Land. Seine Geschichte als Fremdenverkehrszentrum auf der Hochfläche zwischen Nonstal und Judicarien, die vom Etschtal durch die Paganalla getrennt ist, begann schon im vorigen Jahrhundert, als die bergsteigerische Erschließung der Brenta aufkam. Damals versuchten viele Brentabesucher, die wilde Dolomitenwelt von Molveno aus zu erreichen. Aus dieser Zeit stammen schon die ersten Hotels, die damals bereits einen hervorragenden Namen hatten und internationalen Besuch vorweisen konnten. Gleichzeitig entdeckte man aber auch den Molvenosee mit seinem für die Höhenverhältnisse von mehr als 850 Metern extrem warmen Wasser. Die Wassertemperatur ließ hier oben fünf Monate Badevergnügen zu. So wurde Molveno ebenso zu einem Bergsteigerort wie zum Urlaubsort für Badegäste. Leider wird der Molvenosee zur Energiegewinnung genutzt, und es wird Gletscherwasser vom Adamellogletscher in ihn geleitet. Damit ist natürlich sein hydrologisches Gleichgewicht ebenso wie sein Temperaturhaushalt völlig durcheinander geraten. Doch im Sommer wird der Wasserspiegel des auffallend blauen Sees wieder auf sein natürliches Niveau aufgestaut, so daß der Molvenosee nach wie vor ein einzigartiges Bade- Segel- und Surfparadies ist.

Sehenswürdigkeiten

Der amphitheatermäßig über dem See aufsteigende Ort ist insgesamt mit seinen ***alten Gassen und Straßen*** recht sehenswert. Anschauen sollte man sich im Unterdorf die ***Kirche San Vigilio*** aus dem 13. Jahrhundert mit Fresken aus dem 14. Jahrhundert und einem schönen romanischen Tor. Lohnend ist eine Fahrt mit der Gondelbahn auf den 1366 Meter hohen ***Pradel***, von wo aus man einen hervorragenden Überblick über Molveno und den See hat. Fährt man dann noch mit dem Sessellift weiter auf den 1528 Meter hohen Croz dell' Altissimo, bietet sich ein großartiger

Blick, der sowohl zu den Bergen der Brenta und zum Paganellamassiv als auch zur anderen Seite nach Andalo reicht.

Restauranttip

Wer in Molveno besonders gut essen will, sollte im ***„El Filó"*** einkehren. Das Lokal ist sowohl von seiner Einrichtung, der hervorragenden Küche als auch dem Service her außerordentlich empfehlenswert. Telefon: 0461/586 151.

Das besondere Hotel

"Molveno Grand Hotel". Das Haus liegt abseits des Dorfes im Wald unterhalb der nach San Lorenzo in Banale führenden Straße unmittelbar am See in einer einzigartigen Lage mit großartigem Blick über den See hinweg auf die Brentaberge. Telefon: 0461/586 934, FAX: 586 176.

Camping: Molveno hat am See einen besonders schönen Campingplatz, die Anlage „Spaggia Lago di Molveno", via Lungolago 27, Telefon: 0 461/586 978. FAX: 586 330.

Sportliche Möglichkeiten

Molveno bietet mit seinem See jede Art von Wassersportmöglichkeiten. Für Wanderer ist die Fülle der Angebote geradezu unbegrenzt. Im Bereich der Paganella sind es vor allem einfachere Bergtouren. Am einfachsten erreicht man die Höhenlagen der Paganella von Andalo (siehe weiter unten) mit der Gondelbahn. Auch von der Höhe des Pradel (Gondelbahn) und Croz dell' Altissimo (Sessellift) ergeben sich wunderschöne Wandermöglichkeiten. Für Freunde des Mountainbikefahrens ist Molveno ein guter Standort, gibt es doch von hier aus einige spezielle „Wanderwege" für diese Sportart.

Ausflugsziele

Andalo. Das 1042 Meter hoch gelegene Dorf, das von Molveno lediglich durch den Pradelrücken getrennt ist, hat sich in den letzten Jahren zu einem bevorzugten Wintersportplatz entwickelt. Es bietet eine gut ausgebaute Infrastruktur mit Gondelbahnen, Liften und Pisten sowie eine ansprechende Hotellerie. Diese gute Ausstattung des Ortes einerseits und die Gondelbahn zum Doss Pelà als Zubringerin für die Paganella machen Andalo auch zu einem bevorzugten Ferienort für Wanderer. Eine besondere Attraktion von Andalo ist der See, der an der tiefsten Stelle des Dorfes kommt und geht, wie es ihm gefällt. Der See von Andalo ist karstischen Ursprungs. Meist füllt sich im Frühjahr das Seebecken mit Wasser und trocknet im Laufe des Sommers wieder aus.

Eine sehr schöne Wanderung führt von Andalo in drei Stunden zur ***Malga Spora***, 1851 Meter hoch gelegen, die sich als guter Ausgangspunkt für weitergehende Touren in die Brentaberge, vor allem in Richtung des Grostè-Passes anbietet, einem der zentralen Knotenpunkte der Wanderwege und -steige in der Brenta. Beliebt ist auch die Tour auf die ***Paganella***, wobei man von Andalo aus mit der Gondelbahn zum Doss Pelà und von dort aus mit dem Sessellift zum 2125 Meter hohen Gipfel fährt. Der Blick von dort oben über weite Teile des Trentino bei klarem Wetter ist einzigartig. Zurück kann man nach Andalo über bequeme Wege wandern.

Fai della Paganella. Unter den drei Orten auf dem Altopiano zwischen Paganella und Brenta, Andalo, Fai und Molveno ist Fai derjenige, der sozusagen die Aussichtsloge bildet. Denn von dem 958 Meter hoch gelegenen Dorf, das sich auf einer weiten Terrasse ausdehnt, hat man einen ungehinderten Blick vor allem ins Etschtal hinab. Fai ist ein im Sommer wie im Winter viel besuchter Fremdenverkehrsort, der viele Wandermöglichkeiten, besonders im Paganellagebiet bietet. Eine Kette von drei Sesselliften führt von Fai zum Paganellagipfel und erschließt hier ein sommerliches Wandergebiet ebenso wie ein winterliches Pistenrevier. Dieses Skigebiet der Paganella, das man im Etschtal nicht einmal ahnt, geschweige denn sieht, ist ein ausgesprochenes Familiengebiet. Die Mehrzahl der Pisten gilt als leicht. Fai della Paganella, dem Etschtal am nächsten, ist sicherlich der preiswerteste Ort auf der Hochfläche. Fai hat sich in den letzten Jahren auch durch sein Tenniszentrum einen besonderen Namen gemacht.

Nähere Informationen: APT Dolomiti di Brenta - Altopiano della Paganella, 38 018 Molveno, Telefon: 0461/586 924; 30 010 Andalo, Telefon: 585 836 und 38 010 Fai della Paganella, Telefon: 583 130.

Nonstal – Val di Non, Geschichte unter Apfelbäumen

Eigentlich ist das Nonstal kein echtes Tal, sondern eine gewaltige Hochfläche, die in mehreren Stufen zum Gebirge hin ansteigt, und in die der Nocebach sich tief, zum Teil wilde Schluchten bildend, eingefressen hat. Betrachtet man es allerdings als Tal, was normalerweise geschieht, ist es das größte Tal des Trentino, das bei der Mündung des Noce in die Etsch bei Mezzocorona beginnt und sich bis vor Malè hinzieht, von wo an man das Tal als Val di Sole bezeichnet. Die vielen Burgen, die im Nonstal zu sehen sind, machen schon deutlich, daß dieses Tal in der Geschichte eine besondere Rolle gespielt hat.

Das Nonstal ist ein Apfelparadies. Unzählige Apfelbäume bedecken die weiten Flächen links und rechts des Noce, wo im Frühjahr der Blütenschnee der Obstplantagen zum Schnee auf den Gipfeln aufsteigt, die ringsum das Nonstal einrahmen. Die wichtigsten Apfelsorten, die hier angebaut werden, sind Canada Renette, Golden Delicious und Roter Delicious. Neben dem Obstanbau spielt die Viehzucht, die Milchviehhaltung, gerade im Nonstal eine besondere Rolle. Das Tal gehört zu den wichtigsten Käseerzeugungsgebieten im Trentino. Mehr und mehr wird der Fremdenverkehr im Nonstal wichtig. Für ihn hat dieses Tal einige überragende Schätze, die stattlichen Schlösser, den märchenhaften Tóvelsee, die letzten wildlebenden Braunbären Mitteleuropas im Naturpark Adamella-Brenta, von dem das Nonstal im Südwesten ein Stück besitzt. Der größte Stausee des Trentino, der See von Santa Giustina, liegt im Nonstal, und die einzige, heute noch betriebene Schmalspurbahn des Trentino, die Trento-Malè-Bahn, verkehrt durch das Tal.

Clès – wo die Nonstaler Römer wurden

Postleitzahl 38023, Vorwahl 0463

Der Hauptort des Nonstales liegt unweit des großen Stausees Santa Giustina und beim Zusammentreffen eigentlich aller Straßen, die die verschiedenen Teile und Seitentäler des Nonstales erschließen. Inmitten einer weiten, von Obstbäumen und Schlössern geprägten sonnigen Landschaft ist Clès das landwirtschaftliche und touristische Zentrum des Tales, ebenso wie der Mittelpunkt für Handel und Gewerbe. 1869 fand man nahe Clès die „Tavola Clesiana“, das Edikt des römischen Kaiser Claudius aus dem Jahre 46 nach Christus. Mit diesem Edikt verlieh der Kaiser den Anaunern, den Bewohnern der Nocetäler, also Nonstal und Soletal, das römische Staatsbürgerrecht.

Sehenswürdigkeiten

Im Mittelpunkt des Ortes steht der ***Assessorenpalast***. Hier residierten im Mittelalter zeitweise die Assessoren genannten Statthalter der Fürstbischöfe. Im Inneren gibt es schöne Säle, die mit kostbaren Holzdecken versehen und mit Wandmalereien verziert sind. In dem Gebäude, das bereits 1356 erwähnt wird, befindet sich heute die Stadtverwaltung. Vor dem Palazzo ist eine Nachbildung der berühmten Tavola Clesiana aufgestellt.
Marienkirche. Erstmals 1128 erwähnt, gilt die Kirche als wesentlich älter. Im 16. Jahrhundert wurde sie im Renaissancestil umgebaut.

Sportliche Möglichkeiten

Das Nonstal ist ein großartiges Gebiet zum Wandern, vor allem für Familien, ebenso wie für Mountainbikefahren und für Reitausflüge. Hierzu wendet man sich an Agriturismo Equestre (einen Reiterhof) Agostini, 38 010 Tavon, via San Romedio 33, Telefon: 0463/536 454, 536 268.

Ausflugsziele

Schloß Clès. Ein bequemer und aussichtsreicher Fußweg führt in etwa einer halben Stunde von Clès aus nach Schloß Clès, das hoch über dem Stausee von Santa Giustina liegt. Bereits vor dem Jahre 1000 errichtet, ist das Schloß, in dem 1485 Bernhard von Clés, der bedeutendste Fürstbischof von Trient, geboren wurde, 1597 neu gestaltet worden. Der wuchtige Mitteltrakt des Schlosses wird von zwei Verteidigungstürmen flankiert, die im Volksmund als „Diesseitsturm“ und „Jenseitsturm“ bezeichnet werden. Im Inneren des Schlosses sind Fresken von Fogolino, wertvolle Gemälde und schöne Holzdecken zu sehen. Zu besichtigen ist das Schloß nur nach Absprache mit dem Besitzer, dem Baron Leonardo Clès. Telefon 0463/401 081. Bei einer Terminabsprache ist die APT behilflich.

Coredo. Nahe dem Staudamm von Santa Giustina breitet sich auf dem linken Noceufer inmitten weiter, grüner Wiesen das alte Dorf Coredo aus, das lange Zeit Sitz des fürstbischöflichen Statthalters für das Nonstal und das Soletal war. Schon Ende des vorigen Jahrhunderts war Coredo ein beliebter Ort für vermögende Gäste. Daran erinnern heute noch einige Jugendstilvillen im höher gelegenen Ortsteil. Sehenswert in Coredo ist einmal die Casa Marta, eine alte, kostbare Villa im venezianischen Stil. Das wichtigste Gebäude des Ortes ist jedoch der Palazzo Nero, ein massiger Bau aus dem 14. Jahrhundert, lange der Sitz des mit der Rechtsprechung beauftragten Statthalters. Im Inneren des kostbaren, gotischen Gerichtssaales sind die Wände mit einem Freskenzyklus verziert, der die Geschichte der französischen Königin Genoveva von Brabant zeigt.

Denno. Das Dorf im unteren Nonstal hat verschiedene kunsthistorisch bedeutsame Sehenswürdigkeiten. Im Mittelpunkt eines Komplexes alter Bauten erhebt sich die spätgotische Pfarrkirche aus der Mitte des 16. Jahrhunderts. Am Taufbecken sind Schnitzereien von Bezzi zu sehen, aus dem 17. Jahrhundert. Der Hochaltar sowie mehrere auf Leinwand geschaffene Gemälde stammen aus der Barockzeit. Wandmalereien der Familie Baschenis sind in der Kirche San Pietro zu sehen. Fresken aus dem 15. Jahrhundert hat auch die Kirche Santa Agnese. Sehenswert sind die Häuser Tavonati-Dalpiaz und Paternoster.

Nanno. Möglicherweise das älteste Dorf im Nonstal. Es ist besuchenswert wegen seines hübschen Dorfplatzes mit den reich verzierten Häuserfassaden aus dem 17. Jahrhundert und einem typischen Dorfbrunnen. In der Nähe des Dorfes steht Schloß Nanno, das bereits auf ein römisches Kastell zurückgeht und von den Madruzzos ausgebaut wurde. Der quaderförmige Bau mit dem aufgesetzten Turm sieht besonders schön im Frühjahr aus, wenn er sich aus den ringsum blühenden Apfelbäumen heraushebt.

Rumo. Im Norden des Nonstales liegt das aus dem Mittelalter stammende Dorf im Valle di Rumo, einem der landschaftlich schönsten alpinen Täler im Nonstalgebiet.

Hauptort ist Marcena. Beim nahegelegenen Mione birgt die Kirche San Uldarico besonders schöne Fresken der Brüder Baschenis von 1471.
San Zeno. Das alte Dorf gilt als der Ort, an dem im 4. Jahrhundert die Missionare Sisinius, Martyrius und Alexander getötet wurden. Auf Geheiß des Fürstbischofs Giovanni Hinderbach wurde daher 1472 eine prunkvolle Kirche zu Ehren der Heiligen erbaut, der sogenannte Dom des Nonstales. Besonders sehenswert ist daran das Portal von 1542, das im wesentlichen gotisch gehaltene Innere und der prachtvolle Barockaltar von 1771. Rechts steht die Gedächtniskapelle für die Heiligen mit ihrem Sarkophag. Der heilige Vigil ließ bereits Anfang des fünften Jahrhunderts eine erste Grabkapelle für die Heiligen hier bauen.

Sanceno ist Ausgangspunkt für einen Besuch der ***Einsiedelei San Romedio***, einer der eindrucksvollsten Wallfahrtsstätten Europas. Am Ende des schluchtartigen Romediotales ragt auf einem hohen Felsen ein Konglomerat aus mehreren Kirchen und Einsiedlerzellen auf. Die erste Kirche zu Ehren des aus Thaur bei Innsbruck stammenden Romedius entstand um 1000. Im 13. Jahrhundert wurde ein Kloster gebaut. Inzwischen sind hier auf der Felsenspitze in einzigartiger Weise fünf Kirchen in- und übereinander verschachtelt. Der heilige Romedius wird immer mit einem Bären zusammen dargestellt, manchmal auf einem Bären reitend. Die Legende berichtet, daß er auf einem Bären in die Stadt Trient eingeritten sein soll. Daran erinnern die Bären, die heute noch in einem Zwinger beim Heiligtum San Romedio zu sehen sind. Volkskundlich hoch interessant sind in San Romedio die vielen Votivtafeln, die gläubige Pilger im Treppenaufgang und in den einzelnen Kirchen hier angebracht haben.
Tassullo. Am Rande des weitläufigen Dorfes steht das mächtige Schloß Valer mit seinem markanten achteckigen Turm, der den Komplex 40 Meter hoch überragt. Es gibt hier eine wunderschöne Renaissance-Loggia und eine von den Baschenis ausgemalte Kapelle. Schloß Valer kann nur auf Anfrage besichtigt werden.
Tóvelsee. Von Tassullo fährt man über Tueno zu diesem schönsten Gebirgssee des Trentino. Seine Lage am Ende des Tóveltales im Bereich des Naturparks Adamello - Brenta, inmitten dichter Wälder, über denen sich die wild gezackten Berggestalten der Brenta erheben, macht ihn zu einem vielbesuchten Ausflugsziel. Jahrelang war die im Spätsommer regelmäßige Rotfärbung des Sees eine besondere Attraktion. Sie wurde durch eine Alge hervorgerufen. In den letzten Jahren ist die Rotfärbung aus bislang unbekannten Gründen weitgehend ausgeblieben.
Schloß Bragher. In der Nähe von Taio steht dieses Schloß als eines der schönsten des schlösserreichen Nonstales. Ende des 13. Jahrhunderts wurde mit dem Bau begonnen. In späteren Zeiten wurde er erweitert und ist heute ein prunkvolles Bauwerk, das reich ist an vorzüglich erhaltenen Kunstwerken und Einrichtungsgegenständen. In seinen Sälen kann man Fresken, Wandteppiche, Skulpturen und Gemälde besichtigen. Als Privatbesitz kann Schloß Bragher nur nach persönlicher Anfrage besichtigt werden.

Schloß Thun. Es ist eines der größten und prächtigsten Schlösser im Nonstal, Stammschloß der gleichnamigen Adelsfamilie, die in weiten Teilen Mitteleuropas zu Reichtum und Ansehen gekommen ist. Das Schloß stellt einen ausgesprochenen Palast dar, mit mehreren Türmen, Höfen und Maueranlagen. Es gehört heute der Autonomen Provinz Trient, allerdings kann man bisher lediglich die Höfe und Gärten besichtigen. Nach gründlicher Renovierung wird es 1995 der Öffentlichkeit zugänglich gemacht werden.

Informationen: APT della Valle di Non, 38 010 Coredo, Piazza dei Cigni 3, Telefon: 0463/536 499.

Fondo – des Kaisers Sommerfrische

Postleitzahl 38013, Vorwahl 0463

Der Hauptort des oberen Nonstales verdankt seinen Wohlstand einmal dem holzverarbeitenden Handwerk, dann der Landwirtschaft, vor allem dem Obstanbau (Äpfel und Birnen), aber auch der Käseerzeugung und schließlich dem Tourismus. Der ist hier oben schon alt, denn in Ruffrè erinnert heute noch ein stattliches Gebäude im berühmten Schönbrunngelb daran, daß schon die Kaiserfamilie zu Habsburgerzeiten hier oben in die Sommerfrische kam. Dank der Höhenlage ist die Umgebung von Fondo heute nicht nur im Sommer ein beliebtes Wandergebiet, sondern bietet auch Möglichkeiten für den Wintersport. Verkehrsmäßig ist Fondo immer noch wichtig, da hier die beiden aus Südtirol kommenden Paßstraßen Gampen von Meran und Mendel von Eppan zusammentreffen.

Sehenswürdigkeiten

Der Ort wird beherrscht von der ***Pfarrkirche San Martino*** von 1188. Besonders charakteristisch für Fondo sind die Fresken auf den alten Hausfassaden im historischen Ortskern. Sie stammen aus dem 14. und 15. Jahrhundert und zeigen auffallend viele Motive mit dem heiligen Jakob von Compostella. Zu seinen Ehren gibt es im Juli eine nächtliche Lichterprozession durch die Schlucht von Fondo. Diese Schlucht, die aus der Eiszeit stammt, gilt als eine der eindrucksvollsten des Trentino. Da sie verhältnismäßig breit ist, kann man sie gut durchwandern. Sie ermöglicht so eine eindrucksvolle Verbindung vom Ortszentrum zum Smeraldo-See.
Castelfondo. Eine halbe Stunde Weges vom Dorf Castelfondo entfernt liegt am Ende eines kleines Tales Schloß Castelfondo, eines der hübschesten kleineren Schlösser des Trentino, die heute noch bewohnt sind. Es lohnt sich durchaus, beim Schloß

nachzufragen, ob man es besichtigen kann. Denn offiziell ist es nicht zugänglich. Mitunter ist auch die APT in Fondo bei einer Terminvereinbarung behilflich.

Mendelpaß. Nahe dem Ort Ruffrè, einem aus zahlreichen im Wald verstreut liegenden Häusern bestehenden Fremdenverkehrs- und Wintersportort, liegt der Mendelpaß. Hier oben verläuft die Grenze zwischen dem Trentino und Südtirol. Die von der österreichischen Militärverwaltung gebaute Mendelstraße, eine der großartigsten Paßstraßen Südtirols, zieht von hier aus nach Eppan an die Südtiroler Weinstraße hinab. Zum Mendelpaß herauf kommt die ***Mendelbahn***, eine der letzten Zahnradbahnen der Alpen. Sie war übrigens die erste dieser Art, die gebaut wurde. Unmittelbar an der Grenze, aber noch auf Trentiner Gebiet, führt eine aussichtsreiche Straße auf den 1737 Meter hohen ***Monte Penegal***, einen hervorragenden Aussichtsberg, von wo aus man weit in die Dolomiten schauen kann. Hier oben gibt es einige Skilifte und ein bescheidenes Wintersportgebiet. Zwischen der Paßhöhe, der Mendel, und dem Ort Ruffrè steht die einstige Sommerresidenz der Habsburger. Sie beherbergt heute das Kulturzentrum der Universität Cattolica aus Mailand.

Ronzòne. Wie auf einem Aussichtsbalkon über dem oberen Nonstal liegt das Dorf inmitten einer weiten Wiesenlandschaft. Hier gibt es ein ausgezeichnetes Restaurant, das Ristorante ***„Orso Grigio“***, Telefon: 0463/832 198. Spezialitäten sind hier Strangulapreti, Hirschkotelett mit Preiselbeeren und Ricotta - (Quark) - Torte.

Nonsberg. Ein interessanter Ausflug führt von Fondo aus zur sogenannten ***Deutschgegend am Nonsberg.*** Es handelt sich um die vier Dörfer St. Felix und Unsere liebe Frau im Walde, beide an der von Meran heraufkommenden Gampenstraße, sowie um Laurein und Proveis. Diese beiden Dörfer gehören ebenso wie die beiden anderen zu Südtirol, zur Provinz Bozen, sind aber straßenmäßig nur über Trentiner Gebiet zu erreichen. Zur Zeit wird eine direkte Straßenverbindung zum Südtiroler Ultental gebaut, der Termin ihrer Fertigstellung ist allerdings noch ungewiß. Proveis und Laurein sind einfache Bergbauerndörfer. Vor allem vom hochgelegenen Proveis aus hat man einen faszinierenden Fernblick zu den Gletschern des Adamello - und Presanellagebietes.

Spezialitäten

Das obere Nonstal ist eine Hochburg der Milchwirtschaft und der Käseproduktion. Man sollte die Gelegenheit nutzen, in einer der ***Käsereien*** den Betriebsablauf und die Lagerkeller zu besichtigen und den köstliche Trentiner Grana - Käse zu kaufen. Zum Beispiel in Fondo im Caseificio Soziale di Fondo, Telefon: 0463/81294.

Sportliche Möglichkeiten

Wandern, im Bereich des Mendelpasses ein wenig Wintersport, Reitausflüge: Maneggio Roen, 38 010 Amblar, Via Al Canton, Telefon: 0463/832 344, Golf. Bei Sarnonico entstand ein neuer Neunloch-Golfplatz des Dolomiti Golfclub Sarnonico, Telefon: 0463/832 698.

Informationen: APT di Val di Non, 38 010 Fondo, Piazza San Giovanni 14, Telefon: 0463/831 133, FAX: 830 161.

Riva del Garda – am „Mittelmeer des Trentino"

Postleitzahl 38066, Vorwahl 0464

Riva del Garda, neben dem benachbarten Torbole der einzige Trentiner Ort am größten See Italiens, liegt in seinem schönsten Winkel. Hoch ragen die Berge hier an der Nordspitze des Sees auf, geben dem Wasser einen großartigen Rahmen. Sie sind aber auch daran beteiligt, daß hier am Trentiner Teil des Gardasees ein so besonderes, günstiges Klima herrscht. Dieses südländische Klima, das Zypressen, Ölbäume und Zitronen, Palmen und Lorbeerbäume gedeihen, das am Abend die Menschen draußen vor den Cafès sitzen und sie bis spät in die Nacht auf dem „Corso" flanieren läßt, macht zusammen mit dem südländisch-malerischen Bild der Altstadt von Riva del Garda den Gardasee wahrhaftig zum Mittelmeer des Trentino.

1439 war der Gardasee hier Zeuge einer der kühnsten Aktionen der Geschichte des Seekrieges, als die Venezianer mit einer Flotte von 25 Kähnen und 6 Galeeren anrückten, aber nicht über den See, der damals vom Mailänder Visconti kontrolliert wurde, sondern über Land. Sie waren die Etsch bis zur Höhe von Rovereto hinaufgefahren, um dann in einer fast übermenschlichen Leistung die ganze Flotte mit Hilfe von 2000 Ochsen, Karren und Seemannsarmen bis zum Gardasee über 13 Kilometer zu schleppen. Am See angelangt, ließen sie die Schiffe zu Wasser und zerschlugen die Flotte des Visconti, womit sie Riva eroberten und das ganze Gebiet des oberen Gardasees ihrer Republik Venedig einverleibten.

Die kleine Stadt Riva del Garda, überragt von der 1521 Meter hohen Rocchetta, entzückt den Besucher mit ihrem Gewirr altertümlich-malerischer Gassen ebenso wie mit belebten Uferpartien und Plätzen, auf denen die Cafés und Restaurants ihre Tische und Stühle unter freiem Himmel stehen haben, und wo bis in die Nacht hinein Leben herrscht. Das Klima, die schöne Lage, das bilderbuchreife Gesicht der Altstadt, die vielen Wassersportmöglichkeiten und eine gewachsene, gediegene touristische Infrastruktur, vor allem im Hotelwesen, machen Riva del Garda heute zu einem der wichtigsten Ferienorte Italiens. Acht Monate, von Ostern bis Oktober, dauert hier die Saison. Seit nach dem Zweiten Weltkrieg die ersten deutschen Urlauber hier am

Gardasee Italien zu erleben und zu lieben begannen, ist Riva allerdings eine Hochburg des deutschen Tourismus. Im Hinblick auf die vielen süddeutschen Wassersportler, die am Wochenende hierher kommen, wird wohl auch mitunter der Gardasee als das „Meer der Münchener" bezeichnet.

Sehenswürdigkeiten

Besonders sehenswert im alten Stadtkern von Riva del Garda ist die ***Piazza 3 Novembre***, unmittelbar am inneren Hafen. Hier stehen zahlreiche Gebäude im venezianisch-lombardischen Stil, wie das venezianisch geprägte Rathaus aus dem 13. Jahrhundert, das über Bogengänge aus dem 15. Jahrhundert mit dem Palazzo Pretorio verbunden ist. Frei auf dem Platz steht der Wehrturm ***Torre Apponale*** mit einer großen Uhr. Er wurde im 13. Jahrhundert zum Schutz des Hafens und als Warenlager errichtet. Gleich neben dem Turm befindet sich das Hotel „Sole", in dem Friedrich Nietzsche seinerzeit gewohnt hat. Der Philosoph hat damals geäußert, daß er am liebsten seinen Lebensabend als Einsiedler in der Spitze der Torre Apponale verbringen möchte.

Burg Rocca. Sie liegt im Wasser des Sees, ist von vier mächtigen Ecktürmen und einer Zugbrücke geschützt. 1124 wurde sie gebaut. Von der ursprünglichen Gestalt ist heute nichts mehr zu sehen, da die wechselnden Herren über Riva, die Scaliger, Visconti, Venezianer und die Fürstbischöfe von Trient sie immer wieder haben umbauen lassen. Die Österreicher machten sie zur Kaserne. Der in jüngster Zeit renovierte Bau steht im Mittelpunkt des kulturellen Lebens von Riva. Hier befindet sich das ***Stadtmuseum,*** die Stadtbibliothek ist hier untergebracht, Konzerte werden veranstaltet.

Inviolata - Kirche. Im Auftrage des Gouverneurs von Riva, Gaudenzio Madruzzo, wurde diese achteckige Kirche 1603 von einem portugiesischen Baumeister errichtet. Äußerlich ist sie ausgesprochen unscheinbar, doch gehört sie wegen ihrer reichen Innenausstattung mit Gemälden, Altären und Dekorationen zu den bedeutendsten Sakralbauten des Trentino und gilt als schönste Barockkirche des Landes.

Bastione. Eine halbe Stunde steilen Aufstiegs braucht man, um zur alten Festung zu kommen, deren Ruinen auf einem Felsvorsprung unter der Rocchetta liegen und einen geradezu atemberaubenden Ausblick auf Riva und den Gardasee bieten. Der französiche General Vendôme hat die 1508 erbaute Festung genau 200 Jahre später im Jahre 1703 sprengen lassen. Wesentlich bequemer als zu Fuß kommt man übrigens mit der Seilbahn hier oben herauf. Abends wird das Gemäuer von starken Scheinwerfern angestrahlt und regelrecht aus dem Berg herausgehoben.

Wasserfall von Varone. Eine Stunde zu Fuß oder wenige Minuten mit dem Auto braucht man, um den 87 Meter hohen Wasserfall zu erreichen, das großartigste Naturschauspiel hier am Gardasee. Das Wasser des Tennosees stürzt hier durch eine tief in die Felsen eingefressene Schlucht in die Tiefe. Thomas Mann hat diesem Wasserfall in seinem „Zauberberg" ein literarisches Denkmal gesetzt.

Riva del Garda

Museum

Museo Civico, das Stadtmuseum in der Burg Rocca. In verschiedenen Sälen sind hier sowohl Exponate zur Stadtgeschichte zu sehen als auch eine Pinakothek mit Bildern italienischer Meister, aber auch Funde, die man in der Pfahlbausiedlung im Ledrosee gemacht hat. Geöffnet März bis Oktober täglich außer montags 10.00 Uhr bis 12.00 Uhr und 14.00 Uhr bis 18.00 Uhr.

Restauranttip

„Vecchia Riva", eines der bekanntesten Feinschmeckerlokale des Trentino. Spezialität sind hier rote Bandnudeln mit Lauch und Flußbarschfilets. Man kann sehr schön im Innenhof draußen sitzen. Via Bastione 3, Telefon: 0464/555 061.

Das besondere Hotel

„Hotel du Lac et du Parc". Das in einem 70.000 Quadratmeter großen Park mit wunderschönem alten Baumbestand am See gelegene Hotel ist wohl das schönste Haus des Trentino. Störend ist nur, daß das Hotel keinen eigenen Strand hat, daß zwischen dem Hotel und seinem Park einerseits und dem Strand andererseits die öffentliche Strandpromenade verläuft. Viale Rovereto 44, Telefon : 0464/551 500, FAX: 555 200.

Jugendherberge in der Piazza Cavour 10, Telefon: 0464/554 911.

Camping: Camping Monte Brione, via Brione 32, Telefon: 0464/520 885.

Veranstaltungen

Alljährlich Ende August gibt es in Riva del Garda die sogenannte ***Märchennacht***. Es handelt sich dabei um die Abschlußveranstaltung einer Serie von Feuerwerksnächten, die zwischen Juli und Ende August an und auf verschiedenen Trentiner Seen veranstaltet werden. Es ist ein Fest des Feuers, des Lichtes und der Geschichte, ein Wiederaufleben der Seeschlacht zwischen der Republik Venedig und den Visconti.

Jeden zweiten und vierten Mittwoch im Monat findet in der Altstadt im Bereich der Viale Dante, der Viale C. A. Pilati und der via Prati ein ***bunter Markt*** statt. Hier kann man Trödel ebenso kaufen wie Lebensmittel.

Einkaufstip

Den besten ***frischen Fisch*** aus dem Gardasee kauft man in der Pescheria Enzo Bonetti, via Florida 18, Telefon: 0464/551 7 40.

Sportliche Möglichkeiten

Natürlich kann man auch in der Umgebung Rivas wandern und bergsteigen, zum Beispiel auf den Monte Brioni. Es gibt hervorragende Möglichkeiten zum Mountainbikefahren ebenso wie zum Reiten, aber Riva und der Gardasee sind nun einmal das Wassersportzentrum des Trentino schlechthin. Zahlreiche Schulen stehen zur Verfügung, Segeln, Surfen oder Tauchen zu lehren. Jegliche Art von Wasserfahrzeugen, Sportgerät und Ausrüstung kann ausgeliehen werden.

Ausflugsziele

Torbole. Der bekannte Fremdenverkehrsort, neben Riva der einzige Trentiner Uferort am Gardasee, ist schon von Goethe in Briefen und Tagebuchnotizen begeistert beschrieben worden. Eine Gedenktafel im Ort erinnert heute noch an Goethes Aufenthalt in Torbole. Wahrscheinlich würde Goethe sich heute allerdings in Torbole nicht mehr wohlfühlen. Als ausgesprochener Sportlertreff, vor allem von Surfern und Mountainbikefahrern, hat Torboles ursprüngliche Atmosphäre sehr stark gelitten. Der Ort ist heute leider ein Beispiel für den Massentourismus mit seinen unschönen Auswirkungen geworden. Es ist kein Ort mehr, um die Atmosphäre des Südens zu genießen, wie etwa nebenan noch in Riva.

Eine Rundfahrt um den Gardasee. Diese Rundfahrt führt zwar überwiegend aus dem Trentino hinaus, doch sollte man sich die Gelegenheit nicht entgehen lassen, die Tatsache zu nutzen, daß es heute auf beiden Seiten des Gardasees eine Uferstraße gibt. Dabei gehört die sogenannte ***Gardesana occidentale***, also die Straße auf dem Westufer des Gardasees, zu den großartigsten Panoramastraßen der Alpen. In die zum Teil senkrecht in den See fallenden Felswände ist diese Straße mit Hilfe von mehr als 50 Brücken und 74 Tunnels hineingearbeitet worden. Sie ist ein ausgesprochenes Meisterwerk der Straßenbaukunst. In Peschiera beginnt dann die Gardesana orientale, die Uferstraße auf dem nicht ganz so schroffen und wilden Ostufer, von wo aus man immer wieder wunderschöne Blicke über den See auf das gewaltige Felsszenario drüben auf der Westseite hat. Insgesamt beträgt die Entfernung für die Rundfahrt um den Gardasee etwa 120 Kilometer. Man sollte sich aber einen ganzen Tag Zeit für dieses großartige Erlebnis nehmen.

Lohnend ist auch ein ***Ausflug mit dem Motorschiff*** von Riva aus über den See. Diese Schiffe fahren, zum Teil als Autofähren, mehrmals täglich in verschiedene Richtungen.

Ledrotal. Nur wenige Kilometer westlich von Riva liegt das Hochtal von Ledro. Hier ist nichts mehr von der Betriebsamkeit Rivas, nichts vom Massentrubel Torboles. Das Ledrotal ist geprägt von Naturschönheit und ungeachtet der hervorragenden touristischen Infrastruktur des Hauptortes Molina di Ledro, als auch der kleinen Dörfer, immer noch ein Tal der Stille. Bei einer künstlichen Absenkung des Wasserspiegels des hübschen ***Ledrosees*** stieß man 1929 auf die Überreste einer Pfahlbausiedlung, die zur Bronzezeit, also vor etwa 4000 Jahren, hier geblüht haben dürfte. Der Umfang der Siedlungsreste und die Vielzahl der Funde machten die Pfahlbausiedlung vom Ledrosee in den Augen der Wissenschaftler zu einer der bedeutendsten in Mitteleuropa. Am Rande der Fundstätte entstand das Museo delle Palafitte, das Pfahlbaumuseum, in dem zahlreiche hier gemachte Funde ausgestellt sind. Auch ein Pfahlhaus wurde rekonstruiert. Geöffnet März bis Mai, September bis November, täglich außer montags 9.00 Uhr bis 12.00 Uhr und 14.00 Uhr bis 18.00 Uhr. Besonders beliebt ist die Tour zum Tremalzo-Paß, von wo aus wunderbar aussichtsreiche Berg- und Waldwege die Gegend erschließen. Für Blumenfreunde interessant ist auch das Biotop mit dem kleinen Lago dí Ampola im westlichsten Teil des Ledrotales, jenseits des kleinen, kaum wahrnehmbaren Ampolapasses.

Das Ledrotal hatte einmal einen großen Namen durch seine Nagelschmieden. In der Zeit, da das Trentino zu Österreich gehörte, wurde ein Großteil der in Österreich benötigten Schuhnägel im Ledrotal hergestellt. Die Nagelschmiede dieses Tales waren im Ersten Weltkrieg sogar vom Frontdienst freigestellt, um die für die Militärstiefel so wichtigen Nägel schmieden zu können. An diese Zeit erinnert das ***Museum der Nagelschmiede*** in Biacesa. Geöffnet im Mai, Juni und September, im Zusammenhang mit den vom Fremdenverkehrsamt durchgeführten historischen Wanderungen. Im Juli und August freitags von 16.00 Uhr bis 18.00 Uhr und von 20.00 Uhr bis 22.00 Uhr geöffnet.

Im Ledrotal hat sich eine ganz eigene Küche entwickelt, die vor allem durch Flüchtlinge, die während des Ersten Weltkrieges aus Böhmen evakuiert waren, stark mit böhmischen Rezepten angereichert ist. Freunden deftigen bäuerlichen Essens in der urigen Atmosphäre einer Almhütte sei die ***Baita Santa Lucia*** in Bezzecca oberhalb der kleinen alten Kirche des Ortes empfohlen. Telefon 0464/591 290.

Bezzecca war übrigens der Ort, an dem seinerzeit der italienische Freiheitskämpfer Garribaldi auf höheren Befehl seinen bis dahin erfolgreichen Kampf gegen die Österreicher einstellen mußte und sein berühmt gewordenes: „Ich gehorche" gesagt hat.

Tenno. Nur wenige Kilometer von Riva entfernt liegt auf der Anhöhe das alte Dorf Tenno, mit der sehenswerten romanischen Kirche San Lorenzo und vielen schönen alten Steinhäusern und Gewölben. Die ***Burg Tenno*** ist nach der Zerstörung durch die Franzosen Anfang des 18. Jahrhunderts wieder aufgebaut worden und privat bewohnt. In der Nähe von Tenno liegt der schöne Tennosee mit seinem klaren Wasser, das je nach Beleuchtung blau oder grün schimmert.

Canale. Das kleine alte Dorf oberhalb von Tenno hat sich mit seinen Steinhäusern und Gewölben, Schwibbögen und engen Gassen ganz den herben Charme der Vergangenheit bewahrt. Eine Künstlerkolonie hat sich hier angesiedelt, die für den Erhalt der alten, vielfach nicht mehr bewohnten Häuser sorgt. Besuchenswert ist die Casa degli Artisti „G.Vittone", in der ständig wechselnde Ausstellungen stattfinden und wo sich Künstler aus verschiedenen Ländern aufhalten und arbeiten.
Telefon: 0464/502 022.

Nähere Informationen: APT Riva del Garda, 38 066 Riva del Garda, Giardini di Porta Orientale, 8, Telefon: 0464/554 444, FAX: 520 30 8.

Rovereto – das Tor zum Süden

Postleitzahl 38068, Vorwahl 0464

Lebhaft ist diese Stadt und reizvoll. Inmitten eines schier unendlichen Weingartens und weitläufiger Obstplantagen liegt Rovereto an der Mündung des Lenobaches in die Etsch. Nach ihrer Einwohnerzahl ist die Stadt die zweitgrößte des Trentino. Von ihrer kulturellen Bedeutung steht sie der Landeshauptstadt kaum nach. Das Gebiet um Rovereto war sicherlich schon in vorgeschichtlicher Zeit besiedelt, doch kam es zu einer planmäßigen Entwicklung erst unter den Römern. Seit dem 13. Jahrhundert entstand die Burg Rovereto, 1405 kam sie in den Besitz Venedigs. Die Venezianer, die damals das ganze Vallagarina beherrschten, wie das untere Etschtal genannt wird, verliehen Rovereto 1416 Stadtrechte. Die Stadt entwickelte sich - was heute noch zu sehen ist - weitaus italienischer, weil venezianischer als etwa Trient. Als 1509 Maximilian I. Rovereto eroberte und es seinem Reich zuschlug, soll er befohlen haben, die venezianische Verfassung und Lebensweise der Roveretaner nicht zu beeinträchtigen. Viele Beobachter sehen darin den Grund, daß Rovereto bis heute eine viel italienischere

Stadt ist als Trient, daß das Leben hier viel italienischer ist, die Mentalität der Menschen anders, kurz, daß Rovereto in Wirklichkeit das Trentiner Tor zum Süden ist.

Das goldene Zeitalter Roveretos war das 18. Jahrhundert, als die Stadt zum literarischen Zentrum des Landes wurde und man hier sogar eine literarische Akademie gründete. Dichter, Philosophen, Maler und Musiker zog es verstärkt in die Stadt. Mozart hielt sich 1769 hier auf. Während des Ersten Weltkrieges war Rovereto mit seiner Umgebung Schauplatz erbitterter Kämpfe. Dabei ist die Stadt ebenso stark in Mitleidenschaft gezogen worden wie durch die Bombardierungen während des Zweiten Weltkrieges.

Sehenswürdigkeiten

Rund um die brunnengeschmückte ***Piazza Rosmini***, den schönsten Platz der Stadt, stehen sehenswerte alte Gebäude, unter denen vor allem der palazzoartige Bau der ***Sparkasse*** im Neorenaissance-Stil auffällt. Via Mercerie, Via Portici, Via della Terra, Piazza Malfatti und schließlich die von der mächtigen Burg überragte Piazza della Podestà sind die schönsten Altstadtgassen. Eng und gewunden sind sie, lassen winzige Gäßchen links und rechts abgehen. Schöne alte Häuser und Palazzi sind allenthalben zu sehen. Der architektonische Unterschied zur Altstadt von Trient ist unübersehbar: Rovereto ist eine venezianische Stadt. Vor allem das Rathaus zeigt die Spuren venezianischer Baukunst.

Die Burg, Castello Rovereto. Das mächtige Bauwerk entstand im 13. Jahrhundert. Nachdem Maximilian den Venezianern die Festung abgenommen hatte, wurde sie Sitz des habsburgischen Statthalters, später Gefängnis. Heute ist das sehenswerte kriegsgeschichtliche Museum in ihr untergebracht.

Museen

Stadtmuseum für Geschichte, Archäologie und Naturwissenschaften (Museo Civico di Archeologia, Storia e Scienze Naturali via Calcinari 18, Telefon: 0464/452 177.

Museum für zeitgenössische und moderne Kunst von Trient und Rovereto (Museo d' Arte Moderna e Contemporenea di Trento e Rovereto). Das Museum ist in zwei verschiedenen Gebäuden untergebracht, via della Terra 53, Telefon: 0464/452 194 und Corso Rosmini 58, Telefon: 0464/438 887.

Kriegsgeschichtliches Museum (Museo Storico Italiano della Guerra). Das in der Burg von Rovereto untergebrachte Museum ist eines der größten seiner Art in Italien. Es umfaßt 30 Säle. Geöffnet von März bis November, Telefon: 0464/438 100.

Einkaufsempfehlung

Genau gegenüber Rovereto liegt auf dem rechten Etschufer der kleine Weinort Isera. Kenner sagen, daß die Weine der dortigen Genossenschaftskellerei zu den besten des

Trentino gehören, besonders berühmt ist der Marzemino aus dieser Kellerei. Cantina Sociale di Isera, via al Ponte 1, Isera, Telefon: 0464/433 795.

Das besondere Restaurant

Feinschmecker gehen in Rovereto gerne ins ***„Novecento“***, das Restaurant des Hotels Rovereto, Via Rosmini 82, Telefon: 0464/435 222. Auf der Weinkarte stehen hier Weine aus dem eigenen Weingut Schloß Noarna. In Spitzenqualität gibt es hier den Nosiola.

Jugendherberge: Eine Jugendherberge gibt es in der Via Scuole 16.
Telefon: 0464/433 707.

Sport

Rovereto hat ein hochmodernes Schwimmzentrum, eine Reitschule, Bocciabahnen, Tennisplätze, einen Scheibenschießplatz.

Ausflugsziele

Friedensglocke Maria Dolens. Ein wenig außerhalb von Rovereto befindet sich auf einer Anhöhe die größte Glocke der Welt, die am 30. Oktober 1924 in Trient aus der Bronze von Kanonen aller am Ersten Weltkrieg beteiligten Nationen gegossen wurde. Die Glocke wiegt 22 6,39 Doppelzentner, ist 3,36 Meter hoch und hat einen Durchmesser von 3,21 Meter. Der Glockenstuhl wiegt 103 Doppelzentner, der Klöppel sechs Doppelzentner. Täglich bei Sonnenuntergang wird diese Glocke mit 100 Schlägen geläutet, um die Gefallenen aller Kriege aus allen Nationen der Welt zu ehren. Rund um die Glocke sind die Fahnen aller Nationen, Völker und Staaten zu sehen, die an den beiden Weltkriegen beteiligt waren.

Öffnungszeiten: Im August täglich von 9.00 Uhr bis 20.00 Uhr, April bis Juli und September werktags 9.00 Uhr bis 12.00 Uhr und 14.00 Uhr bis 19.00 Uhr, an Sonn- und Feiertagen 9.00 Uhr bis 20.00 Uhr, März und Oktober täglich 9.00 Uhr bis 12.00 Uhr und 14.00 Uhr bis 17.00 Uhr, November und Februar täglich 9.00 Uhr bis 12.00 Uhr und 14.00 Uhr bis 16.00 Uhr. Während des Glockenklangs vom 15. Juni bis 15. September auch von 21.00 Uhr bis 21.30 Uhr zugänglich.

Castel Dante. An der Stelle der frühmittelalterlichen Burg Dante, von der noch spärliche Ruinen zu sehen sind, wurde 1936 bis 1938 die Heldengedenkstätte von Schloß Dante erbaut. Sie beherbergt die sterblichen Überreste von über 20.000 gefallenen italienischen, österreichischen, tschechischen und ungarischen Soldaten.

Das ***Vallarsa*** und die ***„Piccole Dolomiti“***. Der Leno, der in Rovereto die Etsch erreicht, durchfließt von Südosten her kommend ein ungemein schönes Tal. Da auf beiden Seiten des Tales eine Straße in die steilen Abhänge gebaut ist, kann man eine sehr eindrucksvolle Rundfahrt durch dieses Vallarsa genannte Tal des Leon machen.

Am besten macht man die Rundfahrt am Nachmittag, wenn man die Sonne im Rücken hat, da dann der Blick talaufwärts nach Osten klarer und ungehinderter geht. Man sieht und versteht dann nämlich, warum man in Rovereto die Gipfel der Pasubio-Gruppe als Piccoli Dolomiti, als kleine Dolomiten, bezeichnet. Es ist eine Reihe wild gezackter Spitzen und Zacken, die da nicht nur den Horizont säumen, sondern gleichzeitig bei der Passhöhe Passo Pian di Fugazze die Grenze zwischen dem Trentino und der Region Veneto bilden.

Einige kleine Dörfer mit schönen alten Häusern, Brunnen, Säge- und Mahlmühlen sind malerisch in den Steilhängen über der ansonsten bewaldeten Schlucht des Tales entstanden. Doch vielleicht ist es gerade der morbide Charme des Verfalls, der diese Dörfer so malerisch erscheinen läßt. Besonders schön wirkt dabei das Dorf Moscheri am Anfang des Tales. Gleich zu Beginn des Tales sieht man übrigens auf der gegenüberliegenden, der orographisch linken Talseite nahe einem kleinen Stausee die Einsiedelei San Colombano. Eine in den Felsen gehauene Treppe mit 102 Stufen führt zu der unter einem vorhängenden Felsen geradezu an die Felswand angeklebt erscheinenden Eremitage mit Zelle, Kapelle und Glockenturm. Bereits 1319 ist dieses Heiligtum entstanden, das indessen heute leer steht.

Monte Finonchio. Diesen exzellenten Aussichtsberg, der sich über Rovereto erhebt, erreicht man entweder zu Fuß, was einem Aufstieg von etwa dreieinhalb bis vier Stunden entspricht, oder mit dem Bus in Richtung Lavarone bis Serrada. Von hier aus ist man in einer knappen halben Stunde dann auf dem Gipfel. Das Panorama, das sich von hier oben bietet, umfaßt bei klarem Wetter die gesamte Bergwelt des Trentino. Der Monte Baldo ist zu sehen, die Brenta-Presanella- und Adamello-Gruppe, Ortler und Cevedalegebiet, die Hochebene von Lavarone, die Dolomiten, alles, was das Trentino ausmacht, was es so schön macht, hat man hier oben vor Augen.

Zu den Dinosauriern. Dante Alighieri hat bereits den gewaltigen Felssturz beschrieben, der vom Monte Zugna herabkam und die Etsch in ihrem Lauf bedrängte.

(Siehe Zitat zu Beginn dieses Buches). Dieser Felssturz hat sich zu geschichtlicher Zeit ereignet und hat nicht nur für Dante den Eingang in die Unterwelt freigegeben, sondern für die Paläontologen einen sensationellen Blick in die Vergangenheit.

1990 wurden hier zahlreiche Fußspuren und Fußabdrücke im Gestein gefunden, die wissenschaftlich inzwischen einwandfrei als Fußstapfen von Dinosauriern identifiziert wurden. Vor rund 200 Millionen Jahren, als der größte Teil des Trentino unter dem Wasser des Thetysmeeres lag, hat sich bei Rovereto ein sandiger Höhenrücken erhoben, auf dem bis zu zwei Tonnen schwere, pflanzenfressende und wesentlich kleinere, bis zu 800 Kilo schwere, fleischfressende Dinosaurier gelebt haben. Ihre Spuren hat das Gestein so festgehalten, als ob sie erst vor kurzem entstanden wären.

Man erreicht diesen einstigen Lebensraum der Dinos von der Gefallenengedenkstätte Castel Dante aus noch ein Stück weiterfahrend auf einer Forststraße bis zu einem Parkplatz bei der Baita degli Alpini. Der Fußweg von hier aus zu den Dinosaurierspuren ist markiert.

Besenello. Das kleine Dorf Besenello, wenige Kilometer etschaufwärts oberhalb von Rovereto gelegen, würde wohl kaum ein Tourist aufsuchen, wäre es nicht Ausgangspunkt für einen Besuch der größten und eindrucksvollsten Befestigungsanlage des Trentino, von ***Schloß Beseno*** nämlich. Ungemein eindrucksvoll, auf einem mächtigen eiszeitlichen Schuttkegel am Rande des Etschtales, dehnt sich die weitläufige Anlage von Beseno, der Ruine, die fast wie die Überreste einer ganzen kleinen Stadt erscheinen mögen. Mit finanzieller Hilfe der Autonomen Provinz Trient wird die Ruine vor dem weiteren Verfall bewahrt. Wie keine andere Befestigungsanlage im Etschtal war Beseno geeignet, die wichtige Straße durch das Tal zu sichern und zu beherrschen. Der erste Burgenbau hier oben entstand 1171. Im 14. Jahrhundert wurden die bis dahin auf den beiden Randhöhen des Hügels entstandenen Burgen zu einem gewaltigen Komplex vereinigt, der nacheinander den Castelbarcos, den Venezianern und dann den Grafen von Trapp gehörte.

Im Herzen dieser gewaltigen Anlage steht der etwa im Jahre 1300 gebaute Pallas oder vielmehr seine Reste, in Gestalt dreier Türmchen, einer eleganten Wendeltreppe, einer kleinen, graziösen Renaissanceloggia und eines Stückes der Freitreppe. In Beseno wurde 1930 ein bedeutender, jetzt leider fast ganz verschwundener Freskenzyklus des 15. Jahrhunderts gefunden, verwandt mit den Werken der vor allem im 15. Jahrhundert im südlichen Alpenraum mehrfach vertretenen böhmischen, höfischen Malerschule, wie sie etwa in den berühmten Monatsbildern im Adlerturm von Schloß Buonconsiglio in Trient zu sehen sind. Dargestellt waren Jagd, Turnier, Konzert und andere Szenen aus dem Leben der Burg.

Die Familie Trapp hat Beseno von 1470 bis 1972 besessen und das Schloß dann an die Autonome Provinz Trient abgegeben, die inzwischen umfangreiche Restaurierungsarbeiten hat durchführen lassen. Geöffnet Mitte April bis Ende Oktober, Telefon: 0464/846 00.

Villa Lagarina. An der Autobahnausfahrt Rovereto-Nord liegt das kleine Dorf Villa Lagarina. Es ist nicht nur ein schönes Weinbauerndorf, in dem man vorzügliche Weine kosten und kaufen kann, sondern weithin bekannt wegen seiner Pfarrkirche. Sie wurde 1620 durch den Salzburger Erzbischof Paris Lodron neu gebaut. Villa Lagarina war seit langem Residenz der Familie Lodron. So ergab sich eine enge Verbindung zwischen dem kleinen Trentiner Dorf und Salzburg. Paris Lodron, der den Salzburger Dom vollendete, übertrug dem Dombaumeister Santino Solari den Neubau der Kirche und die Errichtung einer Grabkapelle für die Eltern des Erzbischofes. Die Kapelle wurde dem heiligen Rupertus geweiht. Sie ist heute noch im ursprünglichen Zustand erhalten und ist in gewisser Weise eine Rückstrahlung des Salzburger Barocks ins Trentino.

Lago di Cei. Fährt man von Villa Lagarina weiter bergan, erreicht man alsbald am Rande der Hochfläche des Monte Bondone den in einer parkartigen Landschaft eingebetteten kleinen Cei-See. Wie wenige andere Seen des Trentino strahlt diese kleine Wasserfläche, deren Buchten von Seerosen bedeckt sind und deren Wasser von Enten und anderen Wasservögeln belebt ist, Ruhe, Frieden und Idylle aus.
Castel Noarna. Diesen Ausflug sollten vor allem Weinfreunde machen. Der auch unter dem Namen Castelnuovo Lagarino bekannte Bau liegt landschaftlich äußerst reizvoll auf einer Anhöhe unweit des Dorfes Noarna bei Villa Lagarina und ist Mittelpunkt eines Weinbaugebietes und selber ein bekanntes Weingut, in dem man hervorragend einkaufen kann. Es gibt auch die Möglichkeit zu stimmungsvollen Abendessen im Schloß.

Das Schloß stammt aus dem 11. Jahrhundert, war ursprünglich bischöfliches Lehen, dann Besitz der Familie Castelbarco, später der Familie Lodron. Es birgt viele malerische Winkel und wertvolle Gemälde. Am bedeutendsten ist ein Deckenfresko von Schülern Michelangelos. Geöffnet montags bis freitags 8.00 Uhr bis 12.00 Uhr und 13.00 Uhr bis 18.00 Uhr. Besichtigung ist jedoch nur nach Voranmeldung möglich unter Telefon: 0464/413 295.
Castel Pietra. Diese nur wenige Kilometer nördlich von Rovereto bei Calliano gelegene Burg wurde mit den Felsbrocken gebaut, die einst bei einem gewaltigen Bergsturz zu Tal gerutsch waren. Daher kommt der Name Pietra = Stein. Eine eindrucksvolle Wehrmauer mit einer einzigen Eisenpforte umgibt die Burg, die sich heute in Privatbesitz befindet. Im Inneren der Burg sind vor allem höfische Fresken des 15. Jahrhunderts zu sehen. Besichtigungen sind nach vorheriger Terminvereinbarung mit der APT Rovereto möglich.

Informationen: APT di Rovereto, via Dante, 63 , 38 068, Rovereto, Telefon: 0464/430 363, FAX: 435 528.

San Martino di Castrozza – das schönste natürliche Amphitheater der Dolomiten

Postleitzahl 38050, Vorwahl 0439

Als herrlichstes natürliches Amphitheater der Dolomiten hat Cesare Battisti San Martino di Castrozza bezeichnet. Mit Sicherheit gehört der Ort für den Sommer wie den Winter zu den touristischen Perlen des Trentino und ist eine seiner ersten Adressen für den Fremdenverkehr. Es ist wie Madonna di Campiglio weniger der Ort als solcher, um dessentwillen man San Martino besucht. Hier steht Hotel neben Hotel. Es ist vielmehr die einzigartige Kulisse der Pala-Dolomiten und die Einbettung San Martinos in den Naturpark Panevéggio - Pale di San Martino, die diese Fremdenverkehrsstation so sehens- und erlebenswert macht.

Von San Martino aus, am Südfuße des Rollepasses gelegen, zieht das im Deutschen Primör genannte Primiero, vom Cismon durchflossen, zum Vanoital hinunter. Über den Rollepaß selbst ist San Martino mit dem Fleimstal und so mit den übrigen Dolomiten verbunden. Angefangen hat es auch hier mit einer Klostersiedlung für die Reisenden über den Rollepaß. Um das Jahr 1000 gründeten Benediktiner hier im obersten Tal des Cismon ein Kloster und ein Hospiz. Die touristische Erschließung dieses Gebietes und vor allem von San Martino di Castrozza selbst hat vor mehr als 100 Jahren begonnen, zur gleichen Zeit, als auch Madonna di Campiglio für den Fremdenverkehr entdeckt wurde. 1875 wurde in San Martino als erstes Hotel das Hotel "Alpino" mit 20 Zimmern eröffnet, es wurde die großartige Poststraße von Primiero über den Rollepaß nach Predazzo eingeweiht, und im selben Jahre sang der Engländer Douglas W. Freshfield in seinen „Skizzen aus den Trentiner Bergen" ein Loblied auf die bezaubernde Schönheit von Primiero, der Palagruppe und dem Rollepaß. Die touristische Geschichte dieser Gegend ist ein Konzentrat der Geschichte des Fremdenverkehrs im Trentino überhaupt: Da sind die großen Hotels mit ihrem internationalen Publikum, die Felswände werden von den berühmtesten europäischen Alpinisten (vor allem von Engländern, Deutschen und Italienern) durchstiegen, die Gegend ist das Thema von Reisebeschreibungen, aber auch Schauplatz bekannter Romane. Im Ersten Weltkrieg wird San Martino di Castrozza zerstört, nach dem Krieg kommt zur Sommersaison auch eine lebhafte Wintersaison. Es werden große Bergbahnen angelegt, von denen die wichtigsten auch während des Sommers in Betrieb sind.

Sehenswürdigkeiten

Einstiges Kloster. Von dem Kloster, das als Keimzelle von San Martino di Castrozza betrachtet werden muß, ist kaum noch etwas vorhanden. Am auffälligsten ist noch der ***gotische Campanile,*** der Glockenturm der Klosterkirche nahe der heutigen Pfarrkirche.

Naturparkzentrum. Am kleinen Lago Plank, am westlichen Ortsrand, befindet sich eins von vier Besucherzentren des Naturparks Panéveggio - Pale di San Martino. Hier wird man umfassend über Umfang, Art und Aufgaben des Naturparks informiert.

Pala-Dolomiten. Diese Berge, unter denen die Cima Vezzana mit 3192 Metern der höchste ist, stellen eine wegen ihrer Schönheit international berühmte Gebirgsgruppe dar. Auch der Nichtbergsteiger wird von der wilden Schönheit dieser jäh und schroff aufsteigenden Felswände, -mauern und -türme fasziniert. Der Blick bei Sonnenuntergang von der Segantinihütte auf die bleichen, dann rot aufleuchtenden Felswände gehört zu den schönsten Ausblicken in den gesamten Alpen. San Martino di

Castrozza eignet sich hervorragend als Ausgangspunkt für geradezu unzählige Wanderungen und Bergtouren bis hin zur extremen Kletterei in den Bergen der Pala-Dolomiten. Aus Platzgründen kann hier nicht auf einzelne Touren eingegangen werden. Es empfiehlt sich, dazu spezielle Führerliteratur (etwa aus dem Bergverlag Rother, München) zu kaufen oder sich bei der APT in San Martino di Castrozza beraten zu lassen.

Naturpark Panéveggio - Pale di San Martino. San Martino di Castrozza eignet sich dank seiner Lage ausgezeichnet für Exkursionen in den Naturpark, vor allem in den berühmten Forst von Panéveggio. Nähere Informationen darüber gibt es bei der APT in San Martino di Castrozza oder im Besucherzentrum am Lago Plank.
Rollepaß. Der uralte Übergang vom Fleimstal ins Primiero und weiter ins Vanoital, überragt vom 3186 Meter hohen Cimon della Pala, dem „Matterhorn der Dolomiten", ist aufgrund seiner Höhenlage von fast 2000 Metern ideal als Ausgangspunkt für Bergwanderungen im Palagebiet. Andererseits ist es auch eine Folge der Höhenlage, daß sich hier oben wunderschöne Almen ausdehnen. Vom Rollepaß ist man in etwa 45 Minuten bei der schon mehrfach genannten Segantinihütte, die man über einen schmalen, schlechten Weg auch mit dem Wagen erreichen kann.
Buse dell Oro - Broconjoch. Ein geologisch, botanisch und historisch gleichermaßen interessantes Schutzgebiet; geologisch von den „Lastei" gekennzeichnet, kahlen zerborstenen Schollen aus Porphyrlava. Die Vegetation an der Waldgrenze ist von Fichten, Lärchen, Zirben, Latschen, Almrosen und Grünerlen geprägt. Immer wieder stößt man aber auch auf die Überreste der Hochgebirgsfront des Ersten Weltkrieges: Schützengräben, Stollen, Stacheldraht, Granatsplitter, zerschossene Bäume und viele andere traurige Erinnerungen.
Forre del Travigniolo. Der Travigniolobach hat hier im zerklüfteten Porphyrfelsen eindrucksvolle Klammen mit kleinen Wasserfällen gebildet. Das klare Wasser des schäumenden Baches unterstreicht dabei die wilde Schönheit.

Fiera di Primiero. Das hübsche, alte Dorf liegt im weiten, grünen Talkessel des Primiero unterhalb von San Martino. Nach Norden beherrscht die gewaltige Kette der Palagiganten den Horizont, während man im Süden auf die Feltriner Dolomiten blickt. Beherrschend steht der enorm hohe Kirchturm der aus dem 15. Jahrhundert stammenden Marienkirche im Zentrum des Ortes. Daneben findet man den stattlichen ***Palazzo delle Miniere***, der an den blühenden Bergbau auf Silber, Kupfer und Eisen im 15. und 16. Jahrhundert erinnert. Dieser Bergbau führte damals auch zu einer starken Einwanderung deutscher Bergleute, die man hier wie in Pinè „Canopi" nannte. Vor dem Palazzo steht das Geburtshaus Luigi Negrellis, des Erbauers des Suez-Kanals. Ein kleines Museum beim Rathaus erinnert an diesen großen Sohn des Primiero. Sehenswert sind weiterhin das ***alte Pfarrhaus*** mit hölzernem Schindeldach, hölzernem Bogenfeld, Galerie und Außentreppe sowie zahlreiche malerische alte Bauernhäuser. Von Primiero aus gelangt man ins ***Val Canali***, das mit seinen von den Palariesen umstandenen Almen zu den schönsten Bergtälern, nicht nur des Trentino, sondern der ganzen Alpen zu zählen ist. Bei der Fahrt ins Canalital sollte man beim kleinen ***Welspergsee*** anhalten und einen Blick auf das Wasser werfen, in dem sich in einmalig schöner Weise die Pala-Dolomiten spiegeln.

Restauranttip

„Malga Ces". Ursprünglich eine Almhütte oder Jausenstation, ist das oberhalb von San Martino di Castrozza gelegene, im Sommer auf einem Fahrweg, im Winter mit der Seilbahn erreichbare Haus heute eine der ausgesprochenen Feinschmeckeradressen des Trentino. ***Spezialitäten*** sind ***Wildgerichte***, frische Pilze und hausgemachte Torten. Telefon: 0439/68 145.

Sportliche Möglichkeiten

Im Sommer vor allem Wandern, Bergsteigen, Klettern (Bergführerbüro im Ort, Telefon: 0439/687 595). Im Winter ist San Martino mit dem Rollepaß eine der großartigsten Skistationen der Alpen, die in das Skipaßsystem „Dolomiti Superski" einbezogen ist. Es stehen 29 Seilbahnen, Sessel- und Schlepplifte zur Verfügung. Von den 55 Kilometern präparierter Pisten gilt mehr als die Hälfte als lediglich mittelschwer. Berühmt ist die „Haute Route der Dolomiten", ein fünftägiges Ski-Trekking von San Martino di Castrozza aus, für das besondere Skibergführer im Ort zur Verfügung stehen.

Informationen: APT 38 058 San Martino di Castrozza, via Passo Rolle, 165 167, Telefon: 0439/768 867, FAX: 768 814.

San Michele all' Adige – ein Meer von Wein ringsum

Postleitzahl 38010, Vorwahl 0461

Dieser sehr alte Weinbauort liegt am Rande der Piana Rotaliana ganz im Norden des Trentino unweit der deutsch-italienischen Sprachgrenze bei der Salurner Klause. Während der Römerzeit führte hier die „Via imperialis" vorbei. Ringsum dehnen sich Rebfelder, die sich auch jenseits der Etsch um Mezzocorona und Mezzolombardo fortsetzen. Keimzelle des heutigen Ortes war ein Augustinerkloster, das 1145 geweiht wurde. 1874 richtete die österreichische Verwaltung hier ein Provinz-Agrarinstitut ein. Die damit verbundene Weinbaulehranstalt besteht heute noch und genießt in ganz Italien einen hervorragenden Ruf.

Sehenswürdigkeiten

Neben der ursprünglich aus dem Jahre 1247 stammenden und mit sehenswerten Fresken des aus Cavalese im Fleimstal stammenden Malers Giuseppe Alberti versehenen ***Kirche San Michele*** ist das einstige Augustinerkloster die große Sehenswürdigkeit des Ortes. In diesem früheren Kloster befindet sich das ***Trentiner Volkskundemuseum***, das Museo degli Usi e Costumi della Gente Trentina. Das Museum wurde 1972 hier eröffnet und zeigt in rund 100 Sälen Arbeitsgeräte sowie Gegenstände und Trachten aus dem Alltagsleben der Trentiner Bevölkerung. Schwerpunkte sind dabei die Bereiche Weinbau, Mühlenwesen, Hüttenwesen, Weberei, Almwirtschaft wie überhaupt die verschiedenen Formen der Landwirtschaft. Im alten Klosterhof ist an der Westfassade des Klostergebäudes das ***Schachbrett Maximilians*** aufgemalt. Auf ihm kann man den Namen des Kaisers 143 mal lesen. Geöffnet täglich außer montags 9.00 Uhr bis 12.30 Uhr und 14.30 Uhr bis 18.00 Uhr, vom 15. Juni bis 15. September von 10.00 Uhr bis 19.00 Uhr. Via Mac 2, 38 010 San Michele all'Adige, Telefon: 0461/650 314, 650 556.

Der Restauranttip

Ristorante ***„Da Silvio“***, Telefon 0461/650 324, donnerstags geschlossen. Das Haus mit schönem Gastgarten ist vom Trentiner Maler Riccardo Schweizer künstlerisch gestaltet. ***Spezialitäten*** sind ***Fleisch- und Käsegerichte*** vom heißen Stein, am Tisch zubereitet.

Sportliche Möglichkeiten

San Michele dell' Adige bietet sich für Kanufahrten auf der Etsch an.

Ausflugsziele

Castello di Monreale. San Michele liegt nahe der deutschen Sprachgrenze, und so hat das bei San Michele stehende, in den Weinbergen liegende Schloß den Namen Königsberg. Das als Privatbesitz nicht zu besichtigende Schloß wurde erstmals im 12. Jahrhundert erwähnt und zwar als Besitz der Grafen von Appian, später kam es in den Besitz der Grafen von Tirol, dann der Familie Thun.

Rundfahrt. Eine schöne Rundfahrt ergibt sich von San Michele durch die Höhendörfer über dem Etschtal durch Weinberge und Obstgärten, über Faldo - Villa - Giovo nach Lavis an der Mündung des Avisio und zurück auf der Etschtalstraße. Entlang der antiken Via Claudia Augusta Padana wird derzeit eine touristische Straße ausgearbeitet und ausgeschildert.

Mezzocorona. San Michele gegenüber auf dem rechten Etschufer liegt an der Einmündung des Noce und damit am Eingang zum Nonstal das Dorf Mezzocorona. Der Ort präsentiert sich am linken Noceufer als Mittelpunkt des Weinbaues und der Wein-

San Michele all'Adige, Weinkeller im Volkskundemuseum

kellereien der Routaliana. Überragt wird der Ort von den steilen Felswänden des Monte di Mezzocorona. Man kann diesen als Ausgangspunkt für großartige und aussichtsreiche Bergwanderungen vorzüglich geeigneten Berg von Mezzocorona aus mit der Seilbahn erreichen.

Spormaggiore. In dem kleinen Ort am Rande der Brentaberge gibt es das interessante Museo degli Orsi, das ***Bärenmuseum***. Öffnungszeiten: Juni bis September von 10.00 Uhr bis 12.00 Uhr und von 15.30 Uhr bis 19.00 Uhr, Oktober bis Mai von 10.00 Uhr - 12.00 Uhr und von 15.00 Uhr bis 16.30 Uhr. Museo degli Orsi, 30 010 Spormaggiore, Telefon: 0461/653 526.

Informationen: Pro Locco 38 010 Faedo, Telefon 0461/650133

Val di Sole – das Tal der Wasser

Die Verlängerung des Nonstales über die Brücke von Mostizzolo hinaus nach Westen bis Ossana ist das Val di Sole, dessen deutscher Name Sulzbergtal zwar seit altersher bekannt, aber dennoch nicht recht gebräuchlich ist. Auch im Deutschen wird daher eher vom Val di Sole oder dem Soletal gesprochen. Mit seinen Seitentälern Rabbi, Péio und Vermiglio hat das ganze Tal rund 14.600 Einwohner in vierzehn Gemeinden auf einer Fläche von 610 Quadratkilometern. Das ist etwa ein Zehntel des Trentiner Territoriums. Aber es leben hier weniger als drei Prozent der Bevölkerung des Landes.

Eingerahmt auf der einen Seite von den Bergen und Tälern des Stilfserjoch-Nationalparks und auf der anderen von denen der Adamello-Brenta-Naturparks, ist das Tal ein ausgesprochenes Hochgebirgstal, ein Tal von ungemein vielfältiger, insgesamt aber wilder Schönheit. Aus der Hochgebirgsregion des Stilfserjoch-Nationalparks kommt der Noce, der zunächst das Péiotal durchfließt, bei Ossana das vom Tonalepaß herabkommende Vermigliotal aufnimmt und dann kurz nach der Aufnahme des aus dem Rabbital kommenden Rabbibaches ins Nonstal hinausfließt.

Mehr als irgendein anderes Tal im Trentino ist das Val di Sole vom Wasser geprägt. Nicht nur vom Wasser des Noce, der im Rufe steht, eines der wildesten Kanugewässer Italiens zu sein und immer wieder internationale Wildwassermeisterschaften erlebt. In den Seitentälern von Rabbi und Péio hat das Soletal gleich zwei Gebiete mit heilkräftigen Quellen, dank derer sich Rabbi wie Péio als Terme, also als Kurort, bezeichnen dürfen. Mit dem Presenagletscher über dem Tonalepaß hat das Trentino sein einziges Sommerskigebiet, bei Marilleva und Folgarida finden sich hervorragend erschlossene Wintersportgebiete, die mit ihren Liften und Pisten mit dem Skigebiet von Madonna di Campiglio zusammengeschlossen sind.

Anders als in dem an Schlössern extrem reichen Nonstal gibt es im Val di Sole kaum Feudalbauten aus früherer Zeit. Schloß Ossana ist der einzige derartige Bau im Soletal. Dafür aber findet man in diesem Tal zahlreiche Kirchen mit reichem Freskenschmuck. Und auch hier sind es wieder die Baschenis, die kostbare Werke geschaffen haben. Anders auch als im tiefer gelegenen Nonstal ist das Val di Sole kein Apfelparadies mehr. Die letzten Apfelplantagen befinden sich in der Gegend von Malè am Eingang des Tales. Die Wirtschaft des Val di Sole ist weitgehend vom Fremdenverkehr abhängig. Interessant ist auch die von Trient ins Tal herein verkehrende Trento - Malè - Bahn, die letzte elektrische Schmalspurbahn des Trentino.

Malè – das Herz des Tales

Postleitzahl 38020, Vorwahl 0463

Der verwaltungsmäßige Hauptort des Val di Sole liegt auf dem linken Ufer des Noce an der Einmündung des Rabbitales. Schon in römischer Zeit bewohnt, entwickelte sich Malè im Mittelalter zu einem Zentrum des Erz-, vor allem Eisenerzhandels. Das Erz kam aus den Stollen vor allem im Péiotal und wurde von hier aus nach Riva del Garda geschafft. Eine Zeitlang war der Ort Sitz eines Gestalden, des Statthalters des Fürstbischofs von Trient für das Nocetal.

Sehenswürdigkeiten

Santa Maria Assunta. Die Marienkirche im Mittelpunkt des Ortes wurde erstmals 1274 erwähnt, im wesentlichen dann im 14. und 15. Jahrhundert ausgebaut. In der schönen Renaissancefassade fällt ein kostbares, ***romanisches Portal*** auf. Interessant ist die ***Sankt Valentinskapelle*** vor der Kirche mit einer schönen Renaissance-Loggia. Bei Pestzeiten zelebrierte der Priester hier oben die Messe, konnte dabei von allen Seiten gesehen werden, vermied aber allzu engen Kontakt und damit die Infektionsgefahr durch die Gläubigen.

Museum

Museo della Civiltà Solandra, das Museum der Gemeinschaft des Val di Sole. Ein kleines Heimatmuseum, das nicht nur Gegenstände des täglichen Lebens der Bergbauern des Soletales von früher zeigt, sondern auch Urkunden und andere Gegenstände, die Bezug haben auf die Civiltá Solandra. Diese Gemeinschaft hat zwar nie die Ausprägung erfahren wie die Magnifica Comunità im Fleimstal, doch zeigt sie, daß auch in diesem Alpental die Menschen schon sehr früh versucht haben, sich zur Wahrung ihrer Rechte gegenüber dem Landesherren in Trient zusammenzuschließen. Geöffnet von Juni bis September täglich außer sonn- und feiertags. Nähere Informationen unter Telefon: 901 280.

Spezialitäten

Typische Speisen für das Val di Sole sind: ***Torta di Patate,*** (ungesüßte Kartoffelpuffer) Strangolapreti, Polenta, ***Minestra d' Orzone*** (Graupensuppe). Dank intensiver Viehhaltung ist auch das Val di Sole ein Tal mit einer ausgezeichneten Käseproduktion. Einkaufsadresse: ***Käse*** aus dem Nonstal kauft man am besten und mit der größten Auswahl in der Caseificio Compr. Cercen, 38 027 Terzolas, Telefon 0463/91 431.

Restauranttip

Die vorstehend genannten typischen Gerichte des Val di Sole finden sich auf der Speisekarte des Agri-Tur Restaurants ***„Magiasa"*** im Ortsteil Magiasa von Malè.

Camping: „Dolomiti di Brenta", 38 025 Dimaro, Telefon: 0463/974 332.

Veranstaltungen

Etwas besonders Typisches sind die alljährlich auf dem Noce stattfindenden ***Wildwasserveranstaltungen.***

Sportliche Aktivitäten

Wandern, Bergsteigen im Stilfserjoch-Nationalpark und im Naturpark Adamello-Brenta. Wassersport auf dem Noce. Die am meisten mit Kanus befahrene Wildwasserstrecke liegt zwischen Croviana und Caldes. Beliebt sind auch Raftingtouren auf dem Noce mit großen Gummiflößen. Weitere Informationen z. B. über Kanukurse und Raftingfahren gibt es beim Centro Canoa Val di Sole auf dem Campingplatz „Dolomiti di Brenta" 38 025 Dimaro, Telefon 0463/974 332. Reitsport ist möglich im Centro Ippico Val di Sole, 30 025 Dimaro, Telefon: 0463/974 476. Wintersport: Vorzüglich ausgebaute Wintersportgebiete finden sich in Folgarida und Marilleva sowie auf dem Tonalepaß.

Ausflugsziele

Rabbital. Von Malè aus erschließt eine zwölf Kilometer lange Straße entlang des Rabbisbaches das Rabbital nach Norden. Mit seinen kleinen Dörfern und vielen Heustadeln und dem immer großartiger werdenden Blick in den Talschluß zu den Bergriesen im Stilfserjoch-Nationalpark ist das Rabbital gewiß eines der schönsten und großartigsten Alpentäler des Trentino. Die Straße endet bei großen Parkplätzen, von denen aus gut angelegte und markierte Wanderwege in den ***Stilfserjoch-Nationalpark*** hineinführen. Der Nationalpark, der sich über die ganze Berggruppe von Ortler und Cevedale hinzieht, ist der größte Italiens. Riesige Wälder, mehr als 100 Gletscher, 50 Gletscherseen, zauberhafte Almen mit Hütten und weidenden Viehherden im Sommer, Berghänge voller blühender Alpenrosen, Wasserfälle, Blumen und Tiere stellen den einzigartigen Reichtum des Parks dar, der sich vom Talschluß des Rabbitales aus erschließt. Ein großes Informationszentrum für den Park befindet sich in ***Bagni di Rabbi***. Dieser Name macht darauf aufmerksam, daß sich ein Kurort mitten im Nationalpark befindet.

Der Überlieferung nach soll ein Hirtenjunge namens Bastaniel dei Michi im 17. Jahrhundert die Quellen von Rabbi entdeckt haben, als er dahinter kam, daß die ihm anvertrauten Ziegen nicht aus dem Bach, sondern aus einer seltsam riechenden Wasserader tranken. Das Wasser hatte einen eigenartigen Geschmack und drang zwischen rötlichen Felsen hervor. Die Ziegen, die er hütete, hatten ein besonders glänzendes Fell und gaben mehr und bessere Milch als Ziegen, die anderswo weideten und tranken.

Mitte des 17. Jahrhunderts wurden bereits wissenschaftliche Abhandlungen über die Quellen von Rabbi geschrieben. Um 1675 kamen bereits 500 Personen nach Rabbi, um das Wasser zu trinken. Der Wiener Professor Kranz empfahl dieses „absolut wirksame" Wasser, wie er sagte, der Kaiserin Maria Theresia für das Gebiet der gesamten Monarchie. Anfang des 19. Jahrhunderts entstand das „Große Bäderhaus" mit 26 Behandlungszimmern und 51 Wannen. Denn längst wurde das Wasser von Rabbi nicht nur für Trink-, sondern auch für Badekuren angewendet. Mitte des vorigen Jahrhunderts war Rabbi ein eleganter Kurort, in dem sich „die Welt" traf. Rund 2000 Kurgäste kamen pro Saison, und 400.000 Flaschen mit Wasser von Rabbi wurden jährlich abgefüllt und überallhin verschickt. Diese Zeiten sind vorbei, Rabbi sank zum Bergdorf zurück. Erst in letzter Zeit wurde das Kurmittelhaus erneuert, will man an den alten Ruhm von Rabbi anknüpfen. Berühmt wurde das Wasser von Rabbi nicht zuletzt durch seine Anwendungen bei Zellulitis. Daneben wurden immer wieder Erfolge bei Magen- und Leberleiden erzielt. Wirkstoffe sind dabei vor allem Kohlensäure, Bikarbonat und Eisen im Wasser.

Informationen: APT Delle Valli di Sole, Péio e Rabbi, 38 027 Malè, Via Marconi 7, Telefon: 901280, FAX: 901 563.

In Dimaro, dem Zentrum des Wildwassersportes im Soletal, zweigt die Straße ins Val Meledrio ab, die an der Wintersportstation Folgardia vorbei in die großartigen Wälder des hier beginnenden Adamello-Brenta-Naturparks und zum Passo Carlo Magno hinaufführt. Jenseits geht es dann hinab nach Madonna di Campiglio.

Gegenüber Ossana teilt sich das Tal. Streng genommen endet hier das Val di Sole, da der Noce von hier aus, oder besser gesagt von seiner Quelle bis hierher, das ***Péiotal*** bildet, das zweite wichtige Zugangstal vom Soletal in den Stilfserjoch-Nationalpark. Die Straße Nummer 42, die vom Nonstal heraufgekommen das Tal begleitet hat, verläuft geradeaus weiter zum Tonalepaß. Das Péiotal war jahrhundertelang ein wichtiges Bergbautal. Aus zahlreichen Stollen wurde hier vor allem Eisenerz gefördert. In Fucine, am Beginn des Tales, sind noch Reste alter Schmelzöfen zu sehen.

Mittelpunkt des Péiotales ist ***Cògolo***. Hier teilt sich das Péiotal. Geradeaus geht es weiter nach Norden ins Val de la Mare im Nationalparkgebiet, während man dem Noce weiter folgend in westliche Richtung nach Antica Fonte di Péio und nach ***Péio-Dorf*** kommt, dem mit 1584 m höchstgelegenen Dorf des Trentino.

Die Heilquellen von Péio haben einen ähnlich guten Ruf wie die des benachbarten Rabbi.

Das Wasser der antiken Heilquelle ist kohlen-, bikarbonat-, alkalin- und eisenhaltig und wurde bereits um 1600 von italienischen und deutschen Ärzten studiert und in zahlreichen wissenschaftlichen Texten beschrieben. Von Péio aus bietet sich eine geradezu unübersehbare Fülle von Möglichkeiten für Bergwanderungen an. Über Details, Schwierigkeitsgrade, Wegeverhältnisse und eventuelle Bergführer als Begleiter informiert man sich am besten beim Verkehrsamt, dem Ufficio turistico di Péio, 38 024, Terme di Péio, Telefon: 0463/731 00.

Folgt man von Ossana aus dem nun Val Vermiglio genannten Tal, erreicht man alsbald die Paßhöhe des ***Tonalepasses***, über den die Grenze zwischen dem Trentino und der Lombardei verläuft.

Informationen: APT delle Valli de Sole, Péio e Rabbi, 38 027 Malè, via Marconi 7, Telefon: 0463/901 280, Fax: 901 563.

Terme di Comano – Gesundheit am Fuße der Brentadolomiten

Postleitzahl 38070, Vorwahl 0465

Zwischen dem obersten Valle dei Laghi im Osten und dem untersten Rendenatal (siehe Kapitel Madonna di Campiglio) im Westen liegt das sogenannte äußere Judicarien. Als Judicarien - Giudicarie - wird das gesamte Gebiet zwischen dem Idrosee im Süden und dem Naturpark Adamello - Brenta im Norden bezeichnet. Der Name geht darauf zurück, daß im Mittelalter hier ein Richter, ein giudice, als Beauftragter der Trentiner Fürstbischöfe das Regiment führte.

Das äußere Judicarien war schon in vorgeschichtlicher Zeit bewohnt. Wertvollster Beweis dafür sind die Pfahlbauten von Fiavé aus der Bronzezeit. Später besiedelten keltische Stämme das Gebiet an der mittleren Sarca. Im Mittelalter kam es zeitweise in den Besitz der Familie Arco (siehe Kapitel Arco) und dann der Campo, deren Schloß heute noch das besterhaltendste im ganzen Judicariengebiet ist.

Touristischer Mittelpunkt der östlichen Judicarien ist der Kurort Terme di Comano, wo die Täler Lomaso, Bleggio und Banale zusammentreffen, wobei die östlichen Judicarien neben dem Kurort als zweite Attraktion die sogenannten Naturdörfer als immer interessanter werdende Touristenmagnete vorweisen.

Die Heilkraft des Thermalwassers von Comano war schon zur Römerzeit bekannt. Es handelt sich um ein Wasser mit geringem Mineraliengehalt, das aber reich ist an Hydrogenkarbonat, Kalzium, Magnesium und Fluor und mit einer Temperatur von 28 Grad austritt. Damit ist es das wärmste oligomineralische Wasser Italiens. Die wichtigsten Indikationen sind Hautkrankheiten, vor allem Psoriasis und Neurodermitis sowie

Nesselsucht. Daneben werden in Comano erstaunliche Heilerfolge bei Erkrankungen der Atemwege erzielt, bei denen Inhalationen angewendet werden, sowie bei Frauenkrankheiten.

Die Naturdörfer liegen verstreut in einer sanften Hügellandschaft in der Umgebung von Terme di Comano. Hier wird besonderer Wert auf sanften Tourismus gelegt. Wer hier Urlaub macht, kann sich mit der Lebensart, mit der Kultur und Arbeitswelt der bäuerlichen Bevölkerung vertraut machen. Einige dieser Dörfer besitzen mit ihren kleinen Kirchen zum Teil Schatzkammern von unschätzbarem Wert.

Sehenswürdigkeiten

Kuranlagen. In einem weitläufigen ***Kurpark*** mit schönem alten Baumbestand, der sich an der Sarca entlangzieht, liegt das Thermalzentrum. Eine Brücke führt über die Sarca zur alten Quelle im ***Trinkkurhaus***. Hier sprudelt das heilkräftige Wasser aus einem steinernen Kopf, dem Kopf jener Sybille, die der Sage nach den Menschen des Sarcatales die Quelle gewiesen hat. Hier kann jeder Besucher das berühmte Wasser probieren.

Das besondere Hotel

Hotel „Villa Luti“. Das in einer alten Villa eingerichtete Hotel im Ortsteil Campo Lomaso von Comano war im 19. Jahrhundert zeitweise Sommerresidenz des bayerischen Königs Maximilian, der jahrelang mit Familie und Hofstaat hier den Sommer verbrachte. Zugleich unterhielt die Familie De Luti, der die Villa gehörte, hier den bedeutendsten literarischen Salon des Trentino. Häufiger Gast war damals der Opernkomponist Giuseppe Verdi. Besonders sehenswert ist der ***Speisesaal*** im Erdgeschoß des zur Villa gehörenden Turmes. Hotel Villa Luti, Terme di Comano, 38 070 Campo Lomaso, Telefon: 0465/72 061, FAX: 72 410.

Veranstaltungen

Holzschnitzerwettbewerb in Balbido Ende August; Wettbewerb in naiver Bemalung von Hausfassaden in Balbido Ende August; Sankt Justina Kirchweih - Sagra di Santa Giustina, ein traditionelles Volksfest mit ***Schleifsteinrennen*** am ersten Wochenende im September.

Sportliche Möglichkeiten

Wandern, Mountainbikefahren, Schwimmen, Boccia, Tennis, Reiten, Ballonfahren.

Ausflugsziele

Stenico. Nur wenige Kilometer nördlich von Comano erhebt sich jenseits der Sarca Schloß Stenico als eines der schönsten und kunsthistorisch bedeutsamsten Schlösser

Comano Terme, Villa Luti

des Trentino. Das Schloß, das 1163 erstmals erwähnt wurde und bis 1816 Residenz des Statthalters der Fürstbischöfe war, hat eine interessante Entwicklung durchgemacht. Als Burg gebaut, wurde es später zum Schloß ausgebaut, wie es deren viele im Trentino gab und gibt. Schließlich aber unter Fürstbischof Bernhard von Clés erfuhr der Bau seine Umgestaltung zur kostbaren, fürstbischöflichen Residenz, auch wenn der Landesherr sich nur gelegentlich hier aufhielt. In verschiedenen Sälen, so vor allem im Saal des Schwarzen Kamins, im Studierzimmer des Bischofs, im Saal der Medaillons und im Saal der Blumenfriese, sind zum Teil noch größere Freskenausmalungen und Friese sowie bemalte Holzdecken erhalten. Eine besondere Kostbarkeit ist die ursprünglich im 12. Jahrhundert errichtete Martinskapelle. Die romanische Kapelle wurde später gotisch umgestaltet. Dabei wurden im Inneren neue Wände eingezogen. Bei Restaurierungsarbeiten entdeckte man kürzlich hinter diesen Wänden außerordentlich schöne und gut erhaltene Fresken aus dem 12. Jahrhundert, die jedoch aus statischen Gründen nur teilweise freigelegt werden können. Für Kunsthistoriker und Freunde frühmittelalterlicher Freskenmalereien ist gerade diese Kapelle ein kostbarer Schatz. Schloß Stenico ist heute eine Außenstelle des Landeskunstmuseums der Autonomen Provinz Trient. Als solches ist es mit seinen Schauräumen und Sammlungen geöffnet von Oktober bis März von 9.00 Uhr bis 12.00 Uhr und von 14.00 Uhr bis 17.00 Uhr. Von April bis September von 9.00 Uhr bis 12.00 Uhr und von 14.00 Uhr bis 17.30 Uhr, montags geschlossen. Telefon: 0465/71004.
In den alten Stallungen ist heute ein Hotel Garni eingerichtet, Telefon: 0465/71 401.

San Lorenzo in Banale. Unmittelbar am südlichen Rande der Brentagruppe gelegen ist das hübsche Dorf San Lorenzo, eines der Naturdörfer der Umgebung von Comano, ein ausgezeichneter Standort und Ausgangspunkt für Wanderungen im Adamello - Brenta-Naturpark.

Vom Ort aus kann man sich mit dem Jeep durch das landschaftlich schöne Ambieztal zur Cacciatorihütte fahren lassen. Von dort erschließt sich für den geübten Bergsteiger, sonst nur mit Bergführer, die großartige ***Hochgebirgswelt der Brenta***, wobei man über die Agostinihütte zur Cima Tosa, dem mit 3173 Metern höchsten Gipfel der Brenta, aufsteigen kann.

Fiave. Im Hochtal von Lomaso liegt, als wichtigster Ort, das auch zu den Naturdörfern gehörende Fiavè, berühmt durch seine Ausgrabungen einer Pfahlbausiedlung von vor etwa 4000 Jahren. Die Siedlung wurde erst 1969 entdeckt und gehört zu den bedeutendsten ihrer Art in Mitteleuropa. Das Torfmoor, das aus dem einstigen See von Carera entstanden ist, birgt aber nicht nur heute noch die erhaltenen Pfähle von damals, sondern ist als Biotop sowohl mit seiner Vegetation als auch als Tummelplatz zahlreicher Wasservögel von großer naturkundlicher Bedeutung. Eine wichtige Ergänzung zu den Ausgrabungen ist die didaktisch geschickt gemachte Ausstellung im Dokumentationszentrum neben dem Rathaus in Fiavè. Jeden Donnerstag werden von Comano aus Führungen zu den Ausgrabungen durchgeführt, anschließend gibt es eine Besichtigung einer Käserei in Fiavè.

Vigo Lomaso. Das Naturdorf hat die älteste Kirche Judicariens.
Castel Campo. Schloß Campo ist das besterhaltendste Schloß in Judicarien. Da es in Privatbesitz ist, kann es nur nach Voranmeldung besichtigt werden, Telefon: 0465/71 465.
Bleggio. Bleggio ist ein kleines Hochtal, dessen Naturdörfer zum Teil kunsthistorisch von höchstem Interesse sind. Das gilt besonders für Bono, dessen Kirche San Felice wertvollen Freskenschmuck von Cristofero Baschenis aus dem 15. Jahrhundert birgt. Die ***Kirche Santa Croce*** im gleichnamigen Ort ist eine der wenigen Dorfkirchen des Trentino in reinem Renaissancestil. Das ***Dorf Balbido*** ist sehenswert wegen der Malereien auf den Hauswänden, den sogenannten Morales, die Szenen aus dem bäuerlichen Leben der Dorfbewohner zeigen und zum Teil in jedem Sommer ergänzt werden. Ein ausgesprochen hübsches Ortsbild mit vielen schönen Brunnen und malerischen Innenhöfen bietet schließlich ***Rango***, das höchstgelegene Dorf dieses Tales.

Informationen: APT Terme di Comano, 38077 Ponte Arche, Telefon: 0465/701 465, FAX: 702 281.

Tesino – Wege in die Unterwelt

Postleitzahl 38 053, Vorwahl 0461

Auf einem Hochplateau auf der linken, der nördlichen Seite des Valsugana liegen weit verstreut die Tesino-Dörfer: Castello Tesino, Cinte Tesino, Pieve Tesino. Von der Fremdenverkehrswerbung her gehört auch das kleine Bieno noch zu den Tesinodörfern. Diese Dörfer liegen nicht nur in einer aussichtsreichen Lage und sind bekannte und beliebte Sommerfrischen, sie eignen sich auch hervorragend als Ausgangspunkte für Exkursionen durch das Valsugana in die Lagoraiberge oder über den einzigartigen Passo del Brocon ins Primierotal und in die Pala-Dolomiten auf der einen sowie ins sehr ursprüngliche Sellatal auf der anderen Seite.

Vom 17. - 19. Jahrhundert war der Ort Castello Tesino ein weltbekanntes Zentrum im Druckerei- und Verlagswesen. Hier wurden Druckschriften vor allem religiösen Inhaltes in den Verlagen der Familien Remondini und Pasqualini hergestellt und durch Wanderhändler in ganz Europa bis nach Rußland, sogar nach Nord- und Südamerika verkauft.

Sehenswürdigkeiten

Zu den besonderen Sehenswürdigkeiten gehört das 1437 entstandene Abendmahlgemälde in der ***Kirche San Ippolito.***

Grotten von Tesino: Beim Ort Castello Tesino kann man eine faszinierende Grottenlandschaft mit bizarren Tropfsteinbildungen und schimmernden Mineralien durchwandern. Schutzhelm und Lampe sind obligatorisch und werden am Eingang ausgehändigt. Die Grotten sind ganzjährig zu begehen. Nähere Auskünfte gibt Tesin-Tour, Via Don Narciso Sordo 10, 30 053 Castello Tesino, Telefon: 0461/593 250 und 594 857.

Es gibt noch andere Möglichkeiten, im Gebiet von Tesino in die Unterwelt zu gehen. Dazu gehören die ***Höhlen von Grigno***. Nahe dem Dorf Grigno liegt eine faszinierende Höhle, die Grotta della Bigonda. Nähere Auskünfte bekommt man unter der Telefonnummer 0461/765 121.

Zusammen mit der benachbarten Grotte von Calgeròn bildet sie das weitläufigste und interessanteste Höhlensystem Italiens. Von Strigno aus kann man über ein kleines ***Bergsträßchen*** auch mit dem Auto das Val Campelle erreichen und über den ***Paß Cinque Croci*** nach Caoria gelangen. Diese Fahrt eröffnet großartige Landschaftserlebnisse im Lagoraigebiet, ist jedoch nur für sehr versierte Fahrer und sehr robuste Fahrzeuge zu empfehlen.

Castel Ivano. Über dem Ort Ivano erhebt sich das stolze Schloß Ivano, das angeblich auf den Überresten einer langobardischen Befestigungsanlage stehen soll. Später hat sich hier ein Benediktinerkloster befunden. Die heutige Form des Schlosses geht auf einen Wiederaufbau durch die Grafen von Tirol im 15. Jahrhundert zurück. Berühmte Persönlichkeiten waren im Laufe der Zeit in diesem Schloß zu Gast. Darunter Maximilian I., später Richard Wagner oder Eleonore Duse. Heute ist das Schloß ein Kultur- und Kongreßzentrum.

Spera. In der kleinen Friedhofskirche Santa Apolonia stößt man auf sehr schöne Fresken eines unbekannten Meisters aus dem 14. Jahrhundert.

Borgo. Der Hauptort des mittleren Valsugana liegt im Tal an der Einmündung des ***Sellatales***. Er ist bis heute ein Zentrum des Kunsthandwerkes, zahlreiche Feste werden hier noch veranstaltet. Sehenswert ist die ***Kirche San Rocco***, deren Inneres reich mit Gemälden geschmückt ist. Der Ort wird überragt vom ***Castel Telvana***. Mit seinem hohen, vierkantigen Turm ist er unübersehbar. Als Privatbesitz ist das Schloß allerdings nicht zu besichtigen.

Ospedaletto. Ponte dell' Orco. Die Orkusbrücke nahe dem kleinen Ospedaletto im Valsugana ist ein faszinierendes Naturgebilde. Eine aus dem Fels gewaschene, natürliche Brücke überspannt den Abgrund. Kein Wunder, daß sich zahlreiche Sagen und Geschichten um diese Naturbrücke ranken.

Sellatal. Bei Borgo mündet das Sellatal ein, das man auf einer Länge von knapp zehn Kilometern mit dem Auto befahren kann. Überragt von den großartigen Berggestalten von Undici und Dodici ist es ein noch weitgehend unberührtes Gebirgstal von außerordentlicher landschaftlicher Schönheit. In der Villa Romani im inneren Sellatal hat der italienische Politiker, zeitweise Außenminister und Ministerpräsident Alcide

Degasperi, der in Pieve Tesino geboren wurde, die letzten Jahre seines Lebens verbracht.

Passo Brocon. Eine der schönsten (wenn auch schwierigsten) Paßstraßen des Trentino führt von Castello Tesino auf den Passo del Brocon und von dort weiter ins Primierotal. Die Paßhöhe von Brocon ist berühmt wegen ihres Reichtums an Bergblumen. Ein spezieller Sentiero dei Fiori, ein Blumenpfad, wurde hier oben angelegt, der vor allem im Juni und Juli einen Überblick über die überquellende Welt der Alpenblumen gibt. Die Strecke von Castello Tesino zur Paßhöhe hinauf ist streckenweise nicht befestigt.

Veranstaltungen

Karneval in Castello Tesino mit dem aufwendigen Volksschauspiel des ***Biagioprozesses*** am Fastnachtssonntag (nicht in jedem Jahr); mittwochs ***Markt in Borgo***. Hier gibt es viele Erzeugnisse des Kunsthandwerkes zu sehen. Außerdem kommen viele Marktbesucherinnen in alten Trachten; von Ende Juni bis Anfang September gibt es im Anschluß an den Markt die Mercatino genannten Umzüge und Musikveranstaltungen. ***Palio de la Brenta*** am ersten Wochenende im September in Borgo. Dabei handelt es sich um ein großes Volksfest.

Spezialitäten

Das waldreiche Gebiet von Tesino und Umgebung ist bekannt für seine ***Edelkastanien***, den Honig und die ***Waldfrüchte,*** aber ebenso für seine verschiedenen Käsesorten. Im lokalen Kunsthandwerk sind besonders bekannt die Arbeiten aus alten Baumästen. Solche Artikel kann man sehr gut auf dem Markt in Borgo kaufen.

Camping: Es gibt einen Campingplatz Val Malene in Pieve Tesino.
Telefon: 0461/596 214.

Sportmöglichkeiten

Wandern, Mountainbikefahren, Reiten, Klettern, Tennis, Golf, im Winter Skilaufen.

Nähere Informationen: APT Lagorai, Valsugana Orientale e Tesino, 38 053 Castello Tesino, via Dante 10, Telefon: 0461/59 33 22, FAX: 59 33 06.

Tione di Trento – im Tal der Richter

Postleitzahl 38079, Vorwahl 0465

Richter - giudice - haben jahrhundertelang für die Fürstbischöfe von Trient die östlichen Täler des Trentino verwaltet. So haben diese Täler bis heute den Namen Judicarien behalten. Neben den östlichen Judicarien, die im vorangegangenen Kapitel bei Comano dargestellt sind, ist es vor allem die Reihe der aufeinanderfolgenden Täler zwischen dem Idrosee (unmittelbar jenseits der Landesgrenze des Trentino) und dem Val Rendena, die als Judicarien bezeichnet wird. Durchflossen sind diese Täler vom Chiesefluß zwischen Idrosee und Roncone, weshalb dieser Talabschnitt auch als Chiesetal bezeichnet wird vom Arnò bis zum Zusammenfluß mit dem Sarca bei Tione. Alta Giudicarie, Hoch-Judicarien, heißt dieses Tal mit seinen Seitentälern Breguzzo und Daone. Dieses Gebict war während des Ersten Weltkrieges heftig umkämpftes Frontgebiet, weshalb der berühmte Friedenspfad auch dieses Gebiet Hoch-Judicariens berührt.

Mittelpunkt der beiden Judicarientäler ist Tione di Trento, am Zusammenfluß von Sarca und Arno in einem weiten Talkessel gelegen. Der Ort eignet sich hervorragend für Ausflüge, Fahrten und Wanderungen in die Seitentäler, die von hier aus vor allem in den Naturpark Adamello - Brenta führen.

Sehenswürdigkeiten

In Tione gibt es eine ***Marienkirche*** aus dem 12. Jahrhundert, in deren Innerem man Gemälde aus dem 16. und 17. Jahrhundert sowie ***Freskenmalereien*** von Simone Baschenis aus dem 15. Jahrhundert vorfindet. Bemerkenswert ist auch ein ***Taufbecken*** aus dem 14. Jahrhundert. Ein wenig abseits des Ortes steht die ***Kirche San Vigilio*** aus dem 14. Jahrhundert mit zeitgenössischen Fresken.

Spezialitäten

Die Judicarien sind ein Gebiet reicher Wälder, in denen es viel Wild gibt und in denen Pilze gesammelt werden. Außerdem werden Kastanien angebaut und Forellen gezüchtet. Die Landwirtschaft wird in den Seitentälern in Form der Milchviehhaltung betrieben. Entsprechend werden hier vorzügliche ***Käse*** hergestellt, insbesondere Spressa, Nostrano und Grana Trentino.

Einkaufstips

Den ***Käse*** der Judicarien kann man in der kleinen Caseificio Sociale di Roncone am besten kaufen. 38 087 Roncone, Telefon: 0465/910 73.

Veranstaltungen

Überall in den Orten der Judicarien sind zwei Arten von Veranstaltungen erwähnenswert: ***Karnevalsumzüge*** und ***Kirchweihfeste***.

Sportliche Möglichkeiten

Wandern, Klettern, vor allem im Adamellogebiet, Reitausflüge, Tennis, Mountainbike, Paragleiten und Kanufahren.

Ausflugsziele

Die großen Ausflugsziele für Besucher der Judicarien sind die beiden sich nach Westen zum Naturpark Adamello - Brenta hinziehenden Täler ***Val Breguzzo*** und ***Val Daone***. Von Breguzzo oberhalb von Tione zieht das gleichnamige Tal zum Adamellogebiet hin. Es ist ein Tal von großer landschaftlicher Schönheit, reich an Bergblumen und Tieren. Zahlreiche Wanderwege führen vom Ende der Fahrstraße über Almen in immer weiter sich verzweigende Hochgebirgstäler, in denen markante Wasserfälle in die Tiefe stürzen. Übergänge zum südlichen Val Daone nach Tione oder ins Valle di San Valentino, das bereits zum Rendenatal hinzieht, kann man ebenso durchführen wie eine Wanderung durch das Quellgebiet des Chiese im Val di Fumo. Dabei kommt man bis in die Gletscherregionen des Adamello hinauf. Überragt wird das ganze Gebiet von der ***Cima Cop di Breguzzo***, die 2997 Meter hoch über dem weit verästelten Talschluß des Breguzzotales aufragt. Zahlreiche Jausenstationen, Malga genannt, säumen die Wege in diese Bergwelt hinauf, verschiedene Schutzhütten des CAI oder SAT bieten Unterkunft und Übernachtungsmöglichkeiten, wenn man länger unterwegs bleiben will. Obwohl das Gebiet im inneren Breguzzotal bereits zum Gebiet des Naturparks Adamello - Brenta gehört, ist es eine der einsamsten und unberührtesten und damit urwüchsigsten Gebirgslandschaften des Trentino geblieben.

So friedlich, wie es heute hier scheint, war es allerdings nicht immer. Während des Ersten Weltkrieges war hier an der alten österreichisch-italienischen Grenze Frontgebiet. Vor allem Wanderer, die in Richtung auf die Cima Valbona zuwandern, kommen in das einstige Kampfgebiet, in dem noch manche Spuren an die furchtbaren Kämpfe erinnern. Der bereits mehrfach erwähnte ***Friedenspfad*** des Trentino führt auch durch diese Gebirgslandschaft. Auch der österreichische Soldatenfriedhof am Taleingang bei Bondo mit 7000 Gräbern erinnert an diese Zeit.

Das besondere Hotel

„Albergo Ponte Arnò". Ein kleines, einfaches Berggasthaus im inneren Breguzzotal. Das Haus liegt jedoch wunderschön, hat eine hervorragende Küche und eine ausgesprochen herzlich-familiäre Atmosphäre. Albergo - Ristorante Ponte Arnò, 38 081 Breguzzo, Telefon: 0465/901 565.

Val Daone. Das bei Daone aus dem Chiesetal abzweigende Val Daone ist sicherlich das schönste Seitental in ganz Judicarien. Der Chiese, der das Tal durchfließt, muß zwei Stauseen bilden: den kleineren Lago di Malga Boazzo und den großen Lago di Malga Bissina. Bis zu diesem See führt ein Fahrweg durch das Tal. Oberhalb des Lago di Malga Bissina heißt das Tal Val di Fumo und führt als großartig-wildes Hochgebirgstal ins Herz der Adamellogruppe. Bis hierher reicht der Lebensraum der letzten, freilebenden Braunbären des Adamellogebietes.

Es fällt schwer, im ganzen Trentino ein Hochgebirgstal von solch außerordentlicher landschaftlicher Schönheit zu finden wie dieses Val Daone und das weiter oben gelegene Val di Fumo. Blumenübersäte Bergwiesen wechseln ab mit Lärchenwäldern oder Alpenrosenhängen. Wasserfälle stürzen über Felswände herab, Adler kreisen unter dem Himmel, Gemsen und Murmeltiere zu sehen, gehört zu den alltäglichen Erlebnissen bei Wanderungen in diesem Tal. Auch hier gibt es eine gute Infrastruktur für Bergwanderer in Form von markierten Wegen und bewirtschafteten Schutzhütten, doch es sind erstaunlich wenig Menschen unterwegs, vor allem trifft man selten deutsche Bergwanderer hier. Bei ihnen sind diese Seitentäler Judicariens noch kaum bekannt.

Nähere Informationen: Ufficio turistico Giudicarie Centrale, 38 079 Tione di Trento, via D. Chiesa 3, Telefon: 0465/23 090, FAX: 241 40 40.
Alta Val Giudicarie 38 081 Breguzzo, Telefon: 0465/901 217, FAX: 901 937

Trentino

Stichwortverzeichnis

Reisebücher

im Meyer & Meyer Verlag

Rolf Purpar
Reisebuch Niederrhein

2., überarbeitete Auflage,
216 Seiten, 16 Seiten Farbe,
50 Fotos, 5 Gebietskarten,
Broschur, 14,8 x 21 cm
ISBN 3-89124-108-9

Rolf Purpar
Reisebuch Nordeifel

304 Seiten, 16 Seiten Farbe,
47 Fotos, Gebietskarte,
Broschur, 14,8 x 21 cm
ISBN 3-89124-121-6

Christoph Wendt
Reisebuch Ardennen

216 Seiten, 16 Seiten Farbe,
40 Fotos, Broschur,
14,8 x 21 cm
ISBN 3-89124-185-2

Sylvie u. Konrad Kubisch
Reisebuch Aquitanien

2., überarbeitete Auflage,
232 Seiten, 16 Seiten Farbe,
38 Fotos, Broschur,
14,8 x 21 cm
ISBN 3-89124-184-4